「資産運用立国」の深層

アメリカの金融覇権とくらしの危機

山田 博文 著

新日本出版社

はしがき

物価高が国民生活を直撃するようになり、異次元金融緩和政策は転換期に入った。アベノミクスと異次元金融緩和政策が日本の経済社会に与えた影響は甚大であった。世界に類例のない「異次元金融緩和と金利なき世界」、三十数年ぶりの「円安とインフレ」、株式バブルを更新した「株高と格差拡大」は、現在だけでなく未来にまで波及する異次元のリスクとなって日本を襲い始めた。「異次元金融緩和と金利なき世界」で隠されていたアベノミクスのさまざまな異次元リスクが表面化したからである。

異次元リスクが日本を襲っているのに、政府・財界・日銀は今なおアベノミクスを継承し、「貯蓄から投資」を優先する「資産運用立国」の国づくりに邁進《まいしん》している。日本の最大株主になった外国資本は、日本株の配当金だけでなく、2000兆円を超える家計の金融資産をハイリスクの投資の世界に取り込もうとしている。すでに国民の公的年金積立金の半分は、年金積立金管理運用独立行政法人（GPIF）の運用において、海外投資に注ぎ込まれた。脆弱《ぜいじゃく》化した経済国家の金融資産は、国際金融市場を支配する米ウォール街の金融独占資本のターゲットである。過労死の上に築かれた日本の金融資産は、昼も夜も、グローバルなデジタル空間で収奪されているようだ。

「ジャパン・アズ・ナンバーワン」と揶揄《やゆ》され、ドイツと並ぶモノづくり大国の日本を脆弱経済国家に転落させたのは、１９８０年代から執拗《しつよう》に繰り返されたアメリカによる日本叩きと日米経済摩擦であり、日本に金融開国と規制緩和を迫るアメリカに従属した政府と財界の姿勢であった。日本にとって「3度目の黒船」と言われた米ウォール街・財務省複合体の日本大改造となった「日本版金融ビッグバン」は、モノづくり大国の金融インフラを解体し、株価と証券ビジネス、高利回りと市場原理を最優先するアメリカ型の金融インフラへの大改造となった。２００1年に完了した「日本版金融ビッグバン」は、株式バブルの崩壊によって壊滅的な打撃を受けた日本の金融経済システムを、米ウォール街・財務省複合体によるアメリカ型金融インフラに改造する大改革であった。以後、外資の日本侵略は急速に進展し、「株式会社ニッポン」の最大株主は外資になり、日本の株式市場の主役も売買高の約7割を占める外資になった。

アベノミクスと異次元金融緩和政策は、このようなアメリカ型金融インフラで展開され、ウォール街や外資の日本株市場への参入を促進する一方、日銀信用を動員することで株式バブルや国債バブルを膨張させ、異次元のリスクを累積させてきた。株式バブルの膨張は、かつて「1億総中流社会」と見做《みな》された日本を転換し、金融資産格差を拡大し、株式などの金融資産を持つ者（the haves）と持たざる者（the have not's）とに分断した。政府の「骨太方針」の「資産運用立国」は、日本国民を「1億総投資家」に誘い、元本保証の預貯金として蓄えられた国民の金融資産を、元本保証なしの投資の世界に誘導する。それは、米日金融独占資本や内外の大口投資家の利益に沿った国のあり方である。

「資産運用立国」の深層には、脆弱化する日本経済と超高齢社会の老後資金など、高まる国民の将来不安につけ込み、手っ取り早く自己責任の金もうけをめざす「貯蓄から投資」・「1億総投資家」・NISA活用といった金融戦略が見え隠れしているようである。

さらに、現代日本が直面する異次元リスクや経済問題の深層には、20世紀末以来、米ウォール街・財務省複合体に主導された経済のグローバル化・情報化・金融化の大波の中で姿を表した「カジノ型金融独占資本主義」ともいえる資本主義の構造変化があるようである。すでに100年ほど前のレーニン『帝国主義論』は、現代に通底する資本主義の構造変化を透視していた。

本書の目的は、とうとう日本の経済社会を襲い始めたアベノミクスと異次元金融緩和政策のリスクを解き明かし、外資に支配された「株式会社ニッポン」と「資産運用立国」をめぐる問題点と21世紀の展望を明らかにすることにある。

新日本出版社代表取締役・編集長の角田真己氏には、前著『国債ビジネスと債務大国日本の危機』につづき、多忙な中、懇切丁寧な編集作業と貴重なアドバイスをいただきましたこと、深く感謝いたします。

2024年7月

著者

目次

第1章　異次元金融緩和政策と脆弱経済国家への転落

——異次元金融緩和の大罪と「日沈む国」

異次元金融緩和政策とは、第２次安倍晋三政権の経済政策＝アベノミクスの第１の矢を担って２０１３年４月以来開始され、現在まで継承されている量的・質的金融緩和政策である。それは、「２年で２％の物価目標」の達成をめざし、日銀が民間金融機関保有の国債を大量に買い入れジャブジャブのマネー（＝マネタリーベース）を供給する量的金融緩和政策と、株価を下支えする株価指数連動型上場投資信託（株式ＥＴＦ）などを買い入れる質的金融緩和政策を組み合わせた世界でもまれな非伝統的な金融政策である。

異次元金融緩和政策は、日銀の独立性を奪い、政権に従属させる「政府・日銀の政策連携についての共同声明」（２０１３年）に則って、実施されてきた。「インフレファイター」・「物価の番人」のはずの日本銀行が、２年で２％のインフレを起こす真逆の役割を担い、異次元の超金融緩和やマイナス金利といった超低金利政策を展開してきた。

政権の金庫番の役割を担うことになった日銀は、国債や株式など、価格変動リスクのある金融資産を大量に抱え込んでしまった。２０２４年６月現在、日銀が抱え込んだリスク資産とは、発行残高の半分以上を占める５９７・５兆円の国債であり、簿価にして37・１兆円の株価指数連動型上場投資信託（株式ＥＴＦ）であり、また不動産投資信託（Ｊ―ＲＥＩＴ）などである（図１―１）。国債価格や株価が下落すると、日銀は債務超過に陥り、日銀信用は毀損《きそん》し、「円」は暴落するリスクを抱え込んでいる。

図1-1　異次元金融緩和政策で日銀が抱え込んだリスク資産

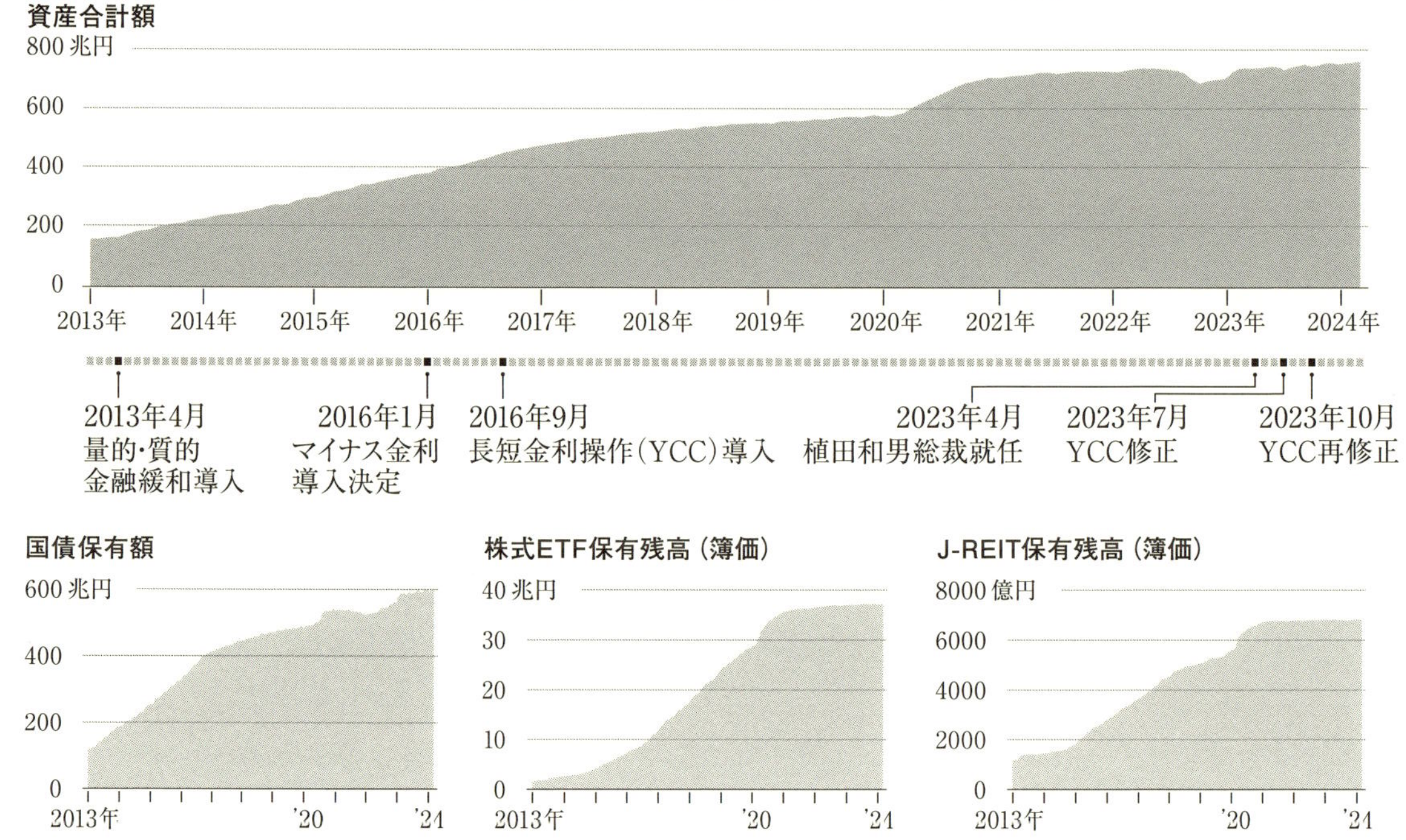

出典：LSEG Datastream、ロイター（2024年3月18日）

異次元金融緩和政策で最大の利益を得たのは、株式バブルの発生で株式関連金融資産を大幅に増やした内外の大資本・富裕層・投資家であり、低金利国債を増発できた政府である。超低金利政策は銀行サイドにとって家計への利子の支払い負担を節約できたし、企業も低金利資金を調達できたので、金利コストを大幅に削減できた。

その対極で、不利益を被ったのは、株式などの金融資産を持たない多数の国民であり、もっぱら預貯金として老後の資金や住宅資金、教育資金を蓄えてきた一般家計は普通預金の金利が０・００１％にまで引き下げられることで利子所得を奪われた。

異次元金融緩和政策は、株式などの金融資産を保有する大資本・富裕層・投資家に貢献する政策であり、国民にとっては、利子所得を銀行や企業へ大規模に移転させる政策であり、物価高で家計が直撃される政策であった。

１　異次元金融緩和政策で「日沈む国」に転落

異次元金融緩和政策の特徴と帰結を、２０１２〜23年の11年間の事実経過（表１―１）を踏まえて総括的に検証しておこう。この事実経過が示しているのは、政府や財政金融当局がたとえどのような言い訳をしても、またどのような「理論」やイデオロギーの持ち主であっても、否定することのできない事実によって、日本経済と国民生活にとって、アベノミクスと異次元金融緩和政策の果たした大罪ともいえる破壊的な機能であろう。◆1

インフレなのにデフレ政策

日本も世界各国も2021年以来ほぼ40年ぶりのインフレ物価高に襲われ、アメリカの中央銀行（FRB）・EUの中央銀行（ECB）・イギリスの中央銀行（BOE）など、主要国の中央銀行は、インフレ物価高を抑え込むために一斉に金融引き締めに舵を切り、政策金利の連続的な引き上げを実施してきた。日本も、当然、金融引き締め政策に舵を切り、政策金利の引き上げに踏み出すと見られていたにもかかわらず、日本銀行の金融政策決定会合（2022年12月）は、異次元金融緩和政策を維持することを決定した。民間の金融・証券市場はこの決定にすぐに反応し、日本の円安・株高・債券高に拍車をかけた。いうまでもなく、円安・株高・債券高は内外の大口投資家・大資本・富裕層に莫《ばく》大《だい》な利益をもたらすが、円安は輸入物価を押し上げ、物価高となって国民生活を直撃する。

日銀の金融政策決定会合は、金利を低位に押し止めるマイナス金利や長短金利操作（YCC＝イールドカーブ・コントロール）、株価を高値に維持する株式ETFの買入からなる異次元金融緩和政策をそのまま維持した。「出口」に向けてのフォワードガイダンス（先行き指針）も示されなかった。日本銀行は中央銀行の使命とも言える「物価の番人」・「インフレファイター」の役割を果たしていない。

表 1-1　異次元金融緩和政策の 11 年間と脆弱国家日本の経済指標

——経済縮小・円安・株高・金融資産増大・賃金低迷・国民負担率上昇・貧困格差拡大・政府債務増大

	項　　目	2012年（A）	2023年（B）	B／A
1	名目GDP（兆円−兆ドル）	500.4−6.3	591.8−4.2	1.18倍−0.66倍
	世界経済シェア（名目GDP $）	8.3%	4.0%	ほぼ半減
	21世紀の名目成長率平均	日本0.6%、OECD3.6%、中国8.2%、アメリカ2%、ドイツ1%		
2	マネタリーベース（平残）	130.6兆円（年末）	680.2兆円（年末）	5.2倍
	マネーストック　（平残）	827.6兆円（年末）	1240.9兆円（年末）	1.4倍
3	日米政策金利	マイナス0.1% 対 0.25%	マイナス0.1% 対 5.5%	日米間で5.6%の金利格差
4	国内企業物価指数	97.6	119.5	（2020=100）1.2倍
5	円・ドル相場	79.7円（年平均）	140.4円（年平均）	60.7円の円安
	円実質実効為替相場指数	119.6	73.4	6割の円安
6	日経平均株価	10,395円	33,464円	3.2倍
7	株式時価総額	300.7兆円	867.4兆円（年末）	2.8倍
8	企業利益剰余金	342.0兆円	570.7兆円（年末）	1.6倍

9	全産業株式配当金	17.3兆円	38.1兆円	2.2倍
10	企業経常利益	48.4兆円	104.5兆円	2.1倍
11	対外純金融資産	296.3兆円	411.2兆円	1.4倍
12	富裕層純金融資産	188兆円（2011年）	364兆円（21年）	1.9倍（176兆円増）
13	国民負担率	39.8%	48.0%	8.2ポイント増
14	消費税の税率・一般税収	5%・10.3兆円	10%・22.9兆円	5ポイント増・12.6兆円増
15	エンゲル係数	23.50%	27.20%	3.7ポイント増
16	日本実質賃金（ドル）	38,058	41,509（22年）	1.09倍
	韓国実質賃金（ドル）	36,082	48,922（22年）	1.35倍
	OECD平均賃金（ドル）	45,698	53,416（22年）	1.16倍
17	政府債務総額（普通国債）	991兆円（705兆円）	1339兆円（1075兆円）	1.3倍(1.5倍)=OECDトップ
18	日銀の国債保有高	105兆円	581兆円	5.5倍増
19	日銀の国債償還損	1.1兆円	9.7兆円	8.6兆円増

資料：日本銀行『金融経済統計月報』各号、『全国銀行財務諸表』各号、『法人企業統計』各号、日銀HP、財務省HP、JPXHP、野村総合研究所HP、OECD:Data Explorer、IMF:World Economic Outlook Database、などより作成。注:円の実質実効為替相場は、2022年=100とした指数で、年平均。各国の実質賃金は、2022年実質価格購買力平価で、米ドル表示。

その背景として見逃せないのは、会合に先立つ2023年12月13日の岸田文雄首相の記者会見である。すなわち、政府はデフレ脱却に取り組んでいるので、日銀はこの取り組みを「しっかりと念頭に置いて政府と連携をしていただきたい」と、日銀に対してあからさまに圧力をかけていたからである。そのうえ、現職の新藤義孝経済財政相が金融政策決定会合の席に出席し、睨《にら》みを利かせた。

そもそも日銀の金融政策決定会合の9名のメンバーは、日銀・財務省・産業界・金融界の関係者に占められ、政府と財界の意向をストレートに反映する人事であり、物価高に直撃される消費者や家計部門の関係者ははじかれている。多くの家計は火の車なのに、国民の「家計簿」の声が金融政策に反映される人事になっていない。それはデータでわかると言っても、マクロデータからこぼれた落ちた生身の「家計簿」こそ生きた経済データにほかならない。

日銀の物価情勢の「展望リポート」(2024年)でも、「2%の物価目標」はすでに3年連続達成しているにもかかわらず、日銀は家計の苦悩を逆撫でするように、インフレ退治でなく、2%以上のインフレを起こす政策(=政府のデフレ脱却政策)を推進している。

日本で持続的に物価が下がる「デフレ不況」は日銀が所管する金融政策のせいではない。賃金の削減、消費税率の引き上げなどで国民の所得が抑え込まれ、消費が冷え込んで消費不況が発生しているからである。だから、国民の所得を増やし、消費需要を大きくすることが「デフレ不況からの脱却」の道である。でもこれは日銀でなく企業や政府のやる仕事である。

実体経済の動向を無視し、日銀が供給する貨幣量の増減が物価の上昇や下落の原因と考える「貨幣数量説」は、学説でも実証でも誤りであることが検証されている。時の政権や経済界の利害に屈し、「物価の番人」のはずの中央銀行の目的や役割が棚上げされる異常事態が続いている。

日銀による株式官製バブルの発生

注目されるのは、異次元金融緩和政策は日銀主導で株式の官製バブルを引き起こしたことである。日銀が株価指数に連動する上場投資信託（ETF）を36・9兆円も買い入れ、株式市場に大量の日銀マネーを供給し、株価をつり上げたからである。中央銀行が株式を買い、民間会社に資本金を提供するといった、世界に例のないことをやっているのが日銀である。日銀は、株価指数連動型上場投資信託という金融商品を買って、株式市場に日銀マネーを供給し、官製株式バブルを誘導した。海外投資家の日本株の売り逃げなどで株価が下落すると、すかさず日銀が買いに入り、株価を高値で維持する株価の下支え策を続けている。日銀は一線をこえ、ルビコン川を渡ってしまった。日本の実体経済の規模（GDP）も、国民生活の基盤とも言える家計の消費支出も横ばい状態で低迷したままなのに、株価と株式時価総額が異常に増大した（図1—2）。

すでに日銀の買った株式ETFは37兆円（簿価）に達した。日銀が最大の「株主」になり、会社の経営に公的な意見が反映されるかと思いきや、日銀には株主の議決権はなく、株主総会で発言できず、経営のあり方に口出しできない。株主の議決権は、野村・日興・大和など、株式ETFの3大運用会社にあるからである。日銀は、金は出すが、口は出せないという存在である。その上、株価が下落し、

図 1-2　21 世紀日本のＧＤＰ・株式時価総額・家計消費支出の推移

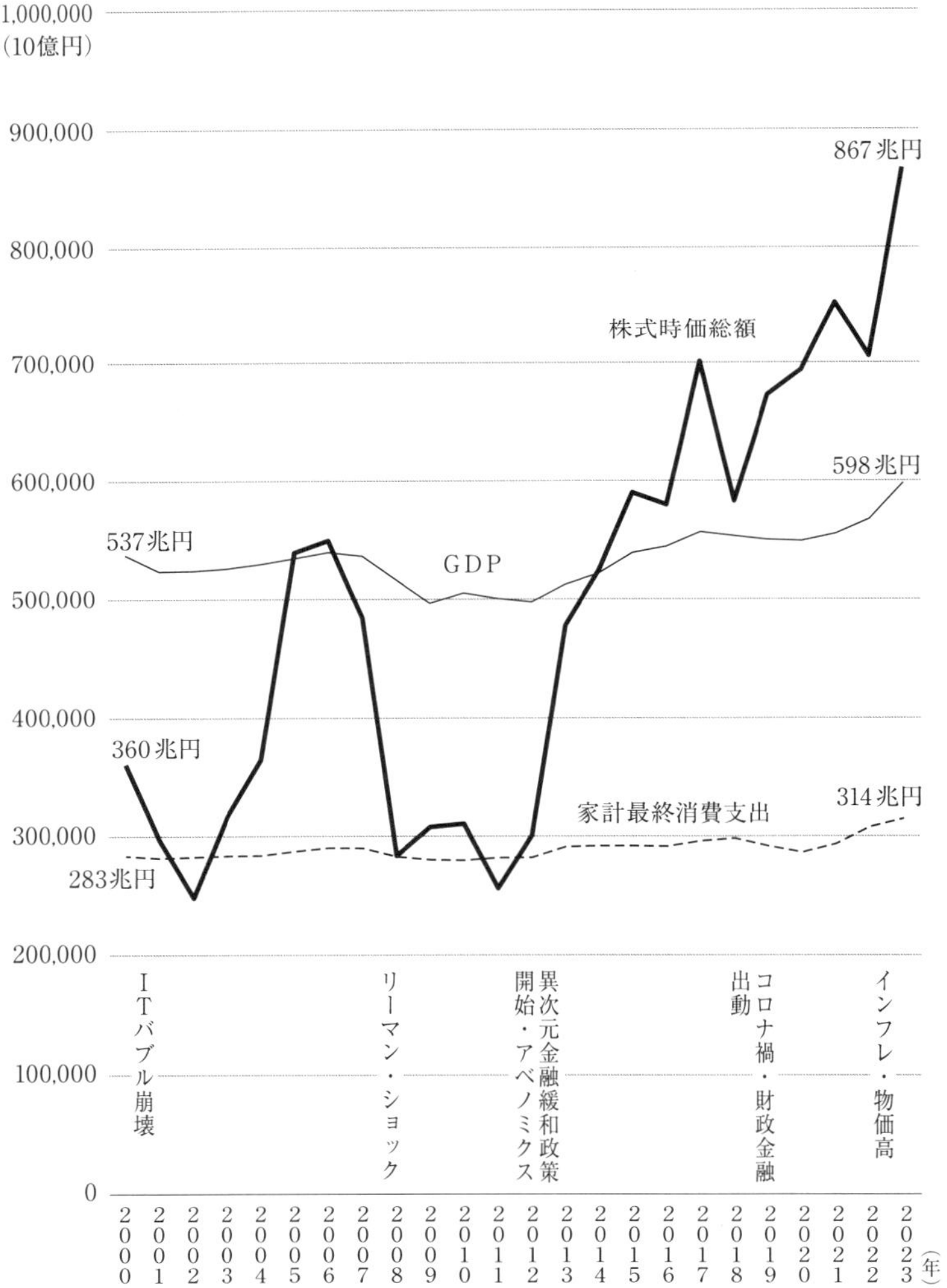

注：名目GDPは第4四半期、株式時価総額は12月末
資料：内閣府経済社会総合研究所、JPX日本取引所グループのHPより作成

日経平均株価で約2万円を割り込むと、日銀には株式の損失が発生し、「円」の信用が毀損するリスクを抱え込んでいる。

中央銀行が民間の株式会社の株を買うことは世界で禁じ手とされている。だが、その効果は抜群で、2012年から2023年の11年間で、日経平均株価は1万396円から3万3464円へ3・2倍も暴騰し、株式時価総額も300・7兆円から867・4兆円へ2・8倍に増大した。外資を日本株市場に呼びこむため、「バイ・マイ・アベノミクス」、「インベスト・イン・キシダ」と、二人の首相による世界の投資家へのトップセールスがニューヨークとロンドンで行われた。

「貯蓄から投資」を推進する政府と日銀の株価対策に支えられ、株式の配当金や大企業の利益剰余金（内部留保金）も大幅に伸びた。日銀が株を買って資本金を供給してくれるので、経営が悪化しても会社は倒産しないし、株高を利用して株式の売買差益も入ってくる。海外投資家・金融機関・富裕層などの株式保有層は大もうけしてきた。

経団連などの財界筋は、「アベノミクスの推進により、力強い日本経済の復活を成し遂げた」と大歓迎であった。だが、復活したのは大企業だけで、99％の中小零細企業と国民にとって、経営と生活はむしろ悪化した。

異次元緩和が誘発した円安と物価高

政府はこの間の物価高を海外の戦争などのせいにしているが、むしろ政策金利を超低金利に据え置いてきた国内の異次元金融緩和政策に主要な原因がある。日米の金利格差が拡大し、ジャパンマネーが利益を求めアメリカなどの高金利国へ大量に流失（円売り＝ドル買い）していったので、この11年間で、円は年年均1ドル＝79・7円から140・4円へ、60・7円も円安になったからである。

円安は円の対外購買力を減退させる。エネルギー、資源、食料などの輸入物価は為替要因だけで大幅に高騰することになり、国内物価の押し上げ要因として作用してきた。たとえば、1億ドルのエネルギー、資源、食料などを輸入するときに支払う円は、79・7億円から140・4億円に増大したので、輸入業者は60・7億円も多く支払うことになるからである。この巨額の円安差損の60・7億円は輸入業者が自己負担するのでなく、国内価格に転嫁され、国内価格を押し上げる。すでに企業物価は過去最高の9・2％も高騰した。経済を動かすエネルギー価格の上昇は、すべての企業製品や公共料金を上昇させた。

深刻なのは6割以上を輸入に依存する食料品価格が高騰し、国民生活を直撃していることである。帝国データバンクによれば、2023年、国内105社の食品メーカーは3万2396品目にわたり、平均で15％の値上げをした。

他方、円安は輸出で稼ぐ大企業に為替差益をプレゼントし、割安になった日本製品の輸出を増大させる。トヨタの場合、2023年現在、1円の円安で約450億円の営業利益が発生するようである。

円安で転落した日本経済

国内だけに目を向けた自国通貨の「円」での表示では、この11年間で、国内総生産（GDP）は500・4兆円から591・8兆円へ増大し、「日本経済の復活」や「強い経済」の証《あかし》とされる。だが、各国の経済指標は、戦後、自国通貨でなく国際通貨のドルで表示され、比較される。国際社会が日本経済を見る目は、円で表示される日本経済でなく、ドルで表示された日本経済にほかならない。大幅に進展した円安は国際社会における日本経済を大幅に縮小させる。国際通貨基金（IMF）によれば、アベノミクスの11年間で、ドル表示の日本のGDPは6・3兆ドルから4・2兆ドルへ2・1兆ドルも縮小した。この間、世界経済は38・2％も増大しているので、世界経済に占める日本経済の割合は、8・3％から4・0％に転落した。円安がもたらしたのは、国際社会における日本経済の地位低下である。経済規模（名目GDP）世界ランキングで日本は、アメリカ・中国・ドイツに次ぐ4位へ転落した。物価水準の差を修正した購買力平価で比較しても、日本の実質的な経済規模は、中国・アメリカ・インドに次ぐ世界第4位である。

世界各国の日本を見る目線は、「日出《ひい》ずる国」から「日沈む国」に転落し、海外メディアはあまり日本を取り上げなくなった。

2　異次元金融緩和政策の罪

アベノミクスの異次元金融緩和政策によって累積された負の遺産は、現在、物価高となって日本を襲っているが、異次元金融緩和政策の多様な異次元リスクが日本経済と国民生活に降りかかってくるのは、むしろこれからになるようである。

物価高に直撃された家計を救えない日銀

インフレ・物価高が世界各国を襲っているが、日銀は中央銀行としての本来の機能（表1―2）を果たせないでいる。その現状と原因について、まず検討しよう。

2022年の消費者物価は、アメリカで40年ぶりの前年比8・5％の上昇、ユーロ圏諸国でも過去最高の7・5％上昇である。欧米の消費者物価は従来1～2％台の上昇で推移していたから、現在は深刻なインフレである。

国際食糧農業機関（FAO）によれば、世界の食料価格指数（2014～16年＝100）は22年3月に過去最高の159・3まで上昇した。各国の国民生活は食料高騰に直撃されている。

表 1-2　日本銀行の目的・機能と金融政策

2つの目的 日銀法第1条、2条	「物価の安定」=生活を破壊するインフレ・物価高の防止 「金融システムの維持」=金融恐慌を招く銀行倒産の防止	
3つの機能	「発券銀行」=千円札など日本銀行券を発行し、民間銀行と日本銀行券を受け払いして企業や家計の現金需要に応える 「銀行の銀行」=民間銀行から日銀内に当座預金口座を受け入れ、口座振替によって銀行間の資金決済を行う。国債取引に伴う受け渡しを帳簿上の口座振替などで処理する。銀行倒産を防止する最後の貸し手となる 「政府の銀行」=政府の歳出入などで使用される国庫金（国の資金）の出納・計理・管理の事務処理を担当する	
金融政策のあり方-その手段と効果	金融緩和政策	vs　金融引締政策
公開市場操作	民間銀行の当座預金口座から国債や手形を買い入れて資金を供給し金融を緩和	民間銀行に国債や手形を売却し当座預金口座から資金を引き揚げて金融を引き締め
政策金利操作	引き下げ=預金・貸出金利が低下し、借り入れや投資が活発化	引き上げ=預金・貸出金利が上昇し、借り入れや投資が停滞化
想定する経済効果（実体経済の動向に影響される）	低利なマネーが供給され、インフレ、円安、景気刺激、バブル経済などが活発化	マネーが引き揚げられるので加熱した景気、インフレ、バブル経済などが沈静化する

出典：日本銀行ホームページなどから筆者作成

日本は、原油・ガス・原材料・食料の多くを輸入に依存しているので、高騰した輸入物価は企業物価指数を押し上げる。22年2月には前年同月比で9・3％上昇し、41年ぶりの高水準となった。

この高騰した企業物価は消費者物価に転嫁され、店頭の食料品価格の高騰を招いている。食卓に上がるパン7・2％、マーガリン9・5％、コーヒー、ココア5・6％、などと高騰している。

世界中がインフレ・物価高に襲われる背景には、以下の事情がある。

第1に、リーマン・ショック（世界金融恐慌）や新型コロナウイルス禍に直面した各国政府と中央銀行が、歴史的に例をみないほど拡張した財政金融政策を行ってきたことである。各国の財政支出と中央銀行の資金供給量は世界の実体経済（国内総生産＝GDP）の成長を大きく上回っている。

不況対策・生活支援などの財政支出は必要である。だが、増大した中央銀行の資金供給は、民間銀行を通じた対企業・家計・投資家などへの貸出原資を増やすので、実体経済が必要とする通貨量を超えて過大な通貨が流通し、通貨価値は下落する。そのため、すべての商品価格が上昇する全般的な物価高＝インフレが発生する。

中央銀行の資金供給量がどれだけ増大したかは、中央銀行の資産（保有国債や貸出金など）の増大となって表示される。リーマン・ショック以降、主要中央銀行の資産は激増した。すでに資産を激増させていた日銀で約6倍、米連邦準備制度理事会（FRB）で約10倍、欧州中央銀行（ECB）で約6倍に増えた。でも世界経済（GDP）の規模は1・6倍にしか増えていない。

各国中央銀行から過剰に供給された資金は、民間金融機関を通じて世界各国の各種商品、株式などの金融資産、不動産などに買い向かい、インフレやバブルを起こした。

第2に、ロックダウン（都市封鎖）など、新型コロナ対策による人と物の移動制限は、グローバル化したサプライチェーン（供給網）を切断し、商品の供給量が減った。だが、需要サイドは各国の非伝統的拡張的な財政金融政策で膨張したので、需要が供給を上回り、その分だけ商品価格は上昇した。

この価格上昇は、通貨価値の下落によるインフレとは区別される。国民生活からすれば、インフレに加えて需給のアンバランスによる価格上昇というダブルパンチの物価高に襲われた。

第3に、22年2月末に勃発したロシア・ウクライナ戦争は、世界の原油・天然ガス・各種資源大国の対外輸出減と供給減を招き、価格を高騰させた。世界中の全産業の基幹エネルギー価格が高騰したので、この川上の価格高騰が川中の企業物価を押し上げ、さらに川下の消費者物価に転嫁され、世界的な物価高を誘発した。

ウクライナとロシアの2カ国は世界の穀物取引の4分の1を占める。国連は、世界が食料難に陥り、すでに過去最高値にある食料品価格が今後さらに22％上昇する恐れがあると警告していた。穀物は生命維持のための代表的な食料である。各国の国民生活、とくに食料自給率が低く輸入に依存する日本の国民生活にとって、今後の物価高の影響はより深刻化する。

約40年ぶりのインフレ・物価高に襲われた各国中央銀行は連続して政策金利を引き上げ、金融引き締めにかじを切り、物価高を抑える「物価の番人」・「インフレファイター」としての役割を発揮している。だが、日銀は、異次元金融緩和政策がもたらした異次元の負の遺産を抱えているため、まったく身動きでない。物価は上がるままに放置されている。

もし日銀が政策金利を1％引き上げると、国内の各種金利は連動して1％上昇する。財務省の資産によれば、２０２２年度の政府一般会計の国債費（国債利払い費と元本の償還費の合計）は24・３兆円から、２０２６年には33・４兆円へ、９・１兆円も増大する。国の財政赤字体質からの脱却が求められている。

日銀は、量的緩和策の大量国債買い入れで、23年度末現在、普通国債発行残高の54％に当たる581兆円を保有している。今後金利が上昇し、保有国債の価格が下落すると、巨額の含み損を抱え込む。日本「円」の信用が揺らぎ、円安が加速され、輸入物価が上昇し、国内物価も上がり、生活が破壊される事態を招く。

22年度現在、国債金利を0・25％に押さえ込もうとする日銀の指値《さしね》オペの結果、すでに日米の金利格差は4％ほどに拡大している。何もしないでいたら、各国との金利格差はますます拡大し、日本の投資マネーは日本を捨てて高金利国へ逃避し、日本経済はさらに脆弱《ぜいじゃく》化していく。まさに進むも地獄、退くも地獄、これがアベノミクスの「第1の矢」を担った異次元金融緩和政策の結末であり、大罪と言えるであろう。

家計の利子所得の削減と企業への移転

異次元の金融緩和政策のもとで、国民の多くが利用する普通預金金利は0・001％という歴史的に例のない超低金利になった。100万円を銀行に預金しても年間で受け取る利子はわずか10円である。それは、日銀が民間銀行の預金金利や貸出金利に影響を与える政策金利を操作し、バブル崩壊後の1995年に0・5％のゼロ金利水準へ、さらに2016年にマイナス0・1％というマイナス金利水準にまで引き下げてきたためである。

周知のように、日本国民の金融資産の多くは、元本が保障され、わずかばかりとはいえ利子がもら

表 1-3　国民から失われた所得と企業の負担軽減の累計額

	1991〜2020年累計額（兆円）
国民の逸出利子所得累計	392兆円（2015年まで）
企業の利子負担軽減累計	571兆円（2015年まで）
消費税増税累計額	447兆円
法人3税減税累計額	326兆円
所得税･住民税減税累計額	287兆円

出典：第190回国会「参議院財政金融委員会会議録」（2016年3月10日）としんぶん赤旗（16年4月7日、21年3月23日）から筆者作成

える銀行預金として蓄えられている。バブル経済崩壊後、長期間にわたってつづいてきた超低金利政策は、国民の預貯金の利子収入を直撃した。１９９１年の金利水準を起点にすると、銀行から国民が受け取ったであろう利子所得は、２０１５年までの24年間で３９２兆円も削減された。家計から銀行への巨額の所得移転が発生したことになる。他方、超低金利政策は貸出金利も下げたので、企業が調達する借入金や社債発行などの金利負担はこの24年間で５７１兆円も大幅に軽減された◆2（表１―３）。政府は国債利払い費の引き下げの恩恵に浴した。ただ、資金運用の多くを貸し出しに依存する地域密着型の銀行は金利低下にともない経営を悪化させた。

格差大国へ転落した日本

異次元金融緩和政策の罪は、大資本・富裕層に莫大な利益をもたらし、「持つ者」と「持たざる者」との格差を拡大し、富と貧困の蓄積を促進したこと、財政赤字を深刻化させたことである。

異次元緩和を維持した２０２２年12月の日銀総裁の会見当日、外国為替市場で円売り圧力が強まり、１ドル＝１４４円台後半まで円安になり、

日経平均株価では４６０・41円も株高になった。新規長期国債の利回りは０・６３５％へ低下（価格は上昇）した。世界の趨勢《すうせい》に反し、日銀だけが異次元金融緩和政策を維持している。それは、政権と財界の圧力に屈した日銀が、物価高に苦しむ国民生活よりも、大資本と富裕層の利益に直結する円安・株高政策に固執したからである。

円安はトヨタ自動車などの大企業に莫大な円安差益をもたらす。自動車大手７社など、日本の大企業主要20社の円安の増益効果は、23年度で約２兆円、営業利益も約２割上振れする。トヨタ自動車の場合、対ドル１円の円安で営業利益はほぼ４５０億円も押し上げられ、８９００億円も増大するようである（表１―４）。三菱重工や川崎重工などは防衛費倍増で利益を伸ばしたうえに、円安でも営業利益を増大させた。

だが、日本経済を担う最大多数の中小零細企業や国民は、円安差益どころか、円安で高騰した原材料・資源・食料品などの各種の物価高に直撃されている。他方で、株高は内外の大資本・富裕層の保有する株式時価総額・金融資産を増大させる。経営不振時には、保有株の一部を売却すれば売却益を獲得でき、富裕層は不動産・奢侈《しゃし》品・海外旅行などの高額商品を購入できる。

『ニューズウィーク・ジャパン』[◆3]によれば、日本は、２０２２年現在、上位10％の高額所得者が全所得の44・２％を占め、主要国の中でアメリカ（48・２％）に次ぐ第２位の格差大国（図１―３）であり、この格差の拡大が日本をＧＤＰ世界第４位への転落を招いた一因である、と指摘している。その理由として、「日本の場合、貿易依存率が低く、内需主導の経済構造であるため、格差による購買

表 1-4　1円の円安時の営業利益の増益効果

社　名	感応度	対ドル 想定レート
トヨタ自動車	450億円	125円
SUBARU	105	128
ホンダ	100	125
キヤノン	22	135.05
三菱重工業	18	130
川崎重工業	17.5	130
三菱電機	15	130
日立製作所	10	130
オリンパス	7	132
富士フイルム ホールディングス	6	136

出典：日本経済新聞　2023年10月25日
注：感応度は対ドル1円円安時の営業利益などの年間変動額、一部は第2四半期や第3四半期以降

図 1-3　格差大国に転落した日本

上位10%が全所得に占める割合（2022年：%）

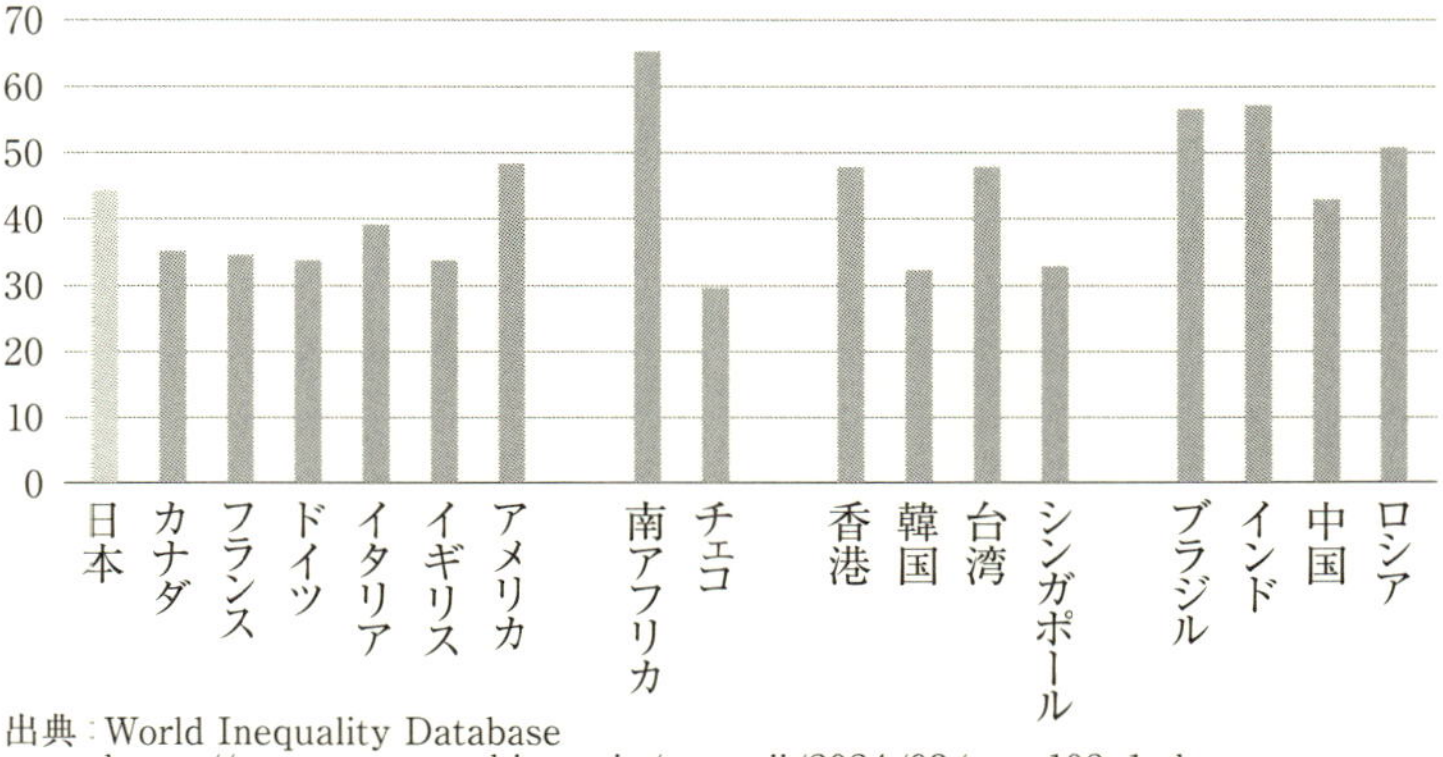

出典：World Inequality Database
https://www.newsweekjapan.jp/mutsuji/2024/03/post-198_1.php

力低下は生産活動そのもののブレーキになりやすい。この格差を生んだ一因は、金融資産の形成を促すため日本政府が高額所得者への優遇税制を導入してきたことにある」と指摘する。現代日本の資産格差は戦前の水準まで拡大した。

異次元金融緩和政策は、かつての「1億層中流社会」にとって変わる「格差社会」をもたらした。日本の5400万世帯の約3割は、株式などの金融資産はもちろんのこと預貯金などの金融資産も持っていない。他方で、世帯数ではわずか2・4％に過ぎない富裕層世帯（純金融資産1億円以上の保有世帯）は、株式バブルで株式時価総額を563・7兆円も増やした異次元金融緩和政策の恩恵に浴している。「和をもって尊しとなす」日本社会は資産格差の拡大によって破壊された。

日銀が支えた国債増発と活発化する国債ビジネス

異次元金融緩和政策の柱の一つである日銀による国債の大規模買入（量的緩和・QE）も維持された。日銀が民間金融機関の国債を高値で大規模に買い入れ、その日銀マネーが国債の公募入札に回されるので、政府はほぼ無制限に国債を増発できた。民間金融機関は日銀から国債売却益を受け取り、政府は国債を増発でき、国債利払費用も低く抑えてきた。

政府が国債を発行すると、民間銀行がその国債を入札し、次いで日銀が民間銀行から国債を買い入れる。国債買入代金が民間銀行に渡されると、また国債入札に向かう、といった仕組み（図1―4）がフル回転する。国債が日銀の間接的な引き受け（財政法第5条の空文化）で増発され、日銀は国債

図 1-4 国債発行・日銀の国債買入・民間金融機関の国債ビジネスのしくみ

（2023年度）

2023年度の一般会計当初予算（114兆円）	
歳入	**歳出**
国債発行収入金（35兆円・31%）	国債費（25兆円・22%）
消費税などの税収	社会保障費など

国債発行残高＝1076兆円（2023年度）

マネー ↑　↓ 国債

日本銀行の資産・負債（755兆円）	
資産	**負債**
国債（589兆円）	発行銀行券（120兆円）
貸付金（107兆円）	当座預金（561兆円）
金銭の信託 株式ETF（37兆円）	政府預金（15兆円）

＊日銀は民間銀行から国債発行残高の54%を買入保有し、民間銀行を介して財政資金を供給

＊民間銀行から高値で国債を買入れたため、約10兆円の償還損

マネー →

日銀トレード

← 国債

民間銀行の資産・負債（1429兆円）	
資産	**負債**
現金預け金（369兆円）	預金（991兆円）
有価証券（260兆円）	譲渡性預金（24兆円）
貸出金（619兆円）	借用金（133兆円）

＊政府から国債を入札するが、長期間保有せず、日銀に高値で売却し売却益を獲得＝日銀トレード

＊超高速取引の投機的国債売買で売買差益を獲得（国債売買高約2京円）

増発機構に組み込まれている。その結果、日銀は国債発行残高の半分以上の国債を抱え込んだ。23年度末の普通国債発行残高は1075兆円に達し、その54％の581兆円は日銀が買い入れ、保有している。日本の国家財政は日銀に依存した財政ファイナンスで成り立っている。日銀が国債を買い入れないことには予算が組めない深刻な事態である。24年度予算では一般会計歳入の31％が国債発行に依存する。

日銀を後ろ盾にして国債が発行され、予算が成立する異常事態である。国債は雪だるま式に膨張し、国内総生産（GDP）の2倍を超え、日本は主要国でトップの「政府債務大国」に転落していく。日本国債は全体として60年間かけて償還するという世界に例を見ないルールだから、現役世代だけでなく将来世代にも深刻な負担をかける。

異次元金融緩和政策は、政府・日銀相手の国債ビジネスを活性化させた。民間金融機関は、政府から安く入札した国債のほとんどを日銀に額面を上回る高値で売却することで、日銀から国債売却益を得ていた。その結果、日銀は約10兆円もの国債の償還損（償還時に確定する損失）を抱えた。国債は国家の信用に支えられた金融商品（証券）なので、リスクフリーの安心できる投資物件であり、しかも月々の発行額も数兆円という単位なので、大金を運用する内外の大口投資家の資金運用の舞台となっている。日本国債の売買高は2～3京円という天文学的規模に達している。

国債を大量に抱え込んだ日銀は、国債価格の下落ですでに10・5兆円の含み損（23年9月末）を抱え込んだ。これは通貨「円」の対外信用を損ない、円安・物価高を招き、日本経済を弱体化させる。

政府債務の重圧で増大する国民負担

日銀が国債を大量に買い入れる量的緩和策は、国債を発行する政府サイドにとって、国債をほぼ無制限に増発できる政策であった。この間、普通国債発行残高は705兆円から1075兆円へ1・5倍に増大し、政府債務残高1339兆円が国内総生産（GDP591・8兆円）の2・2倍に達した。IMFの国際比較によれば、日本は主要国G7諸国の中で最悪の政府債務大国に転落した（図1―5）。

政府債務の重圧は、この11年間、歳入面では消費税の増税圧力として作用し、消費税率は5％から8％へ、さらに10％に引き上げられた。一般会計の消費税税収は2012年度の10・3兆円から23年度の22・9兆円に達し、国民の消費税負担額は一般会計歳出分だけでも12・6兆円も増大した。歳出面では社会保障関係費などの削減圧力となって、国民生活に負担を押し付けてきた。

歴史を振り返ると、GDPの2・2倍の政府債務の水準は、日銀の直接引受で軍事国債が増発された第2次世界大戦直後の1945年とほぼ同水準である。終戦後、自国通貨建ての政府債務は国民からの大収奪で解消された。封鎖された国民の預金や不動産などには最高で90％の財産税がかけられ、物価は3年でほぼ100倍というハイパーインフレを誘発した。

戦後の憲法下で、このような一般国民からの大収奪で政府債務を解消することはなんとしても回避しなければならない。異次元金融緩和政策で巨万の資産を築いた大企業や富裕層に応能負担を求めるという選択肢が検討されよう。◆4

図 1-5　主要国の中で最悪の政府債務大国に転落

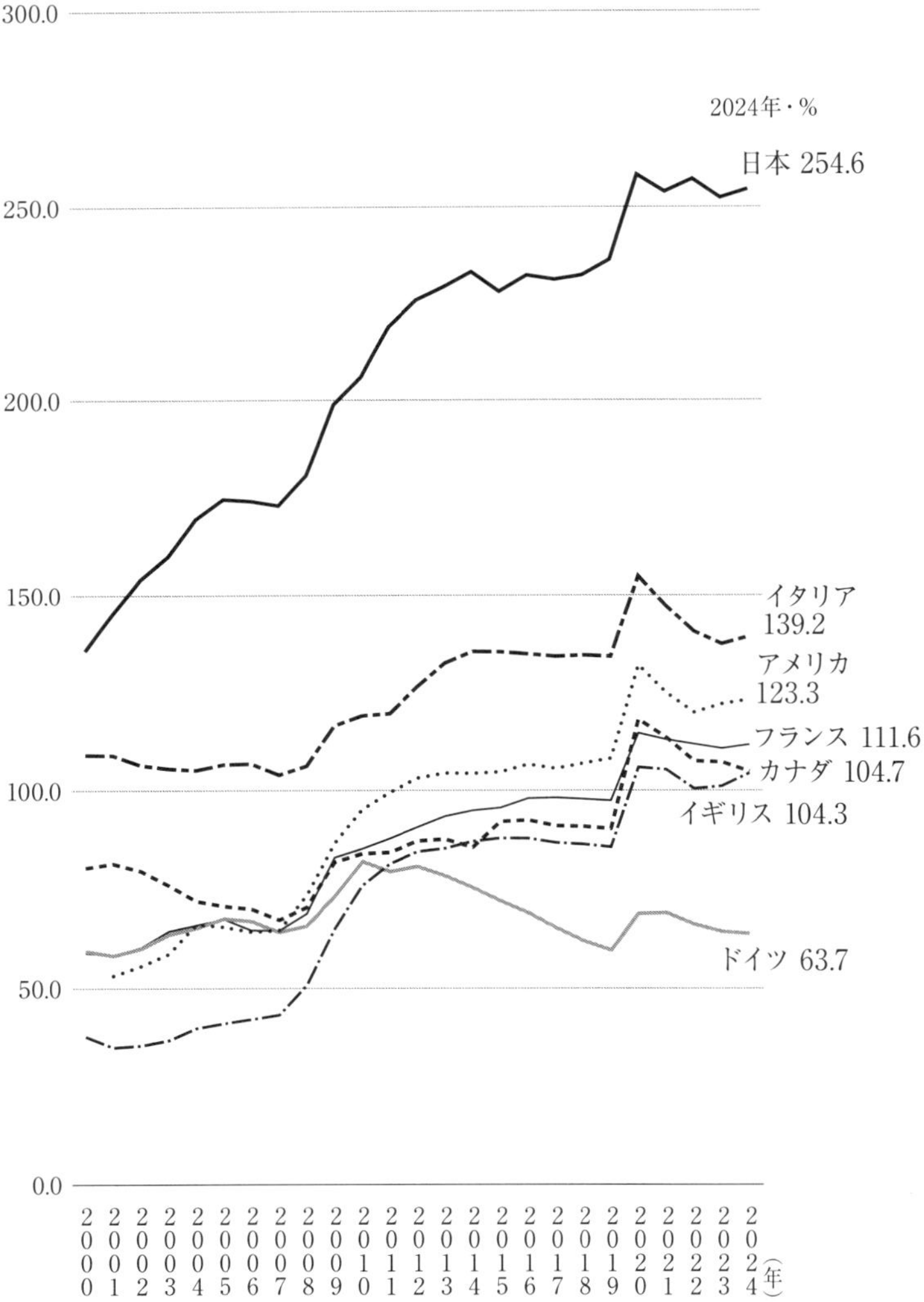

資料：International Monetary Fund, World Economic Outlook Database, April 2024 より作成

ジャパンマネーの海外への資本逃避

各国の中央銀行はほぼ40年ぶりのインフレを抑え込むため、政策金利を2021年～24年の3年間立て続けで大幅に引き上げてきた。アメリカ（FRB）は0・25％から5・5％へ、EU（ECB）は0％から4・5％へ、イギリス（BOE）は0・25％から5・25％へ、引き上げた。「物価の番人」として、インフレを発生させる過剰なマネーを抑え込む政策に舵を切った。だが、日銀（BOJ）だけ、24年3月までマイナス0・1％を維持し、異次元の超低金利政策に固執していた。これでは日本と諸外国との間の金利格差は拡大する一方である。

24年7月現在、日米の政策金利格差は5・25％に拡大した。世界のマネーはより高い利殖先を求め、グローバルに国境を超えて移動している。日米間の5・25％の金利格差は、日本のマネーを米国へ流出（資本逃避・キャピタルフライト）させる。ブルームバーグ[5]は、異次元金融緩和政策が開始された2013年からの10年間で、「日本の投資マネーは過去10年ほど、より高いリターンを求めて米国やケイマン諸島に向か」い、対外金融資産として、「4兆4300億ドル（約660兆円）に上る巨額の外国証券を保有」した、と指摘する。日本の富裕層などの個人投資家の資金も、米国債や海外の株式・投資ファンドなどに投資され、その金額は、アメリカで71兆7000億円、租税回避地のケイマン諸島で52兆4000億円に達している（図1―6）。

海外に資本逃避したジャパンマネーが海外で築き上げた日本の対外純資産は471兆円（2023

図 1-6 日本の富裕層・個人投資家の対外証券投資先はアメリカとケイマン諸島

2013年4月以来の債券及び株式・投資ファンドの純購入累計額（単位：兆円）

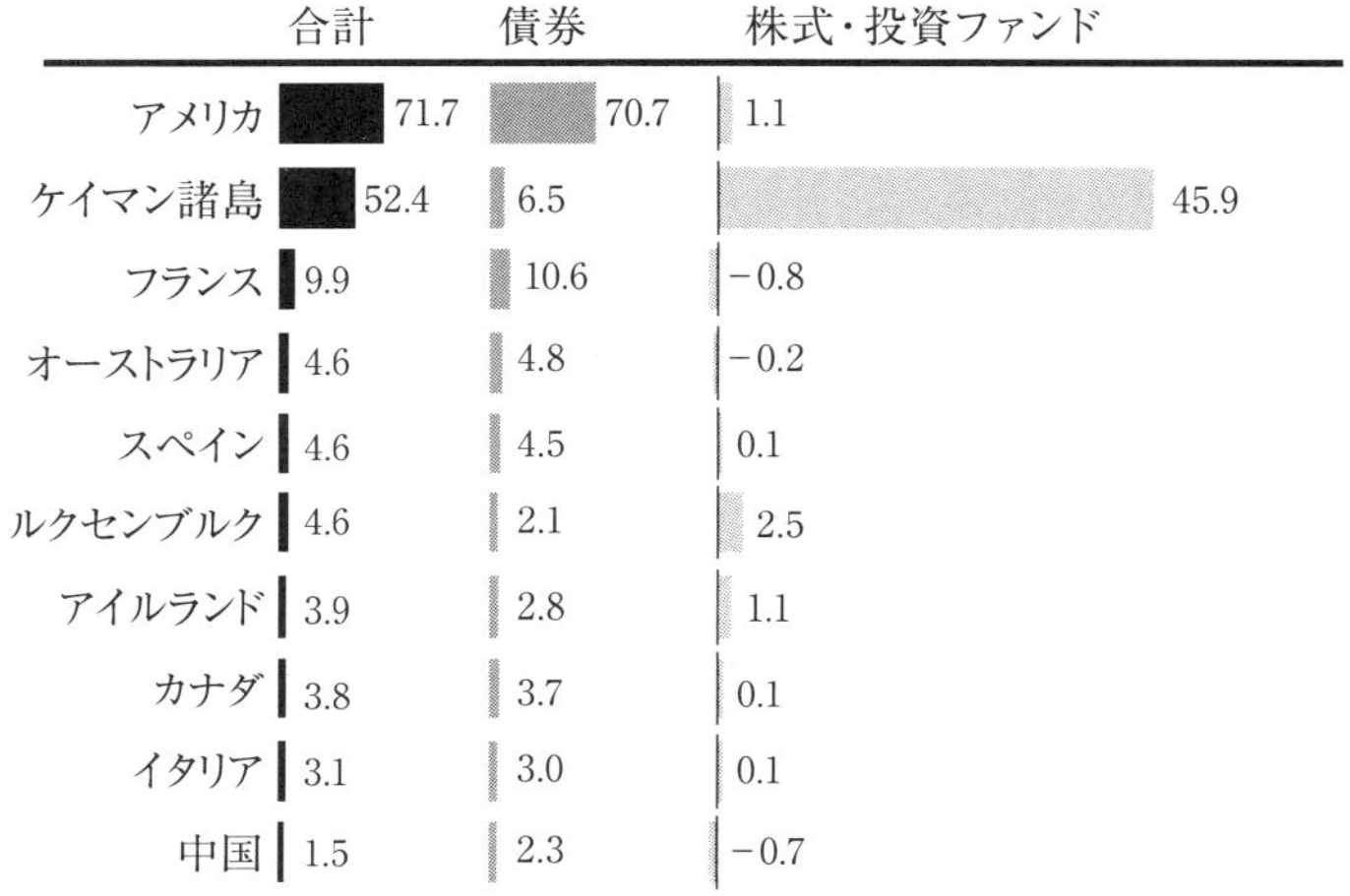

資料：Bloomberg, Japan' s balance-of-payments data
出典：https://www.bloomgerg.co.jp/news/srticles/2024-03-17/SAFTXATOG1KW00

年末現在）に達し、32年連続世界最大である。マネーはその国の経済にとって身体を流れる血液のようなものだから、資本逃避に見舞われた日本のような国の経済は貧血状態になり、弱体化する。世界に例を見ない異次元金融緩和政策と超低金利政策に固執したアベノミクスの罪は大きいと言えるであろう。

3　世界で異端の日銀
——IMF特集「金融政策の新たな方向性」

世界各国は40年ぶりの高いインフレに襲われ、「物価の番人」である中央銀行の金融政策に注目が集まっている。各国中央銀行は一斉に金利を大幅に引き上げ、インフレ対策に走っている。でも、日銀だけ異次元金融緩和政策に固執し、インフレ対策に踏み出せていない。

国際通貨基金（ＩＭＦ）は、２０２３年3月1日、「金融政策の新たな方向性」をテーマにした特集を組み、各国の中央銀行関係者や学識者が寄稿している。日本から白川方明・元日銀総裁が、「金融政策の基礎と枠組みを見直すとき」と題した英文を寄稿している。ＩＭＦ・ＢＬＯＧ◆6から異端な日銀の金融政策をめぐる議論と問題点を紹介する。

枠組み一新の時

白川元日銀総裁は、２０１３年以降続けてきた日銀の異次元金融緩和政策は所定の期間での物価目標を達成できなかっただけでなく、「資源の誤った配分による生産性への悪影響を深刻化させた◆7」と批判した。世界各国の要人が目を通すであろうＩＭＦの特集記事において、前日銀総裁が現行の金融政策を批判し、「金融政策の枠組みを一新する時が来た」と指摘したことは、国際社会へ大きな影響を与えずにはおかない。各国の関係者や経済界は、23年4月からの植田和男新日銀総裁のもと、異次元金融緩和政策が変更されるメッセージとして受け取ったに違いない。

白川元日銀総裁のＩＭＦ寄稿文を機会に、円安と株高を誘発し、大企業と富裕層の富の蓄積に貢献する一方、実体経済の低迷と資産格差の拡大、直近のインフレを誘発した異次元金融緩和政策について、国際世論で包囲するような情勢になれば、それは日本経済と国民生活にとって望ましい情勢と言えるであろう。

ただ、寄稿文は、「資源の誤った配分による生産性への悪影響」を指摘するだけにとどまり、資源配分の中身については具体的に触れていない。経済・財政・金融・国民生活など、多方面にわたる異次元金融緩和政策の多種多様な問題点にも触れていない。

日銀の本来の役割

とは言っても、白川元日銀総裁は、日本銀行の本来の役割について次のように指摘した。自国の通貨価値を安定させるための「通貨のアンカー（錨）」の役割は、「インフレ目標を設定するという単純な行為ではなく、金融引き締めによってインフレを抑制し、最後の貸し手になるという中央銀行の確固たるコミットメントによってのみ確立できる」と指摘したが、この指摘は重大である。

アベノミクスの第1の矢を担った黒田東彦《はるひこ》前日銀総裁は、中央銀行の本来の役割を放棄し、異次元金融緩和政策に固執し、「政府の子会社」のように行動してきたからである。白川元日銀総裁の寄稿文が、本来の中央銀行に向かって日銀が歩み出すための一歩になってほしいとの期待なのか、寄稿文が3月1日にIMFから公表されると、国内の新聞各紙は一斉に報道した。

寄稿文で「中央銀行は現在、インフレと雇用のトレードオフに直面しており、その解消が非常に困難」と指摘しているが、それは世界の中央銀行関係者や学識者も直面している大問題でもある。

インフレを退治するには金利の引き上げなど、金融を引き締めなければならないが、金融を引き締めると、企業の経営悪化やバブル崩壊を誘発し、金融危機や経済不況を深刻化させる。こんな経済情勢下で、各国の関係者は以下のような見識を示している。

中央銀行の権力と独立性の源は国民

米プリンストン大のサンフォード教授（筆名はMARKUS K. BRUNNERMEIER）は、「長期にわたる低金利と低インフレの後、世界経済は高インフレと高水準の公的債務と民間債務を特徴とする段階に入っている」◆8と現状を認識し、インフレの脅威をかわすには金利を上げなければならないが、金利を上げると債務返済の費用が高くなり、政府にとっては財政への悪影響が発生するので政府は反対する、と指摘している。この指摘は、いま世界各国の中央銀行と政府が抱え込んだ深刻なジレンマを表現している。

だが、サンフォード教授は、このようなジレンマにもかかわらず、中央銀行は政府の圧力と闘い、その本来の役割を果たすべきであるとし、「中央銀行の権力と独立性の最終的な源は国民であるため、世論を自分の側に置いておく必要がある」、「中央銀行は、特に財政主導のインフレに直面して、国民の支持を維持するための行動の根拠を効果的に伝える必要がある。中央銀行は、債務不履行が発生した場合に、公的債務を貨幣化して政府を救済しないという信頼できる約束をすることができれば、最終的にその優位性を維持できる」と指摘する。

こうした中央銀行の本来の姿勢は、財務省出身の前日銀黒田東彦総裁のもとで無視された。新日銀総裁の植田和男氏は、経済学者で初めて日銀総裁になった人で、学位を米マサチューセッツ工科大で取得しているが、学者として失われた日銀の信頼を取り戻せるか、国民は注目している。

世界の中央銀行で異端だった日銀

日銀は国債を爆買いしてきたが、欧州大学研究所のコルセッティ教授は、「債券の購入は、中央銀行のバランスシートを損失リスクにさらし、そのような損失は、通貨当局に通貨印刷機を起動させ、その結果、物価安定の使命から逸脱することを余儀なくさせる[9]」と警告する。

米ダートマス大のブランチフラワー教授は、「金融政策は、消費者が支払う商品やサービスのコスト、労働者の雇用機会と賃金、退職者の貯蓄の収益率など、事実上すべての人に直接的な影響を及ぼす。その結果、政策立案者が金融市場参加者の限られた聴衆に技術的な用語で伝えるだけでは十分ではない。むしろ、これらの政策決定を一般家庭や企業に説明するには、さまざまなコミュニケーションツールが必要である[10]」と指摘する。米シカゴ大のラジャン教授は、中央銀行にとって介入は少ない方がよく、「より集中的で介入主義の少ない中央銀行は、より良い結果をもたらす可能性が高い[11]」と指摘している。

これらの欧米の経済学者の見識に照らすと、日銀がいかに異端で、非常識な「中央銀行」だったかが証明される。異端の日銀と異次元金融緩和政策が残した異次元のリスクは、現在と近未来において、日本の経済社会、さらには国際社会を襲っていくことになろう。

4　ルビコン川渡った日銀と「日沈む国」からの脱出

中央銀行の任務を果たせない日銀

インフレ・物価高に襲われた各国中央銀行は、政策金利を引き上げ、量的緩和（QE）を縮小し、金融緩和から引き締め政策に転換した。中央銀行の本来の役割はインフレを防止する「物価の番人」だからである。

アメリカの連邦準備制度理事会（FRB）は、22年2月の0・25％から政策金利を連続して引き上げ、24年7月現在5・25％の水準にある。FRBの連続的な政策金利の引き上げは9％にまで暴騰したアメリカの消費者物価を3％台まで確実に抑え込んできた（図1―7）。また、8兆9000億ドル（約1100兆円）に膨らんだFRBの資産を24年末までに約2兆ドル圧縮する予定である。

イギリスの中央銀行（BOE）は、22年2月の0・5％から政策金利を連続して引き上げ、24年7月現在5・0％の水準にある。欧州中央銀行（ECB）も、22年2月の0・00％から政策金利を連続して引き上げ、24年7月現在4・25％の水準にある。

だが、日銀は「物価の番人」として身動きできない事態に追い込まれている。これは異次元金融緩

図 1-7　アメリカのインフレと政策金利の推移

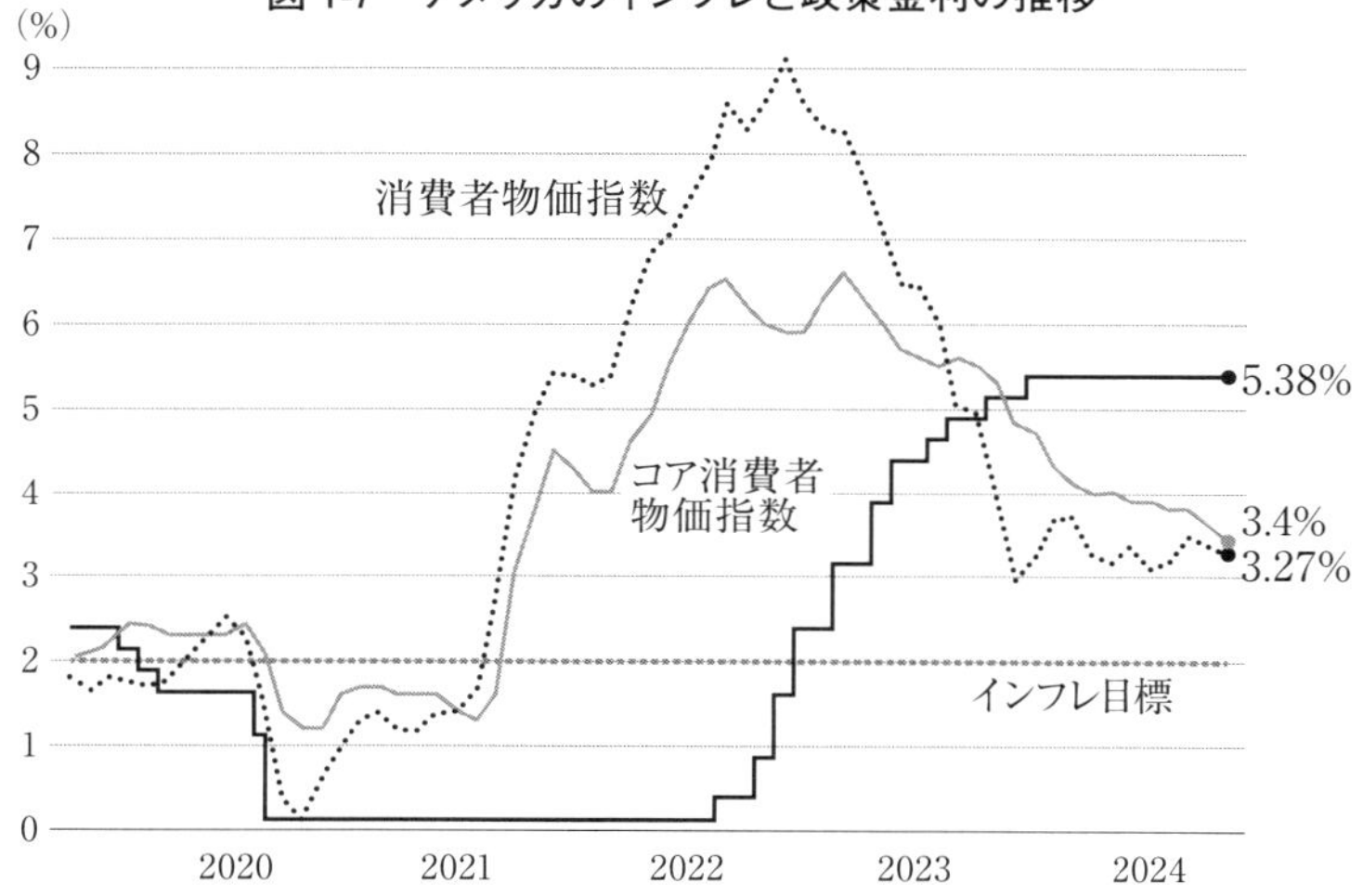

資料：Bloomberg, Japan' s balance-of-payments data
出典：Reuters Graphics https://jp.reuters.com/markets/japan/funds/3M6JO47JJNJ2JLTR76UPTXJ7BQ-2024-06-12/

和政策とアベノミクス（第２次安倍政権以来の経済政策）の悲惨な末路を意味している。

日銀はマイナス０・１％の政策金利に固執してきたが、物価高騰の圧力の前にようやく24年３月と７月に政策金利を引き上げたものの、それでも０・25％の水準にとどまり、世界各国との金利格差は拡大する一方である。日米の政策金利格差は５・25％に拡大した。この政策金利格差を反映し、長期国債の利回りで表示される日米の民間金融市場の長期金利格差は４％前後に拡大した。日銀が長期金利を目標値の０・25％以下に抑え込むために、長期国債を利回り０・25％の指値オペで無制限に買いまくっていたからである。

利益を求める世界の投資マネーは国境を越え金利の高い金融商品に向かうので、日本からの資本逃避が進み、円安が加速した。日本の対外金融資産残高は外貨準備や直接投資分を除いても796兆円に達している。円・ドル相場は、24年3月に入り、34年ぶりに1ドル＝150円台の円安になった。経済界からも、現在の為替水準は「日本が一人負けしていることの象徴」であり、「大変大きな問題」との声が上がっている。資源・エネルギーの輸入コストが高騰し、企業収益に打撃を与えているからである。ただ、大企業は一時的に受けるこの打撃を商品価格に転嫁することで軽減している。

円安が日本経済を活性化させる時代は去った。かつて対外輸出で貿易黒字を稼ぎ出していた大企業の多くが海外に生産拠点を移転したからである。貿易黒字大国だった日本は、もはや貿易赤字国に転落している。

円安はむしろ、物価高を誘発し、国民生活を苦しめる事態を引き起こしている。原油・天然ガス・原材料・食料を海外からの輸入に依存する日本の輸入物価を高騰させ、高騰した輸入物価が企業物価を押し上げ、それが一番川下の消費者物価に転嫁されるからである（表1—5）。円安が進めば進むほど、国内の物価が上がり、国民生活は苦しくなる悪循環に陥っている。

こんな状況にもかかわらず日銀が身動きできないのは、一面では、アベノミクスの負の遺産に縛られているからである。異常な低金利水準を維持しないと、財政破綻や株式バブルの崩壊を引き起こし、場合によっては日本発の大恐慌が発生するからである。それだけでなく、他面で、アベノミクスの「第1の矢」の異次元金融緩和政策を担い、維持しようとする日本銀行の事実上の役割は、以下の事柄にある、と考えられる。

表1-5　円・ドル相場の影と光

1ドル＝100円を基準とすると	円安（1ドル＝100円が120円へ）	円高（1ドル＝100円が80円へ）
①外国から1億ドルの商品を輸入するには、いくらの日本円が必要か	円安前1億ドルの商品は100億円。円安で120億円出さないと買えなくなった（1億ドル×120）。この為替差損は輸入品の値上げで償うので物価高に襲われる	円高前1億ドルの商品は100億円。円高で80億円で買えた（1億ドル×80）。この為替差益は消費者にはほとんど還元されず輸入業者の利益へ
②外国への商品輸出で1億ドルを受け取り、国内で円に換金すると何円になるか	円安前1億ドルは100億円。円安で120億円に増大した（1億ドル×120）。この為替差益はトヨタなどの輸出大企業の利益に	円高前1億ドルは100億円。円高で80億円へ減額した（1億ドル×80）。大企業は為替差損回避のため海外移転＝国内産業の空洞化
③大資本や富裕層が保有する1億ドルの金融資産を日本円に換金すると、何円になるか	1億ドルを円に換金すると円安以前は100億円。円安で120億円に増大（1億ドル×120）。対外投資で巨額の金融資産を持つ大資本や富裕層は大もうけ	1億ドルを国内に持ち込むと円高以前は100億円。円高で80億円に減額（1億ドル×80）。対外資産を円に転換すると大損。海外からの対日投資も減る

注：円・ドル相場とは円とドルとの交換比率のこと、日本の対外取引は6〜7割がドル建て

第1に、国債金利の低位固定化（国債の加重平均金利は0・76％）を継続し、日本政府の財政破綻を先延ばしすることである。日銀が異次元金融緩和で国債を買いまくり、国債は大増発された。国債発行残高は1000兆円を超過し、日本は世界トップの「政府債務大国」となった。もし国債金利が上昇するなら、政府の国債利払い費用は数兆円規模で増大し、財政危機が深刻化する恐れがあるからである。

第2に、バブルの夢を見続けることである。異次元金融緩和政策は国債・株式などの金融資産バブルを起こし、大企業・富裕層・内外投資家に巨額の利益をもたらし、経済界から支持を集めてきた。この夢から覚めたくないのであろう。だが、それは、国民には格差拡大の悪夢でしかない。

第3に、金利を引き上げた場合の「副作用」

が深刻だからである。財政では国債利払い費用が増大し、一般会計予算を圧迫するからである。民間部門では、住宅ローン・教育ローン・企業の借入金などの金利が上昇し、それらの返済額が増え、ローンで破綻する家計や中小企業が続出するからである。

金利の引き上げは日銀自身を直撃

金利を引き上げ、異次元金融緩和政策の「出口」に向かえない理由は、日銀がすでにルビコン川を渡ってしまい、退くに引けない地点まで来てしまい、金利を引き上げると、それは日銀自身を直撃することになるからである。

この点について、ロイター社のコラムは、「ルビコン川渡った日銀、追加利上げで支払う巨額利息」[12]の問題点を指摘する。日銀の量的金融緩和政策は、民間銀行の保有する長期国債を買い入れ、その買入代金を日銀内部に設定した民間銀行の当座預金（日銀当預）に振り込むやり方で実施されてきた。振込まれた代金が所要準備額（法定準備額）を超えた超過準備に対し、日銀は、リーマン・ショック以来、０・１％の利子（付利）を支払っている。この超過準備の残高は、２０２４年5月現在、４６９・05兆円に達しており、日銀は、民間銀行に年間で４６９０億円の利子を支払っている。民間銀行は国民の普通預金には０・００１％の利子しか支払っていないのに、日銀からはその１００倍の利子を受け取っているのである。

日銀が物価高を抑えようとして政策金利を１％引き上げると、付利も１％になるので、日銀の民間銀行への利子の支払額は年間で4・69兆円に達する。この巨額の付利は日銀の経常利益に匹敵する。日銀は赤字に陥り、円の信用が毀損《きそん》し、円が暴落するだけでなく、日銀の国庫への納付金は枯渇し、一般会計の資金繰りも困難になり、国民への増税圧力や社会保障費の削減圧力が強くなる。

「日沈む国」からの脱出

「物価の番人」の日銀が身動きできないとなれば、物価は上昇し続け、国民生活はいっそう深刻化する。新型コロナウイルス禍やロシア・ウクライナ戦争など、危機的事態に出くわすことで、それまで隠されていた矛盾が表面化した。

証明されたのは、新自由主義政策と異次元金融緩和政策に邁進したアベノミクスが貧富の格差を拡大し、政府債務を膨張させ、日本経済そのものを脆弱化させたことである。アベノミクスを進めた安倍政権と、それを継承した菅・岸田政権の責任は重大である。

かつて「1億総中流」や「ジャパン・アズ・ナンバーワン」などともてはやされた昔日の日本は、もはや見る影もない。世界経済における日本の位置は驚くほど低下してきた。

日本経済（国内総生産＝GDP）が世界経済に占める割合は、1994年の17・8％をピークに、2023年には4・0％まで落ち込んでしまった。為替相場やインフレの影響を除外した購買力平価で比較しても、23年現在の日本のGDP（6・5兆ドル）は、中国（32・9兆ドル）、アメリカ（27・3兆ドル）、インド（13・3兆ドル）に次ぐ第4位である。

日本経済の脆弱化を加速したのは、大資本の目先の利益を優先し、国内の設備投資を怠り、賃金を削減する新自由主義政策を推進し、さらに異次元金融緩和で資産バブルと政府債務の膨張を招いたアベノミクスであった。日本はもはや各国から注目されなくなり、海外メディアの日本記事は激減した。日本に代わって注目されるようになったのは、経済大国に成長し、高度成長を続ける中国やインドである。

21世紀に入り、先進国が高い経済成長率を誇る時代は終わった。そもそもゼロ金利とは「貨幣が資本として増殖しない＝経済成長しない」状態である。２００１年から23年までの実質経済成長率平均は、新興国のトップランナー中国の８・２％に対して、アメリカ２・０％、経済協力開発機構（ＯＥＣＤ）加盟国平均３・６％だが、日本はわずかに０・６％である。

この事実と歴史的傾向を踏まえるなら、沈む日本からの脱出はむやみに「成長」に走ることではなく、ましてアメリカに代わって日本の最大貿易相手国になった中国を仮想敵国にして軍備を増強することではない。やるべきことは、新自由主義政策とアベノミクスからの大転換であり、塗り変わった世界経済地図にふさわしい対外関係の見直しである。[13]

第１に、新自由主義政策とアベノミクスによって失った「99％の人々の生活と権利」[14]の回復である。消費税減税、賃上げ、各種保険料や手数料の引き下げ、など国民負担を軽減しつつ、可処分所得を増大させ、長期的な消費不況から脱出することである。また、社会保障・教育関連予算を拡充し、軍備拡張予算を削減し、明日への安心と夢を与えることである。その財源は、アベノミクスと異次元金融

図 1-8　世界最大の経済圏に成長したアジア

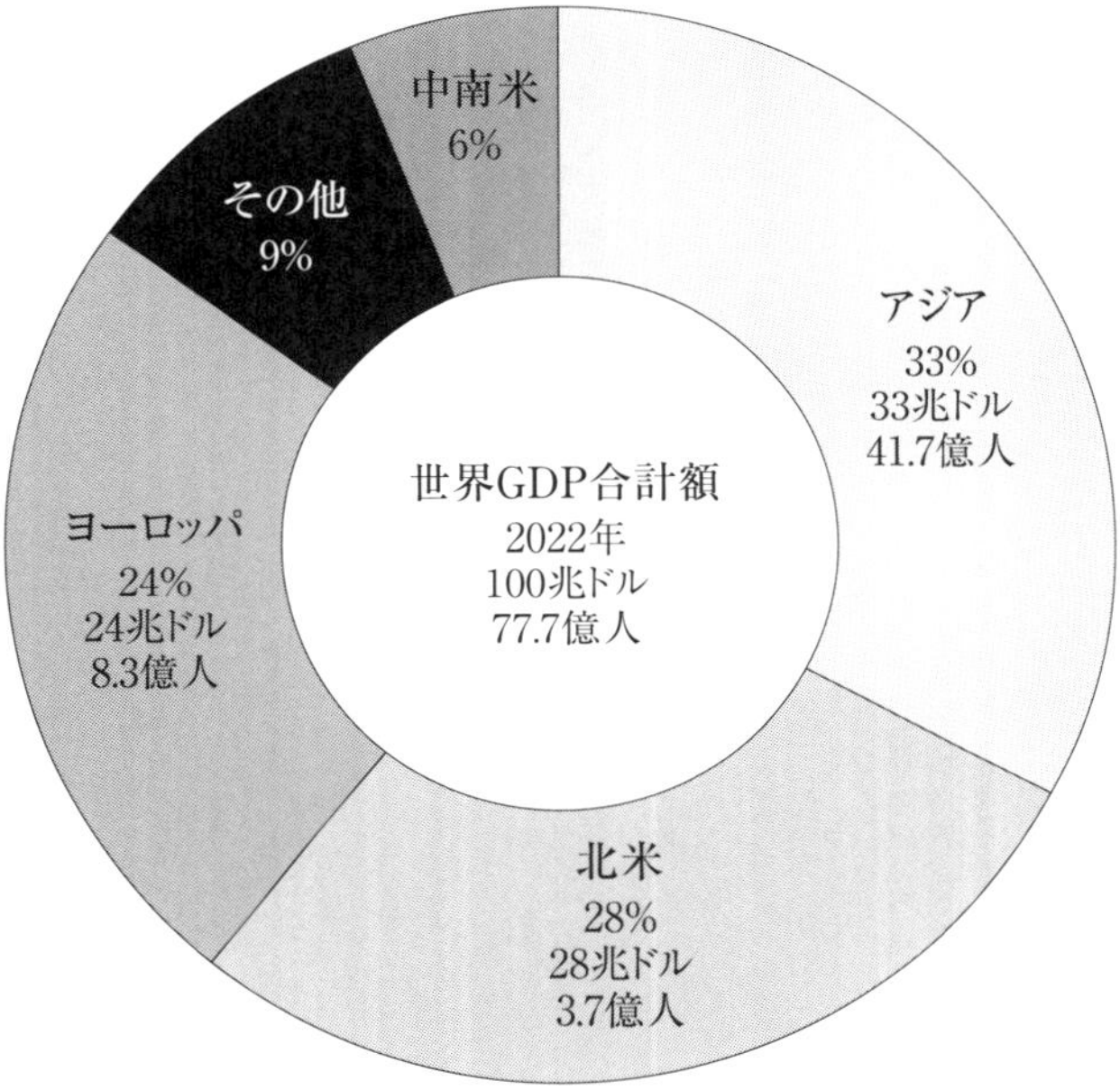

資料：IMF：World Economic Outlook Databaseより作成

緩和政策で利益を蓄積してきた大資本や富裕層などの応能負担で調達することである。

第2に、目下のインフレ・物価高から国民生活を守ることである。

国民生活を破壊する消費者物価高騰を回避するためには、円安で高騰した輸入物価を安易に消費者物価に転嫁させない大企業の努力が求められる。その財源は、570兆円に達する企業の利益剰余金など、十分存在する。非常事態の今こそ、大企業を中心に溜め込んできた利益剰余金（内部留保金）を吐き出してもらうこ

図 1-9　日本の貿易相手国の割合（2022年：%）

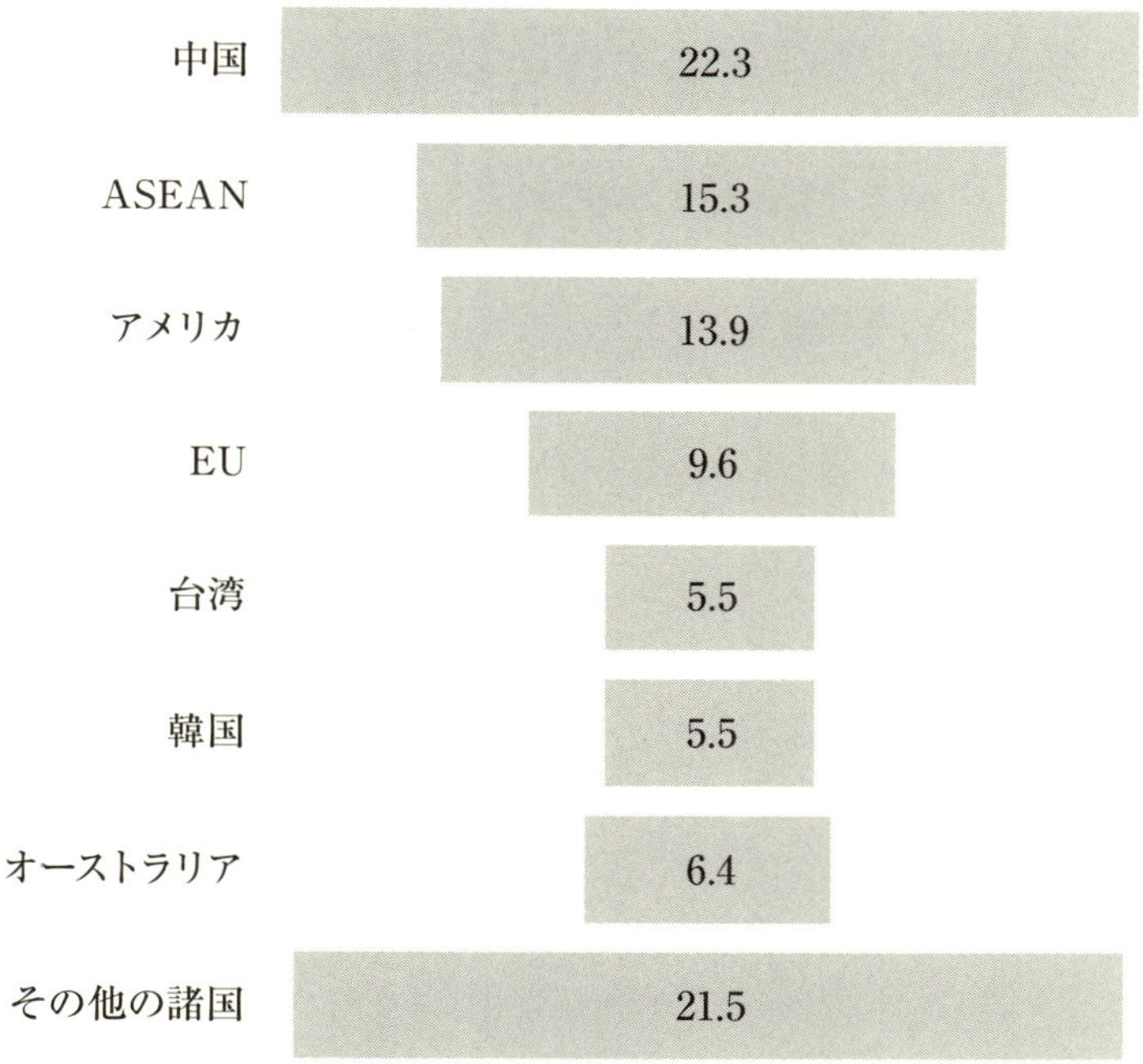

注：2022年の日本の輸出入総額は266兆円（100.0%）
出典：財務省貿易統計より作成

とである。そうすれば、消費者物価の暴騰を防止できる。

第3に、アメリカに偏重したこれまでの対外関係のありかたを抜本的に見直すことである。民主党と共和党のどちらが政権についても、「アメリカ・ファースト」が貫かれ、日本など「同盟国」は、科学・技術の全人類的な発展と普及に貢献できないだけでなく、軍事費負担を強いられ、中国を仮想敵国にしたアメリカのアジア支配戦略に巻き込まれている。この現状から脱出することである。

日本は、21世紀に入り、産

業革命期以来の世界経済地図に大転換が起こっている現状を冷静に受け止めることである。世界最大の経済圏に成長したのは、ヨーロッパ経済圏でもなくアメリカ経済圏でもなく、アジア経済圏（図1―8）であることを直視し、中国・韓国・東南アジア諸国連合（ＡＳＥＡＮ）との共存共栄を日本外交の最優先課題にし、戦後の対米従属的な対外関係から脱出することである。

日本の最大貿易相手国は、２００４年以来、アメリカでなく中国である。２０２２年現在、日本の輸出入総額２６１・６兆円に占める割合は、中国が22・３％で最大であり、アメリカはわずか13・９％に過ぎず、ＡＳＥＡＮ諸国（15・３％）すら下回っている（図1―9）。日本が、アメリカの対アジア戦略に従って最大の貿易相手国の中国を「仮想敵国」にすることは、最大の貿易相手国を失うことであり、日本経済を自壊させる外交戦略と言えるであろう。

問題は、このような政策に舵を切るような新しい政府を実現できるかどうかにかかっている、と言えるであろう。

◆1　金子貞吉『現代不況の実像とマネー経済』（新日本出版社、２０１３年）は、すでに２０１３年度のアベノミクスの出発点で、円安・株価上昇の虚構性など、アベノミクスの問題点を理論的実証的に解明している。二宮厚美『終活期の安倍政権』（新日本出版社、２０１７年）は、アベノミクスと安倍政権の多種多様な問題点について、総合的に検討し、解明している。

◆2　第190回国会　参議院　財政金融委員会会議録　第3号　平成28年3月10日。

◆3　六辻彰二「GDP世界第4位転落を招いた一因としての格差構造——上位10％が全所得の44・2％を握る日本」2024年3月1日。https://www.newsweekjapan.jp/mutsuji/2024/03/post-198_1.php

◆4　詳しくは、山田博文『国債ビジネスと債務大国日本の危機』（新日本出版社、2023年）を参照されたい。

◆5　Masaki Kondo、テソ由美、佐野日出之「日銀マイナス金利解除後も日本マネー4兆ドルは海外に——MLIV調査」2024年3月17日。https://www.bloomberg.co.jp/news/articles/2024-03-17/SAFTXAT0G1KW00

◆6　IMF BLOG, New Worries for Central Bankers, https://www.imf.org/en/Blogs/Articles/2023/03/01/new-worries-for-central-bankers

◆7　MASAAKI SHIRAKAWA, It's time to rethink the foundation and framework of monetary policy. https://www.imf.org/en/Publications/fandd/issues/2023/03/POV-time-for-change-masaaki-shirakawa

◆8　MARKUS K. BRUNNERMEIER. https://www.imf.org/en/Publications/fandd/issues/2023/03/rethinking-monetary-policy-in-a-changing-world-brunnermeier

◆9　GIANCARLO CORSETTI. https://www.imf.org/en/Publications/fandd/issues/2023/03/an-unconventional-collaboration-giancarlo-corsetti

◆10　DAVID G. BLANCHFLOWER, ANDREW T. LEVIN https://www.imf.org/en/Publications/fandd/issues/2023/03/diverse-views-in-monetary-policy-blanchflower-levin

◆11　RAGHURAM RAJAN. https://www.imf.org/en/Publications/fandd/issues/2023/03/Central-Banks-less-is-more-raghuram-rajan

◆12　熊野英生「コラム：ルビコン川渡った日銀、追加利上げで支払う巨額利息」２０２４年６月22日。https://jp.reuters.com/opinion/forex-forum/JADCTTGFFJICLMZY7QDYJQK3RU-2024-06-19/

◆13　鶴田満彦『21世紀日本の経済と社会』（桜井書店、２０１４年）は、現代資本主義経済の到達点を踏まえて、21世紀の世界経済と日本経済のあり方を理論的に解明している。

◆14　山田博文『99％のための経済学入門（第２版）』（大月書店、２０１９年）を参照されたい。

第2章　新自由主義と米ウォール街の日本改造

――アベノミクスと異次元金融緩和政策の深層

21世紀の入り口の２００１年で、アメリカとウォール街の金融独占資本に主導された日本改造＝日本版金融ビッグバンは完了した。日本の金融経済システムは、新自由主義・市場原理主義に則って抜本的に改造された。２０１３年度からのアベノミクスと異次元金融緩和政策も、改造された新しい日本の金融経済システムで遂行された。

世界各国に影響を与え、国際金融市場を支配し、新自由主義の政策を各国経済に浸透させているのが米ウォール街・財務省複合体である。

個人の自由でなく資本の自由を最優先する新自由主義[◆1]のイデオロギーと政策が、アメリカのレーガン政権・イギリスのサッチャー政権・日本の中曽根康弘政権などに取り込まれ、各国の政策に影響を与えはじめたのは１９８０年代以降である。金融分野における新自由主義は、金融独占資本の利益追求の障害となる各種の金融規制を緩和・撤廃する政策となって浸透していった。それは「金融自由化・国際化」の嵐となって世界を席巻した。

1　破壊された防壁

金融分野の新自由主義の3つの柱

金融分野の新自由主義的政策は次のような3つの方向性を持って進められた。

第1の柱は、資本の国際移動を自由化することである。日本においては、外国為替管理法（外国為替及び外国貿易管理法）の規制を緩和し、①外国投資の事前許可制を廃止する、②外国の証券会社に口座を開設して外国の株式や債券に投資できるようにする、③外国資本に国内投資の門戸を開く、といった規制緩和が行われた。

第2は、独占禁止法（「私的独占の禁止及び公正取引の確保に関する法律」）を緩和し、金融持株会社を解禁し、銀行業・証券業・保険業の垣根を取り払うことである。

第3は、証券売買手数料を自由化し、デリバティブ（金融派生商品）や各種投資信託などの金融商品を全面解禁することである。

そもそも資本の国際移動や銀行・証券の兼業に規制が掛けられていたのはなぜだったのか。マネーは経済の血液なので、日本で稼いだマネーは国内で循環させ、日本経済の発展と成長に使うためであった。日本経済にとって貴重なマネーを外国投資に流出させることを制限したのが外国為替管理法による規制であった。銀行の倒産が続出した１９３０年代の世界大恐慌の教訓も重要だった。銀行業務と証券業務の兼業禁止規制は最大の焦点となった。

１９３０年代の世界大恐慌は米国の株式・不動産バブルの崩壊から始まった。なぜバブルが生まれたかといえば、不特定多数の企業と個人から預金を集める銀行自身が金もうけに走って株式や不動産を買いまくったこと、投資したいという個人や企業にも資金を貸し出したからであった。やがて株式バブルが崩壊し、銀行に返済不能になった不良債権が積み上がり、経営不信を招き、銀行取り付け騒ぎが起こって金融システムが破綻し、世界に恐慌が波及した。

銀行の基本的な業務は投資でなく預金の受入と貸出であり、各種の経済取引で発生する資金の決済業務にほかならない。決済業務とは、個人や企業の経済取引に伴う金銭上の債権債務関係を清算する業務である。決済業務が正常に機能しないと、個人も企業も金銭の受け払いができず、商品売買などの経済活動が停止する。公的な性格を持つ決済業務を、利益優先の民間銀行に委ねているが、これは資本主義体制の矛盾である。銀行が価格変動リスクのある株式投資に走って株価の下落で倒産し、預金者の預金引出や決済業務に支障を来すと、経済社会全体の取引に大混乱が発生し、恐慌に陥ってしまうからである。

そこで預金者を保護し、銀行の健全性を保障するために、銀行業務と証券業務の間に防壁が築かれた。銀行・証券の兼業禁止規制は世界大恐慌の渦中の１９３３年にアメリカの連邦法（グラス・ステ

図 2-1　金融コングロマリットの概念図

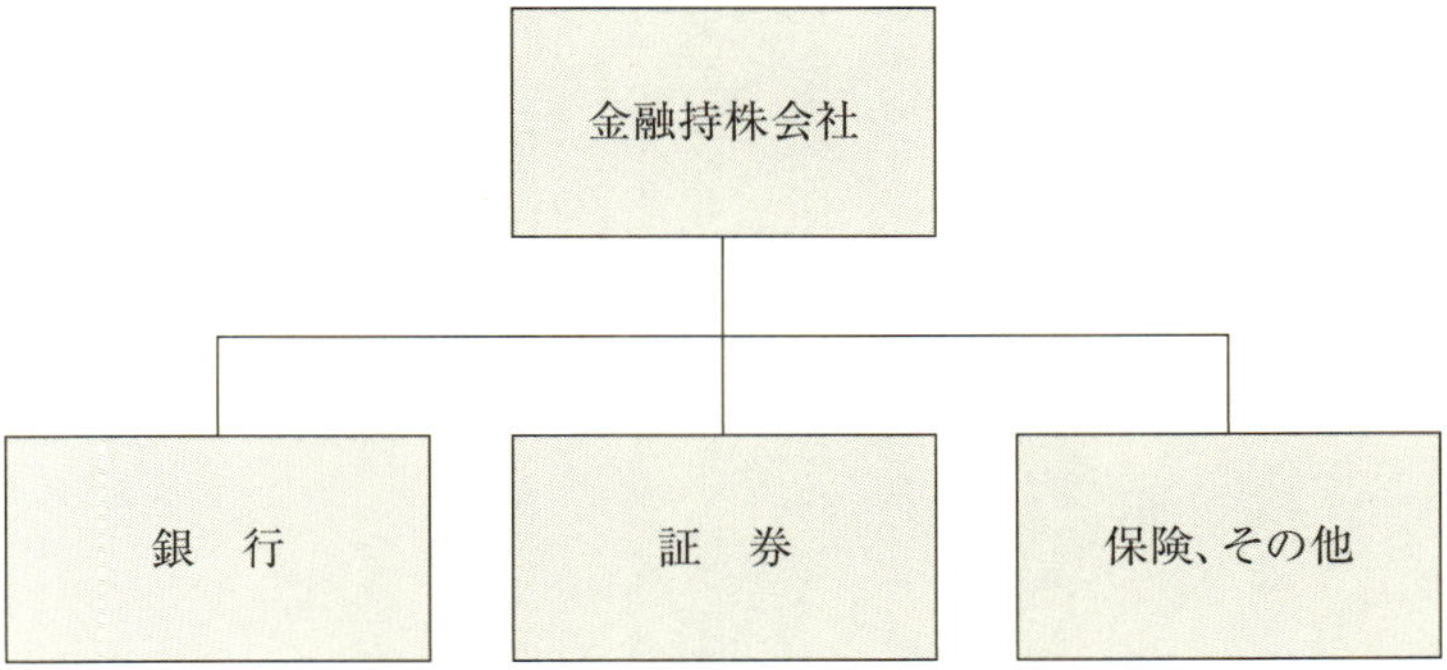

ィーガル法）として制定され、戦後世界に影響を与えた。銀行と証券の間に越えられないチャイニーズ・ウォール（万里の長城）＝銀行・証券間の兼業禁止のファイアウォール（ＦＷ）規制を築くことで、預金者の保護と銀行の健全性を担保した。

巨大金融コングロマリットとTBTF30行

だが、新自由主義の金融政策は、銀行・証券の兼業禁止の防壁を崩していった。

　オイルショックをきっかけにした１９７０年代半ばの世界経済不況以降、金融独占資本は、利益の薄くなった銀行の預金・貸出業務より、株式・債券などの売買取引で巨額の利益を稼ぐ証券業務に傾注していった。米国は金融独占資本の要求に沿った規制緩和を繰り返し、１９９９年には銀行・証券分離規制を事実上撤廃するグラム・リーチ・ブライリー法を成立させる。

　その結果、銀行・証券・保険・為替などすべての金融業務を自由に展開し、国境を越えた金融ビジネスから利益を得る巨大金融コングロマリット（複合企業・図２―１）が登場した。現在では、

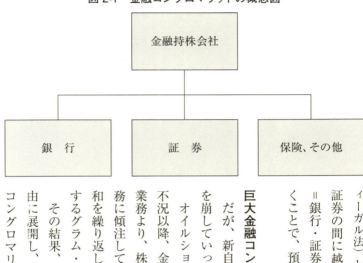

米ウォール街や英シティを代表する欧米の巨大金融独占資本と日本の3メガバンク（三菱UFJ、三井住友、みずほ）を含む「大きすぎて潰せない Too big to fail=TBTF」30行が、世界各国の金融証券市場から独占的な利益を吸い上げ、独り占めしている。これらの30行は、銀行・証券・保険などのすべての金融業務を展開する巨大金融コングロマリットにほかならない。

リーマン・ショック後、金融安定化理事会（FSB）が、「大きすぎて潰せない銀行」とみなしたのは、2017年現在のリストで、米銀のJPモルガン・チェース、ゴールドマン・サックス、シティグループ、バンク・オブ・アメリカ、モルガン・スタンレー、など8行、フランスのソシエテ・ジェネラル、クレディ・アグリコルなど4行、ドイツのドイツ銀行とコメルツ銀行の2行、英銀のHSBC、ロイヤル・バンク・オブ・スコットランド（RBS）など4行、アジアの中国銀行、中国工商銀行、中国建設銀行、日本の3メガバンクなど7行、といった30の巨大金融独占資本であった。

金融コングロマリットは、全世界の大手産業企業の資金繰りや各国政府の国債発行に依存した国庫の資金繰りに圧倒的な影響力を持っている。企業には新自由主義的な経営を、政府には新自由主義的な政策を迫る。金融コングロマリットは、銀行信用を膨張させ、巨額の資金を動かし、投機的取引を主導し、バブルの発生・崩壊の元凶ともなっている。これが、金融分野における新自由主義のグローバルな帰結である。

2　アメリカによる日本の金融経済システムの改造

１９８０年代から日本を席巻した規制緩和・金融の自由化・国際化[2]は、日本の金融経済システムをアメリカ政府とウォール街の金融独占資本の意向に沿って改造する大波であった。

米国は１９８０年代以降、レーガン大統領（当時）と中曽根康弘首相（同）の会談や「日米円ドル委員会」（83年）で、公的金融システムの中に封じ込められている日本の金融市場の規制緩和、外資への門戸開放、金利規制の緩和などを迫っていた。さらに「日米の新たなパートナーシップのための枠組みに関する共同声明」（93年）以来、アメリカ政府は日本政府に対して日本改造の年次要望書を毎年提出し、行政・経済・貿易・企業経営・金融・労働など広範囲の規制緩和を求めてきた。

多国籍化を意図する日本の大資本もこの規制緩和を後押しし、対米従属的な日本政府も米国の要望を受け入れた。日本改造の象徴とも言える「金融システムの改革」（日本版金融ビッグバン）は、当時の橋本龍太郎政権のもとで開始され、１９９６年から２００１年にかけて、アメリカからその達成具合について絶えずチェックの入るアクションプログラムとして実施された。

アメリカ政府による日本の行政・経済システムの大改造

新自由主義と市場原理主義に則ったアメリカ政府による日本政府に対する日本改造の「要望書」は、1994年から2009年にかけ、ほぼ毎年提出され、その進展度合いがチェックされ、実行を迫られたが、それは、日本の行政と経済システム全般におよぶ大改造の「要望書」であった。しかも、日本政府は、対米従属国家として当然であるかのように、アメリカ政府の「要望書」をほぼ全面的に受け入れ、実行してきた。

「日本における規制緩和、行政改革及び競争政策に関する日本政府に対する米国政府の要望書1996年11月15日」[3]（図2―2）は、アメリカ政府が1994〜95年に提出した「要望書」が「引き続き効力を持つ」ことを念押し、さらに「米国政府の提言の広範なリストとして作成」された。「規制緩和、行政改革、競争政策」に関して以下のような分野と内容の日本改造を求めていた。「Ⅲ 具体的な規制緩和の提案」として、「A 農業」、「B 自動車」、「C 流通及び輸入手続」、「D エネルギー製品及び供給」、「E 金融サービス」、「F 住宅及び建設」、「G 保険」、「H 投資」、「I 法的サービス」、「J 医療・医薬品」、「K 自動二輪車」、「L 電気通信」、「M 運輸」、「N その他」についての規制緩和を求めた。「Ⅳ 行政に関する法律、規制及び慣行の改革」では、「A 情報公開」、「B 規制制定手続その他の行政手続」、「C 審議会及び研究会」、「D 政府と民間の関係」、「E 行政処分の見直し」、「F 私人間の貿易紛争の解決」のための行政改革を求め、「V 競争政策」では、「A　公正取引委員会の審査権限及び執行権限」、「B　独占禁止政策の強化」、「C　事業者団体による反競争的慣行の防止」、「D　行政指導に関する公取委と各省庁との事前調整の強化」、「E　独禁法適用除外及び同様の効果を持つ措置」、「F　不必要な公取委規制」、「G　談合排除のための取組みの強化」、「H　独占禁止法違反者に対する私的要望制度」といった分野と内容で日本の抜本的な改造を迫った。

これらのアメリカ政府から日本政府への「要望書」は、ほぼ実行された。２００１年10月のアメリカ政府の「要望書」では、「米国政府は、日本が１９９５年の『金融サービスに関する日米両国政府による諸措置』にうたわれている措置を着実に実施していること、および日本版ビッグバン構想の下で今日までに講じてきた措置を歓迎する」と満足げな評価を与えている。２００１年に誕生した小泉純一郎政権による「構造改革」は、社会保障領域や公共事業による雇用保障機能を縮小する一方、「小さな政府」による経済成長へ舵を切り、また郵政民営化を推進するなど、アメリカ政

図 2-2　日本政府に対する米国政府の要望書

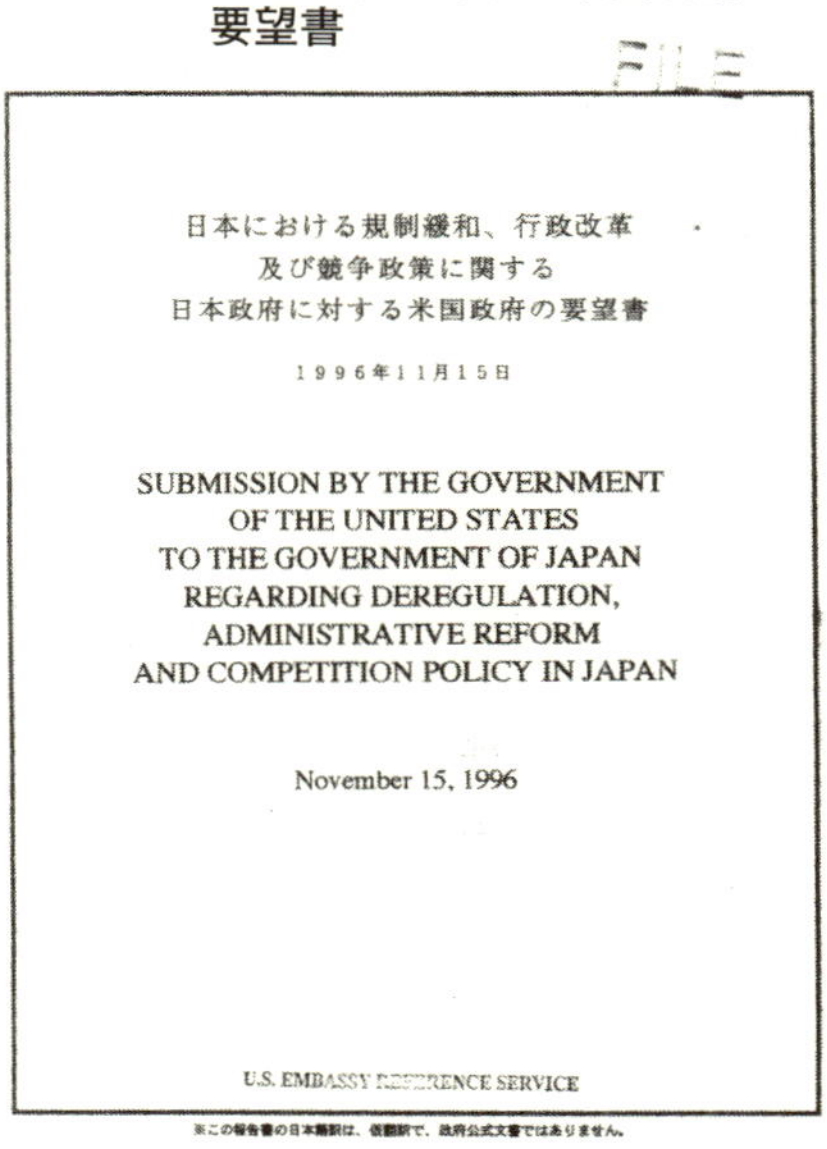

FILE

日本における規制緩和、行政改革
及び競争政策に関する
日本政府に対する米国政府の要望書

１９９６年１１月１５日

SUBMISSION BY THE GOVERNMENT
OF THE UNITED STATES
TO THE GOVERNMENT OF JAPAN
REGARDING DEREGULATION,
ADMINISTRATIVE REFORM
AND COMPETITION POLICY IN JAPAN

November 15, 1996

U.S. EMBASSY REFERENCE SERVICE

※この報告書の日本語訳は、仮翻訳で、政府公式文書ではありません。

府の「要望書」をさらに徹底させていった。

この章では、これらの広範囲に及ぶアメリカ政府による日本政府に対する日本改造の要望事項のうち、「Ⅲ　具体的な規制緩和の提案」の中の、「E　金融サービス」と「H　投資」の分野に焦点を当て、検討する。

ウォール街による日本改造・日本版金融ビッグバン

金融ビッグバンは戦後日本の金融経済システムを抜本的に改造し、米国の大資本が日本に進出して自国と同じやり方で金融ビジネスを展開できるようにする内容であった（表2―1）。また、アメリカのような金融持株会社を解禁したため、日本の金融機関も銀行・証券・保険などの子会社を持つ巨大な金融コングロマリット（複合企業）へ変貌した。

日本の金融経済システムは、金融ビッグバンによって、銀行の預金貸出業務が支配的であった「間接金融」から、証券市場を舞台に資金を調達し運用する「直接金融」へ、構造的に転換させられた。資金の調達者と提供者の間に銀行が介在するのが間接金融であった。間接金融の場合、企業や家計に資金を貸し出す銀行が、貸出金が返済不能になって焦げついた時の不良債権のリスクを負うことになる。他方、銀行を介さず資金の調達者が証券市場で債券や株式などを投資家に直接買ってもらうのが直接金融である。直接金融の場合、リスクを負うのは銀行や証券会社でなく、債券や株式などに投資した投資家自身であり、投資家が価格変動リスクやデフォルトリスクを負うことになる。

表 2-1　日本版金融ビッグバンの骨格と問題点

1　ヒト・モノ・カネのグローバルな自由移動とビジネス展開へ
＊外国の大資本や投資家が日本へ参入し、日本の大株主になり、配当金支払いなどで、日本の富が海外へ流出している ＊日本の大資本や投資家も外国の銀行や証券会社に口座を開設し、国境を越えたジャパンマネーの運用が活発化する ＊企業・金融機関のグローバルな合併買収（M&A）が活発化し、内外の会社の乗っ取り合戦へ ＊貿易を営む大企業は自身で金融機関を設立し、自社の内部で差金決済や資金の調達運用が可能になった
2　金融持株会社制度の導入と多様な金融商品の組成・販売
＊独占禁止法で禁止されていた金融持ち株会社が設立され、銀行・証券・保険などあらゆる金融業務ができる金融コングロマリット（複合企業・金融財閥）が誕生した ＊銀行本体による投資信託の窓口販売が認可される ＊多様な金融商品とそれらを組み込んだ証券化関連金融商品が組成・販売される ＊有価証券取引税の廃止や株式手数料が自由化される ＊インターネット利用の証券ビジネスが可能になり、大衆投資家が多数市場に参入する
3　日本版金融ビッグバンの問題点
＊透明性と公平性を担保する市場のルールが未整備で、金融犯罪へのペナルティーも不十分のため、多数の大衆投資家や国民へのリスク転嫁が行われている ＊市場を監視する機関（証券取引等監視委員会）に権限もなく、独立性も弱く、スタッフも予算も少ないため、金融犯罪が見逃されている ＊国民への金融教育が不十分なため、金融犯罪に巻き込まれる国民が多い

資本主義経済を担い、株式投資や資金運用を牽引してきたアメリカとウォール街の金融独占資本に主導された日本版金融ビッグバンは、ドイツ同様、遅れて発達し、投資や資金運用が未発達であった日本の金融証券市場を改造し、直接金融を金融システムの主役に据えて、英米などの外国資本の参入を容易にした。日本の「金融自由化・国際化」は、巨大金融独占資本などの外国資本の影響と支配力を増大させた。

1990年代のバブル崩壊後、大量の不良債権を抱えた日本の銀行は融資を渋る一方で、株式・債券・それらを組み込んだ多様な金融商品を組成し、証券市場で売買する証券業務に傾注していった。日本の金融ビッグバンの恩恵を享受したのは、多国籍的な大資本・投資家・富裕層である。外資に門戸を開放した途端、「ハゲタカファンド」が乗り込んできた。不良債権を抱えた日本の金融機関や企業の暴落した株式を安く買い叩き、人員削減などのリストラを断行し、株価をつり上げ、高く販売して大もうけした。

外資が「株式会社ニッポン」の最大株主へ

日本企業の株主構成では、外国人投資家の割合が増加し、1990年の4・7%から2020年の30・2%へ激増した。「株式会社ニッポン」の最大株主は、日本の企業・金融機関・個人でなく、外国人投資家に交代した。

日本株に投資する外国人投資家の目的は日本の会社に資本を供給し、育成することではない。高い配当金を引き出し、株価をつり上げ、株式売却益を稼ぎ出すことである。外国人投資家は「もの言う株主」として、株式会社の組織や事業に関する経営方針、役員の選任・解任・報酬などの人事、その他の重要事項に関する最高意思決定機関である株主総会に乗り込み、目的を実現する。とくに3メガバンクや2大証券などの大手金融機関の大株主になり、株主総会で自分たちの意思を通すことに注力した。

2001年に日本の金融経済システムをアメリカ型に改造した日本版金融ビッグバンが完了すると、

表 2-2　主な金融機関の外国人持株比率

		2006年3月(%)	2005年3月(%)	増減率
大手銀行	三菱UFJ·FG	33.9	30.3※	3.6
	みずほFG	29.9	24.0	5.9
	三井住友FG	39.4	23.8	15.6
	りそなHD	7.5	8.4	▲0.9
	住友信託	39.7	37.0	2.7
	三井トラストHD	33.6	24.4	9.2
大手証券	野村HD	43.6	37.9	5.7
	大和証券G本社	37.2	31.5	5.7
	日興コーディアルG	49.5	44.6	4.9
損保	ミレアHD	36.7	36.5	0.2
	損保ジャパン	39.7	36.6	3.1
	三井住友海上	40.1	38.8	1.3
	あいおい	24.5	21.5	3.0
	日本興亜	39.1	37.3	1.8
	ニッセイ同和	13.2	9.4	3.8
生保	T&D·HD	26.9	22.6	4.3
ノンバンク	オリックス	59.3	53.7	2.0
	クレディセゾン	54.1	51.9	2.2
地方銀行	横浜	35.3	33.2	2.1
	福岡	30.7	21.1	9.6
	千葉	23.4	19.5	3.9
	ほくほくFG	12.5	10.2	2.3

注：増減率はポイント。▲は減少、FGはフィナンシャルグループ、HDはホールディングス、Gはグループ　※は旧三菱東京FGの比率
出典：日本経済新聞 2006年5月27日付

ウォール街経由の外資が大挙して日本に進出し、大手金融機関などの株式を取得し、大株主になった。外資は、２００６年３月現在、日本の大手銀行の三菱ＵＦＪ・ＦＧの33・９％、みずほＦＧの29・９％、三井住友ＦＧの39・４％、大手証券会社の野村ＨＤの43・６％、大和証券Ｇ本社の37・２％の株式を取得し、その大株主になっている。その他の大手生保損保会社や地方銀行も同じように外資が大株主になった

（表２—２）。

株式会社の資金調達・運用は銀行や証券会社に全面的に依存しているので、銀行や証券会社は個々の会社経営のあり方に強い影響力を持っている。したがって、外資が日本全体の会社経営のあり方を改造しようとした場合、無数に存在する個々の会社の大株主になる必要はなく、会社経営に強い影響力を持つ銀行や証券会社の大株主になり、これらの金融機関を通じて日本的経営を解体することなどを条件に、会社の資金調達と運用に協力する環境を作れば、最も効率的に目的を達成できる。たとえ大手株式会社であっても、会社の資金調達・運用にあたって銀行や証券会社の協力がなくなれば、経営はたちゆかなくなるので、外資の大株主のもとで日本的経営の解体や株主への配当金拡大、株価の吊り上げ、効率的な経営などを最優先させるアメリカ型経営に転換するようにとの金融機関の申し出を断ることはできないからである。日本の大手銀行・証券会社の大株主になることは、外資にとって、「株式会社ニッポン」に支配的な影響力を駆使する上で、最も効率的で最短のやり方だった、と言える。

ウォール街や英米の投資家は、日本の金融機関を押さえることで、日本の経済全体を短期間に効率的に支配するノウハウを知っている「金融侵略」に長《た》けた投資家たちであった。日本に進出した外国人投資家たちは、まず、３メガバンク（三菱ＵＦＪ・三井住友・みずほ）や２大証券（野村・大和）の大株主になった。これらの大手金融機関の大株主になれば、取引関係にある多数の主要日本企業の経営方針に影響力を行使できる。経営に必要な資金を手配する条件として、日本的な企業経営の終身雇用・年功序列賃金・企業福祉などを廃止し、効率的な成果主義の導入を迫った。

こうして、雇用に責任を持たない新自由主義的な経営が短期間で日本企業全体に普及していった。リストラの嵐が吹き荒れ非正規雇用が広がり、戦後の安定的な雇用環境は破壊された。日米欧の多国籍的な金融独占資本は、日本の経済社会を支配し、新自由主義的に改造し、日本の労働者を徹底的に搾取し、国民の金融資産を収奪している、といってよい。

「株式会社アメリカの日本解体計画」

ジャパンマネーと日本の金融経済システムを支配下に置こうとするアメリカ政府・ウォール街の動向については、自身もかつてウォール街（米国野村證券）で働き、その後、現場取材と公文書の調査によって情報発信を続けている国際ジャーナリストの堤未果氏のアメリカと日米関係についての一連の著作も看過できない情報を提供している。

『株式会社アメリカの日本解体計画――「お金」と「人事」で世界が見える』[4]によれば、「アメリカを動かしているのは、今や完全に一体となり、巨大な権力を手にした『財界とワシントン』の複合体」であること、この複合体では、「利害関係者が政界と業界の間を平気な顔で行き来する『回転ドア』」が高速に回転していること、「チェンジ」を叫び、大統領となったバラク・オバマですら、「金権政治の温床」であるこの回転ドアにメスを入れることができなかっただけでなく、そもそもオバマ大統領の就任式の最前列で祝福したのは米財界中枢のウォール街のお歴々であったこと、ウォール街のトップランナーのゴールドマン・サックスは、「毎日百万ドル（1億円）ずつ国会議員や司法関係者にバラまき、自分たちの手足を縛る金融改革を全力で阻止した」こと、ゴールドマン・サックスの幹部たちは、「回転ドア」をぐって政権中枢に入り込み、民主党政権でも共和党政権でも財務長官などの主要ポストを独占していること、その結果、リーマン・ショックを引き起こしたウォール街の巨大金融機関は7000億ドル（70兆円）の公的資金で救済されたことなどが起きている。

「財界とワシントンの複合体」にとって、「日本は大事なVIP客だよ」と言ったのは、堤氏がある会合で隣り合わせになったウォール街大手のシティバンクの副社長であった。ゆうちょ銀行、農林中金、GPIF（年金積立金管理運用独立行政法人）などは、ウォール街の金融機関が販売する各種金融商品の最大の買い手＝顧客だからである。「財界とワシントンの複合体」が、日本に規制緩和と民営化を強力に迫ったのは、自分たちの金融商品の販売市場の開拓のためである。別言すれば、日本への金融侵略のためである。

民営化前の郵便貯金と簡保マネーの合計額は340兆円であった。この巨額のマネーはいずれも公的金融を担い、内外の民間金融機関や投資家の入り込めない公的な規制のもとに置かれていた。だが、「ゆうちょ銀行を早く民営化してマーケットに開放しなさい。その貯金を手にいれ、運用したい」との目的で、ウォール街は早くから日本の公的金融システムの解体を狙っていたこと、ゆうちょ民営化の窓口になったのは、金融大臣を経て経産大臣に就任し、当時の郵政民営化担当大臣に任命された竹中平蔵氏であったこと、小泉純一郎政権と竹中平蔵氏を背後から強力に支援したのは、ゴールドマ

表 2-3　企業（金融保険を含む 285 万社）の経営内容の変化

（単位：百万円・人）

	従業員給与	従業員数	当期純利益	配当金	利益剰余金
2011年度	136,062,214	42,568,442	22,866,194	10,473,058	315,554,969
2020年度	131,602,221	41,144,138	45,704,833	20,959,678	550,719,213

出典：法人企業統計：政府統計ポータルサイト
https://www.e-stat.go.jp/dbview?sid=0003061945

ン・サックスのロバート・ゼーリック副会長であったこと、民営化されたゆうちょ銀行の次に、「ウォール街が喉から手が出るほど欲しいのは、６００兆円と言われる農協の貯金、そして私たちの老後を支える、１３０兆円の年金」であることなどと堤氏は指摘する。事実、23年現在で２２４兆円の年金積立金を運用するＧＰＩＦは、その半分の１１２兆円をアメリカの国債や株式などの投資に振り向け、ウォール街の「ＶＩＰ客」になり、「私たちの年金がどんどんウォール街に流れてゆく」事態が進展している。

このように、「株式会社アメリカの日本解体計画」は着々と進展してきている。

3　資本逃避で国家を脅す

日本の企業経営を株主重視に転換したのは、外国人投資家を中心とする物言う株主（アクティビスト）だった。

「企業の使命は株主に報いることだ。雇用や国のあり方に経営者が責任を負う必要はない」というのが新自由主義の大株主の論理である。これは、野蛮な資本の論理であり、新自由主義のイデオロギーである。この資本の論理が日本の企業経営のあり方を変えた。賃金も従業員も削減される一方で、株主への配当金や企業の利益は倍増するといった企業経営が広がっていく（表2―3）。さらに法人税は減税される一方で、それを補塡《ほてん》するかのように消費税は増税される事態が続いてきた。

株主資本主義と企業経営の変容

新自由主義の企業経営が最優先するのは、高額の配当金の支払いで株主に報いることである。事実、企業の純利益や株主への配当金は2倍以上に増えた。内部留保金といわれる企業の利益剰余金も大幅に増えた。他方で、減ったのは従業員給与と従業員数である。雇用や地域経済に責任を持たず、労働者からの搾取を強めて株主への配当金を増やす、といった野蛮な経営姿勢が行われるようになった。

バブル崩壊後、日本企業の売上高や本業の営業利益は長期間にわたり低迷している。それなのに、純利益や利益剰余金が増大する「減収増益」という事態が生じている。

その要因の第1は、従業員給与を大幅に削減したことである。第2は、自公政権が法人税減税を繰り返したことである。第3は、大企業が金融ビジネスに傾注し、有価証券投資による金融収益（営業外収益）を増やしたことである。第4は、海外投資から還流する利子・配当金などの金融収益が円安下で増大したことである。

日本企業は正社員を減らして非正規雇用を拡大し、効率よく利益を増やす「新時代の『日本的経営』」（日本経営者団体連盟・1995年）を実現した。ため込まれた利益は、国内の設備投資や給与支払いではなく、グローバルな直接投資や間接投資へ向けられた。

経営権の取得を伴う直接投資は圧倒的に人件費の安かった中国やアジア諸国での工場の建設に向けられた。大企業が海外に投資先と生産拠点を移したことで、日本国内の製造業と雇用は空洞化していった。経済産業省の海外事業活動基本調査によれば、対外進出した日本の企業数は2021年度末現在、2万5325社、現地で雇用する従業員数は569万人に達する。

利子や配当金の獲得を目的とする間接投資（有価証券投資）は欧米の株式・債券など、高利回りの金融商品に向けられた。企業は本業に打ち込むよりも、手持ちの資金をグローバルに運用して稼ぐようになった。

時空を超えた金融ビジネス

金融収益の増大と労働者の貧困化は表裏一体の事柄であった。

マルクスが『資本論』で解明したように、資本主義経済の目的は飽くことなき利益追求であり、労働者が生み出す剰余価値の搾取と収奪である。だが、剰余価値を実現する工程は、原材料の調達・生産・販売のすべての場面で時間と空間に制限され、生活向上を求める労働者のたたかいと衝突して非効率になっていく。そこで資本の論理は、海外移転・外部委託・雇用の非正規化などで生産工程の搾取率を高める一方、巨額のマネーを地球的規模で効率的に運用し、世界中から利益を収奪する金融ビジネスを活性化させた。

インターネットなどの情報通信技術（ＩＣＴ）の発展が時間と空間を超越した金融ビジネスに道を開いた。それに加えて、資本の自由な運動を拘束する国内外のあらゆる規制を緩和・撤廃する新自由主義の政策を各国で普及させたことにより、巨大金融独占資本は、24時間いつでもどこでも、自由に巨額の利益を収奪できるようになった。

巨大金融独占資本は投資先の雇用や経済に責任を負わない。景気後退や相場の悪化が見込まれるやいなや、「我が亡き後に洪水よ来たれ」とばかり、一瞬で安全圏の国外に逃避する。資本に逃避された国ではバブルが崩壊し、工事現場は放置され、企業倒産と失業の嵐が吹きまくる。資本逃避の可能性は国内企業と国家への強い脅しとなり、大株主の利益を最優先する新自由主義的な経営や政府の経済政策の推進力として作用する。

「金融の自由化・国際化」は、こうして巨大金融独占資本の権力を著しく強め、英シティや米ウォール街を経由した投資家や大株主の下に世界の富を手っ取り早く集める「カジノ型金融独占資本主義」となって、人々の暮らしや地域経済を衰退させていった。

4　新自由主義の野蛮な国づくりと金融政策

新自由主義が掲げる「自由」は欺瞞《ぎまん》的である。それは個人の自由でなく、資本の自由を意味し、大資本があらゆる規制から逃れて支配を拡大し、高利潤を追求する自由である。

資本の自由を拡大して搾取を強める新自由主義は国民の自由や権利と敵対する。その本質を見せつけた出来事が一九七〇年代、南米のチリで起こった。

シカゴ・ボーイズの実験国にされたチリ

米シカゴ大学において、新自由主義の代表的学者ミルトン・フリードマン（1912～2006年）の教えを受けた経済学者たちは、シカゴ・ボーイズと呼ばれた。彼らは1973年、チリのアジェンデ政権を軍事クーデターで倒したピノチェト独裁政権下で、同国を新自由主義改革の実験国にした。

人民連合に支えられ、民主的な選挙で誕生したアジェンデ政権は、外資を含む大企業の国有化を進め、選挙を通じた社会主義建設をめざしていた。だが、ドキュメント映画『チリの闘い』などによって発覚したが、米国の中央情報局（ＣＩＡ）は社会主義政策を推進するチリを転覆するために、ピノチェト将軍を資金的・人的に支援し、クーデターを起こさせ、アジェンデ政権の大統領府を爆撃し、政権を倒した。そのニュースがテレビで報道されたとき、シカゴ・ボーイズはシカゴ大学の学内で歓声をあげ、祝福した。シカゴ大学教授であった宇沢弘文氏（１９２８～２０１４年）はそれを目撃して激怒し、「以降一切シカゴ大学とは関係しないと決意した」と、後年語っている。

ピノチェト政権は、新自由主義的な民営化・規制緩和を進めると同時に、多数の労働組合員や市民活動家を虐殺した。このチリの悲劇には、米国の支配と新自由主義の本性が現れている。

野蛮な資本主義と異次元金融緩和政策

ミルトン・フリードマンの経済学はマネタリズムとも呼ばれている。中央銀行が供給する貨幣供給量を増減することで経済や物価動向を管理できるとする貨幣数量説に立つのがマネタリズムである。

周知のように、第２次安倍晋三政権下で金融政策を担った黒田東彦《はるひこ》前日本銀行総裁は２０１３年４月、「供給する資金量を２年間で倍増させ、物価を２％上昇」させると宣言した。この異次元金融緩和政策は、貨幣数量説に立つ新自由主義の金融政策である。だが、宣言はしたものの、２年間２％物価上昇という公約は、黒田総裁の在職期間中でも未達成である。新自由主義の金融政策の破綻は十分すぎるほどに証明されている。

異次元金融緩和政策は、日銀が民間銀行から年間１００兆円前後という巨額の国債を買い入れ、そ

図 2-3　日本銀行が供給するマネタリーベース対マネーストックの相違

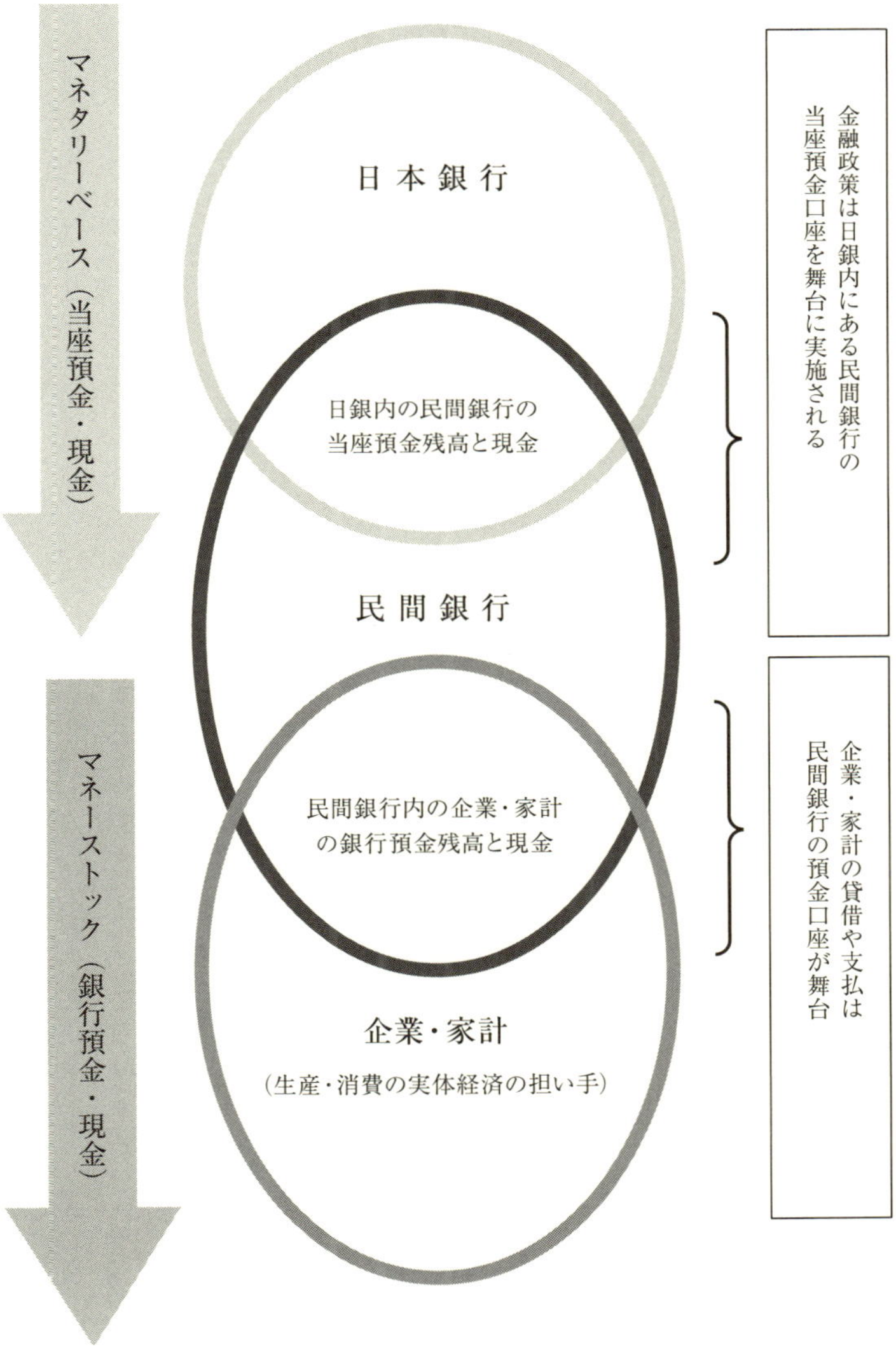

の代金を日銀内に置かれた民間銀行当座預金口座に入金するやり方で実施される。

だが、日銀から民間銀行に供給されたマネー（マネタリーベース＝民間銀行の日銀当座預金と紙幣・貨幣の発行高）と、生産と消費を担う実体経済の現場で使用されるマネー（マネーストック＝企業や家計が保有する現金と銀行預金）とは別物である（図2―3）。

そもそも日銀が増やせる貨幣供給量は、民間銀行保有の国債を買い入れて供給するマネタリーベースだけである。物価や経済動向に影響を与えるマネーストックは増やすことができない。マネーストックが増えるのは、家計や企業が消費や設備投資を活発化させるために民間銀行から現金を引き出すか、借り入れを増やす場合だけである。景気の加熱や物価の上昇をもたらすのはマネーストックの動向である。その動向は、日銀ではなく、実体経済の担い手である企業と家計の行動で決まる。

2012年以降、日銀が躍起になってマネタリーベースを5・2倍に増やしたというのに、マネーストックは1・4倍にとどまり、実体経済（GDP）は1・1倍にしか成長していない。むしろ消費税増税や社会保険料の引き上げで国民負担率が上がり、国民生活は悪化した。年収200万円以下の勤労者は4人に1人の1200万人に増大し、国民生活は深刻化した。国債発行残高など、各種の政府債務も増大する一方で、とうとう1339兆円まで膨らんでしまった。

現代日本の経済は、家計の場合は、増税・賃金カット・リストラなどの不安で将来見通しが暗く、消費が萎縮《いしゅく》しており、企業の場合は、抱え込んだ利益すら給与支払いや設備投資に向けずに内部留保金として貯め込んでいる。これではマネーストックは増えようがなく、「デフレ不況」が続かざるをえない。しかも、日銀は、リーマン・ショック以降、民間銀行の日銀当座預金残高の一部（法定準備を超えた超過準備）に０・１％の利子（付利）をつけ、年間約４６９０億円も支払っている。民間銀行は不良債権化するリスクのある企業や家計に貸し出すより、日銀当座預金に積んで、リスクフリーで利子をもらう選択をすることになり、マネーストックは増えない。しかも、マネーストックの中身を見ると、現金通貨（うち日銀券）は１１６兆円である。その内訳を見ると、１万円札が一番多く１０９億枚（１０９兆円）だが、買い物に一番使われる千円札は43億枚（４兆３０００億円）に過ぎない。増発された１万円札のほとんどは、一般家庭の「へそくり」・「タンス預金」というより、大資本や富裕層の脱税のための資産隠しとして、秘密の場所に退蔵されているようである。大型金庫が飛ぶように売れたのは、１万円札の束を隠すためかもしれない。

それでもなお、日銀が異次元金融緩和政策を続けるのはなぜか。

そこには金融ビジネスで目先の利益を追求する野蛮な資本主義の姿が見え隠れしている。日銀が民間金融機関から国債を大量に買い入れる量的金融緩和政策（ＱＥ）を詳しく見ていくと、次のことが明らかになる。

第１に、国債入札に参加資格を持つ内外の巨大金融機関約20社（国債市場特別参加者）は、安く落札した国債を日銀に高値で売りつける日銀トレードで、国債売却益を稼いでいる。巨大金融機関が10兆円ほどの国債売却益を稼ぐ一方、日銀は10兆円ほどの国債償還損を抱え込んだ。その分、日銀の国庫への納付金が減り、国民負担が増えることになる。

第2に、日銀による国債の大規模買い入れで長期国債金利（＝長期金利）は下落し、ゼロ％近傍やマイナスの水準に低下した。これは政府の国債利払い費用や企業の借入金利の引き下げに貢献した。第3に、他国と違い、日銀の異次元金融緩和政策は、株式ＥＴＦ（株価指数連動型上場投資信託）の買い入れを実施するので、日経平均株価やＴＯＰＩＸを構成する会社の株価をつり上げ、会社と株主の利益に大貢献している。

その結果、日銀が抱え込んだのは異次元のリスクである。24年5月現在、日銀が保有する国債593兆円、保有株式の簿価37兆円の価格が何らかのきっかけで下落すれば、日銀に損失が発生し、「日本円」の信用にヒビが入り、円暴落のリスクが表面化する。円安が進展し、輸入品が値上がりし、深刻な生活破壊が広がるであろう。

新自由主義の異次元金融緩和政策は、内外の大資本・投資家には巨額の利益をもたらす一方、国民生活と日本経済には予測不能の危険な事態を招いている。

5　少数の独占支配か、99％のための経済か

新型コロナウイルス禍で人命が失われ、失業と倒産の大波の中で株価が記録的に上昇し、貧困と資

表 2-4　巨大金融独占資本によるグローバル市場の独占支配

TOP　10		手数料・億ドル	市場占拠率・%
JPモルガン	（米）	20.0	8.3
ゴールドマンサックス	（米）	16.4	6.8
バンク・オブ・アメリカ	（米）	15.2	6.2
モルガン・スタンレー	（米）	12.5	5.1
シティ	（米）	10.0	4.6
Top 5 の市場占拠割合		74.1	31.0
バークレイズ	（英）	8.0	3.3
ドイツ銀行	（独）	5.9	2.4
BNPパリバ	（仏）	5.2	2.1
ウェルズ・ファーゴ	（米）	5.1	2.1
RBCキャピタルマーケット	（加）	4.4	1.8
Top 10 の市場占拠割合		102.7	42.7
総　計		241.8	100.0

資料：Financial Times League Tablesより作成
https://markets.ft.com/data/league-tables/tables-and-trends
注：2024年1−3月期のM&A、株式、債券、ローンの手数料収入

産格差が拡大している。主要国政府と中央銀行が２０２０年に供給した資金は、世界のＧＤＰ（国内総生産）の３割強の約27兆ドル（２８８０兆円）に達し、世界の株価も85％ほど上昇したからである。

アメリカ主導の日本版金融ビッグバン（大改革）は、日本の金融システムを、貯蓄から投資を推奨するシステムに変換し、アメリカの金融独占資本による日本支配が強まった。金融ビジネスのあり方も変わった。生産や投資のためでなく、手持ちのマネーを効率的に増やすため、価格・金利・為替の変動を利用し、その売買差益を狙う寄生的な投機活動が広がった。

上位10社だけで４割以上を独占する

現代の金融ビジネス、とくに債券や株式

などを取引する証券ビジネスは、グローバルに一体化し、世界のトップ10社が市場の42・7％を独占支配するグローバルな金融寡頭制下で営まれている。しかも、ＪＰモルガン、ゴールドマン・サックス、バンク・オブ・アメリカ、モルガン・スタンレー、シティといった米ウォール街の５大金融独占資本だけでも、世界の金融証券市場の31％を独占的に支配している（表２―４）。

インターネットや人工知能（ＡＩ）などの情報通信技術（ＩＣＴ）を利用し、１秒間に数千回から１万回の売買を実行する超高速取引（ＨＦＴ）は、時間と空間の制限を突破した地球的規模の金融ビジネスを可能にした。このような体制を整備できる資金・技術・スタッフを持つごく少数の金融機関や投資家たちが、あっという間に巨万の利益を独り占めする時代である。わずか数十人のスーパーリッチの金融資産は低所得層に属する世界人口の半分の人々の金融資産に匹敵するほどに世界の資産格差は拡大した。

各国政府やグローバル企業相手の金融ビジネスは、閉鎖的なデジタル空間で行われるため金融犯罪の温床になっている。ギリシャの財政破綻の背後に米ウォール街の国債ビジネスがあり、これらの５大金融機関は、金融不正が発覚した場合、各国政府に莫大な賠償金を払いながらも、旺盛な国債ビジネスを続けている。米欧の中央銀行役員には、ゴールドマン・サックスの経営経験者が就任し、世界最大の年金積立金を運用する日本の年金積立金管理運用独立行政法人（ＧＰＩＦ）のトップにも就任している。

主要国の財政金融当局は、世界のトップ30大銀行が破綻すると、世界経済が大混乱するので、“Too

big to fail"（大き過ぎてつぶせない）措置を事実上採っているが、これはグローバルな金融寡頭制を擁護する措置といえる。

超低金利や金融緩和政策は、バブル経済を膨張させ、金融投機活動を活発化させ、金融独占資本による勝者独り占めのビジネスとなって、世界で貧困と格差を拡大する。各国政府と中央銀行は、このような「カジノ型金融独占資本主義」に貢献する財政金融政策から脱却するべきである。

現代のような深刻な貧困と格差拡大の一端は金融政策のあり方にも起因している。儲からないという理由で、人類の生存に直結する物やサービスの生産に直接関わる産業や地域の金融ニーズに応えず、目先の金銭的利益を追求する金融ビジネスや、国民経済・暮らし・地球環境を悪化させるような経済活動への資金供給は制限し、ペナルティをかける金融政策が求められている。

99％のための経済への転換

新型コロナウイルス危機の下で貧富の格差がさらに拡大した。

23年9月現在、[5] 世界中で6・9億人の感染者と590万人の死者を出した新型コロナウイルス禍は、生活関連の中小零細企業を中心に、大規模の企業倒産と失業を誘発した。国際労働機関（ILO）によれば、世界中で2億2000万人が失業し、約1億人が極度の貧困に陥った。現在でもなお、人類の生存権が脅かされ、生活破壊が進行している。

他方で、約2750人の超富裕層がコロナ禍の間に増やした富は3兆6000億ユーロ（約460

兆円）に達した、と世界不平等研究所の調査は指摘する。２０２１年に世界の上位１％の超富裕層が個人資産の37・８％を独占する一方、下位50％は２％程度の資産を所有するにすぎなかった。貧困と資産格差は一層深刻になっている。

これは、コロナウイルス禍の２年間に主要国の株価や債券価格が驚くほど上昇し、富裕層の金融資産が増大したからであった。アメリカのダウ平均株価は２万３０００ドル台から３万６０００ドル台へ、日本の日経平均株価は２万３０００円台から２万９０００円台へと、当時、驚異的な株高を記録した。

実体経済指標である世界の名目ＧＤＰ合計額は87・39兆ドルから94・94兆ドルへと、ほぼ横ばいの１・08倍にとどまったのに、金融経済指標の株価や債券価格の上昇などは、ＧＤＰの上昇を遥かに上回った。株式や債券投資に縁のない99％の国民諸階層はコロナウイルス禍に直撃され、失業や一層の貧困に陥った。でも、富裕層はコロナウイルス禍の最中に金融資産を増大させた。

株価や債券価格が上昇したのは、コロナウイルス禍対策で各国中央銀行が歴史的に例を見ない非伝統的な超金融緩和政策を発動したことで、株式や債券に買い向かう投資用マネーが膨張したからである。目先の利益を追求する金融経済が、人類の生存に不可欠なモノやサービスを生産・販売する実体経済から乖離し、世界のＧＤＰの３～４倍も肥大化したからである。

金融規制緩和を推進した各国の新自由主義政策が、目先の利益を求めるマネーの暴走にガソリンを注いだ。「金融の自由化・国際化」、雇用破壊、法人税の減税競争、社会保障の切り捨てといった新自

図2-4　新自由主義政策下の格差拡大の仕組み

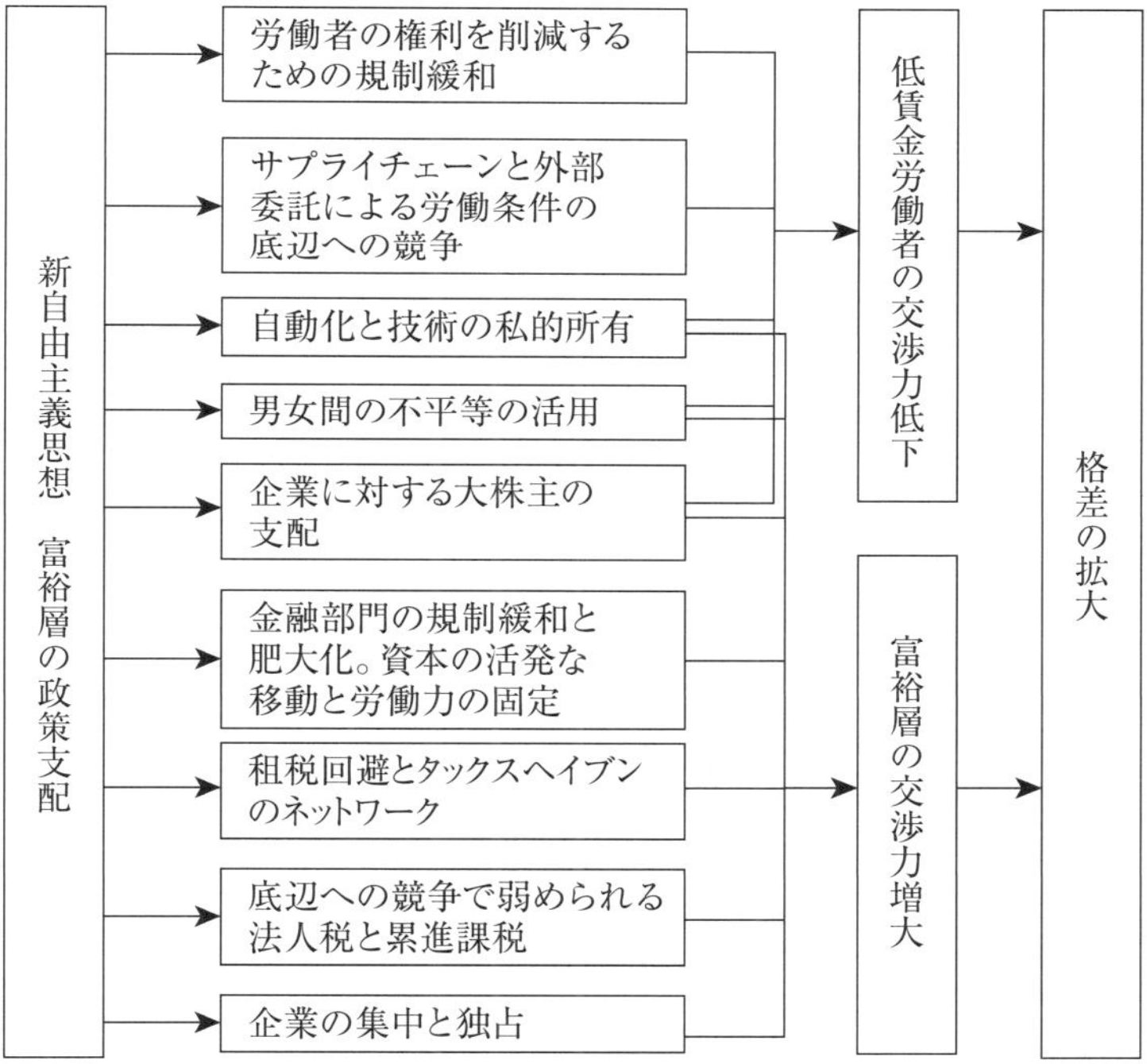

資料：オックスファム「格差に関する2018年版報告書」から赤旗編集局作成
出典：しんぶん赤旗 2021年3月23日

由主義政策の仕組み（図2—4）がつくり出したのは「1％の富裕層や株主のための経済」であった。世界各国の国民生活は貧困化し、国民経済と地域経済は疲弊し、貧富の格差が拡大した。弱肉強食の新自由主義と決別し、「1％のための経済」から「99％のための経済」に転換することが火急の課題である。

金融分野では「金融自由化・国際化」の抜本的な見直しが欠かせない。

第1に、モノの取引を伴わない投機的な金融取引には課税し、実体経済から乖離《かいり》したマネーの暴走を抑え込むことである。国境を越えた投機目的の国際通貨取引にも課税（「トービン税」）し、円・ドル・ユーロなどの為替相場の変動を抑え込み、安定化させることである。低率の課税でも投機抑制効果は大きく、巨額の財源が生まれるうえ、新自由主義的な政策を押し付ける金融独占資本の権力を削減することにもつながる。

第2に、国や地域の経済活動で稼いだマネーの一定割合は、その国や地域の発展と安定のために再投資し、循環させる仕組みを成立させることである。金融機関に集中したマネーがグローバル市場や大都市圏に流出したら、国民経済・地域経済は疲弊する。米国にはマネーの地域循環を明記した「地域再投資法（ＣＲＡ）」の先行事例があるので、各国は参考とするべきであろう。

第3に、中央銀行の独立性を保障し、時の政権や経済界の意向に屈服せず、「物価安定」の大目標を実現することである。実体経済が安定して営まれるためには物価の安定が不可欠である。また、世界大恐慌の教訓である銀行業務と証券業務の分離に立ち返るべきである。

第4に、21世紀の人類的視点に立ち、国連総会で採択された「持続可能な開発目標」（ＳＤＧｓ）に向かって、金融政策や民間金融機関の経営を転換することである。貧困撲滅、健康と福祉、質の高い教育、クリーンエネルギー、ジェンダー平等、気候変動対策、不平等と格差の是正、平和、持続可能な生産と消費、安全な街づくりなど、ＳＤＧｓの17の目標達成を支援する金融システムを確立すべきであろう。

◆1　新自由主義については、友寄英隆『「新自由主義」とは何か』（新日本出版社、２００６年）を参照されたい。

◆2　詳しくは、山田博文『金融自由化の経済学』（大月書店、１９９３年）を参照されたい。

◆3　アメリカンセンターJapan　https://americancenterjapan.com/wp/wp-content/uploads/2017/03/wwwf-deregulation-j-1996.pdf　要望書の原題“Submission by the Government of the United States to the Government of Japan Regarding Deregulation, Administrative Reform and Competition Policy in Japan November 15,1996”　また２００１年10月の「米国政府の規制改革要望書」は、以下のＵＲＬを参照。https://americancenterjapan.com/wp/wp-content/uploads/2017/04/wwwfec0003.pdf

◆4　堤未果『株式会社アメリカの日本解体計画――「お金」と「人事」で世界が見える』（経営科学出版、２０２１年）、他に、『ルポ貧困大国アメリカ』（三部作、岩波新書２００８年、２０１０年、２０１３年）、『沈みゆく大国アメリカ』（二部作、集英社新書、２０１４年、２０１５年）など。

◆5　新型コロナリアルタイム情報。https://coronaboard.kr/ja/

第3章　経済のグローバル化・情報化・金融化と金融再編成

――米ウォール街・財務省複合体の金融覇権

現代日本の金融経済システムの変化は、世界各国で進展した現代資本主義経済の構造的な変化を反映している。その構造的変化を日本に持ち込んだのは、すでに第2章で検討したように、アメリカのウォール街・財務省複合体であり、それを受け入れた日本政府と財界であった。

20世紀末、各種の規制が緩和・撤廃され、国境を越えた資本の自由移動の時代が訪れた。情報通信技術（ＩＣＴ＝Information and Communicaition Technology）の発展に支えられ、地球規模で蜘蛛《くも》の巣のように張りめぐされたコンピュータのネットワーク（ＷＷＷ＝World Wide Web）が、あらゆるビジネスで利用されるようになった。地球規模での経済活動が活発化し、経済のグローバル化ないしグローバリゼーション◆1（globalization）が進展してきた。

経済活動のＩＣＴ化とグローバル化は、銀行・証券などの金融産業のビジネス展開に、飛躍的な発展と劇的な変化をもたらした。数百億円単位の大口のマネーが、時間と空間の制限を飛び越え、ロンドン・ニューヨーク・東京の順でオープンする24時間眠らないマーケットで、リアルタイムで取り引きされるようになったからである。

こうした経済講造の変化を反映して、金融産業やビジネスのあり方も激変してきた。日本でも１９９６～２００１年にかけ、米ウォール街・財務省複合体に主導された「金融大改革」（いわゆる日本版金融ビッグバン　financial big bang）が実施された。米ウォール街・財務省複合体が主導したビッグバンの内実は、株価と証券ビジネス、高利回りと市場原理を最優先させるアメリカ型のビジネス・スタンダードであり、それをグローバル・スタンダードとして定着させてきた。

金融ビジネスのあり方が従来の伝統的な銀行業における預金・貸出業務に替わって、株式や証券を取引する証券業（投資銀行業）にシフトさせられ、金融の証券化が進展した。また相場変動を先読みする金融投機・為替投機が活発化し、デリバティブや為替取引高の極端な肥大化をもたらした。[2] 換言すれば、マネーが、国民経済やモノづくりから乖離《かいり》し、グローバル化した市場での高利回りの運用を最優先する金融ビジネスが支配的になった。

こうした傾向が支配的になるにつれ、大口の金融取引の成功や失敗が、金融産業の経営問題の次元を超えて、一国の経済危機を誘発し、さらには連鎖する世界的な通貨危機・経済危機を誘発する、といった新しい深刻な問題を発生させるようになった。このような事態はハイリスク＝ハイリターン型取引を促進させた金融ビッグバンの負の帰結でもあるようだ。

ここでは、グローバリゼーションにともなう現代的な新しい経済問題について、世界の金融産業の再編成の動向に着目し、米ウォール街・財務省複合体主導で２００１年に一応完了した日本改造＝日本版金融ビッグバンは、日本の金融経済システムにどのような影響を与えたかを検討する。

1　不安定化するグローバル経済と「21世紀型経済危機」

グローバルな金融投機と連鎖的な経済危機の発生

グローバル化した現代経済において発生した新しい問題とは、アメリカの『ビジネス・ウィーク』誌によれば、[3]「長い間観察してきたものとは異なる危機」であり、「その激烈さやスピードに経済の専門家達が皆驚いてしまった」という。新しい経済問題の概略を示しておこう。

周知のように、1997～98年にかけて、タイ・バーツの通貨投機に端を発して、マレーシア、インドネシア、韓国などの東南アジア諸国、次いでロシア、東欧諸国、そしてブラジル、メキシコ、ペルーなどの中南米諸国が、相次いで連鎖的な通貨危機・経済危機に陥った。その後、これらの諸国はＩＭＦ（国際通貨基金）の管理下に入るなどして、困難な経済再建を余儀なくされた。

通貨危機・経済危機の原因については、それぞれの国内経済事情、すなわち、外貨へ過剰に依存した経済開発、株式や不動産投機の活発化で膨張しきったバブル経済、経常赤字の拡大、などの要因が指摘され、対外的には、ヘッジファンドなどによる大規模通貨投機、などの要因が指摘された。

たしかに、通貨危機・経済危機の原因は、それぞれの国々の個別的な要因が複雑にからみ合った結果といえるが、ここで重要なのは、こうした個別的な危機が、グローバルに、連鎖的に、かつ急激に、誘発されることになった大局的な背景についてである。

それは、１９９７年１月から１９９８年３月にかけて、アメリカを起点に、短期間で、巨額の資本・マネーが、各国経済圏に流入し、流出していった不安定でグローバルなマネーフロー（図３―１）、に示されている。

みられるように、アメリカは、日本、ヨーロッパ、アジア、ラテン・アメリカなど、地球上の主要経済圏からグローバルな範囲で資金を集め、またこの資金をグローバルに運用する大舞台＝国際金融センターになっている。

図 3-1　マネーのグローバルな移動

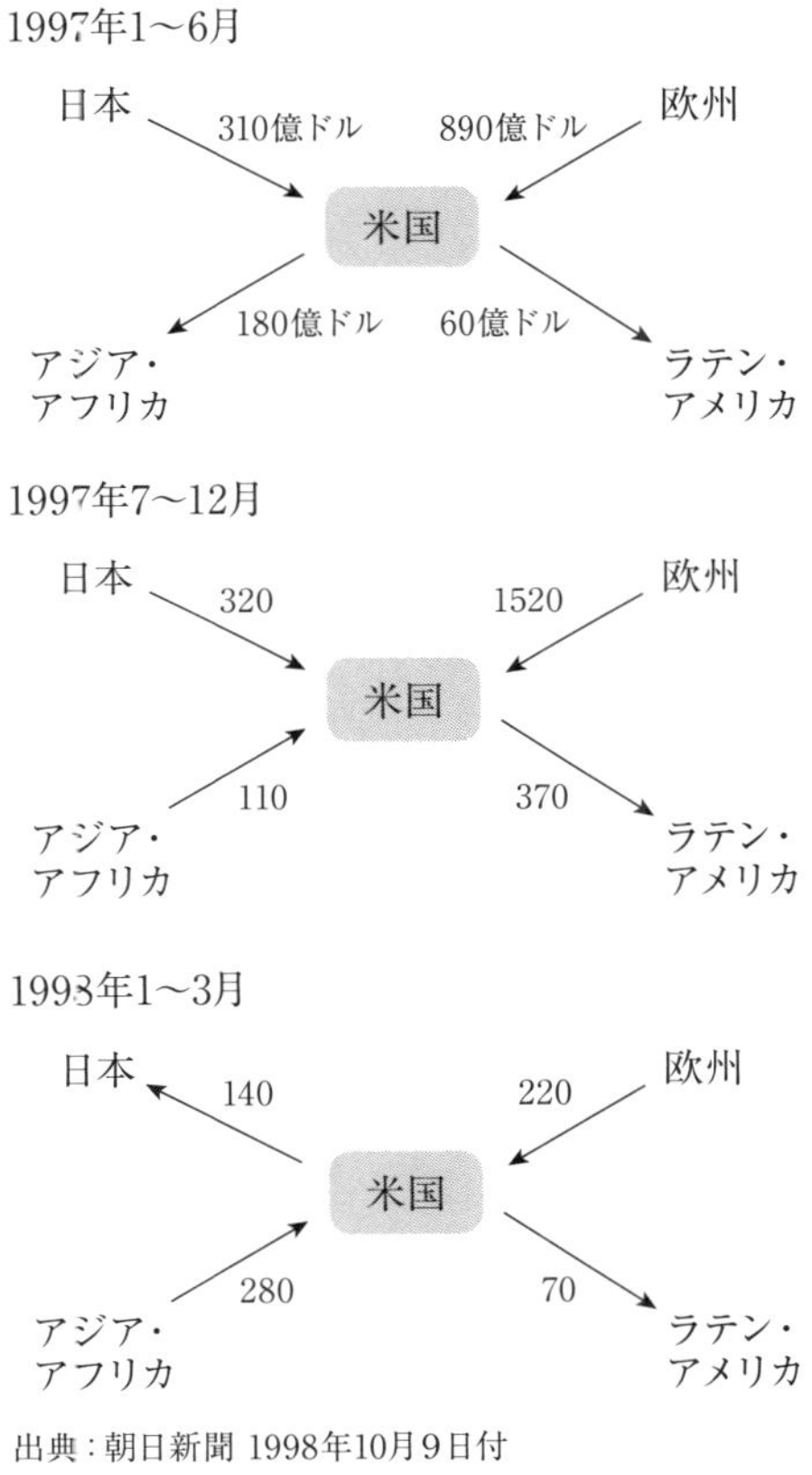

出典：朝日新聞 1998年10月9日付

１９９７年の７～12月は、タイ・バーツの大規模通貨投機をきっかけに東南アジア諸国の通貨危機・経済危機が発生した時期であるが、この時期には、それまでアメリカからアジア・アフリカ圏に流入していた180億ドルのマネーが逆流し、一挙に110億ドルもアメリカに流出している。つづけて1998年1~3月期に、280億ドルのマネーが、アメリカに向かって流出した。また1998年1~3月期には、中南米の通貨不安や経済混乱から、ラテン・アメリカ地域から70億ドルのマネーがアメリカに向かって流出したことが示されている。

これほど巨額のマネーの一方的な国外への流出(=資本逃避・キャピタルフライト)にさらされると、それまで外資に依存して経済開発を続けてきた東南アジア諸国の国内経済は、一挙に混乱と崩壊の危機に直面する。短期的な資本・マネーの国境を越えた無政府的な大移動が、一国経済の破壊や連鎖的な世界経済危機を発生させるような「21世紀型危機」◆4の時代が訪れたことになる。

1970年代以降の主要資本主義諸国の低成長経済への移行で、なお高収益を得ようとする資本は、低迷を続けるモノづくりの経済活動よりも、バブル経済の膨張に象徴される投機的な財テク・マネーゲームを活発化させてきた。いわば、経済の金融化・金融の証券化といった事態が進展してきた。主要資本主義国の企業や金融機関に蓄積された過剰貨幣資本や経常収支の大幅赤字によってアメリカから散布される過剰ドルとが、グローバルな範囲で利殖を求める過剰な資本・マネーの主役となり、経済の金融化・金融の証券化を進展させる原動力になっている。

各国に存在する各種の経済・金融諸規制を緩和・撤廃し、アメリカ型の金融システムを手本にした新しい金融商品市場や取引手法をつぎつぎに創出することを通じて、利殖を求める過剰な資本・マネーに、グローバルな規模での利殖活動の舞台を用意した。それはまた、世界経済の不安定性・無政府性を一層増幅させることにもなった。

こうして20世紀末において、全世界の1年間の貿易額は7兆ドルなのに、ほとんどモノの裏付けのない外国為替市場での1日あたりの為替の売買高は、1兆5000億ドルにも達するという事態（1998年4月現在）が発生するにいたった。外国為替市場は、投機組織のヘッジファンドや各国の大手金融機関、機関投資家、各種の国際投機資本にとって、各国の通貨や金利などを取引対象にした先物や為替スワップといったデリバティブ取引の大舞台になり、「グローバル・カジノ」[5]といわれる大口の投機市場になった。

その結果、「21世紀型危機」といわれる世界の連鎖的な通貨危機・経済危機[6]が発生した。その特徴については、「1997~98年アジア危機やその後のロシアやブラジルへの伝染は、ものづくりで汗水垂らして働くグループの成果を、金融グローバル化の錬金術が瞬時にして奪っていく破壊力の大きさを示す象徴的な出来事であった」[7]といえるであろう。

金融ビジネスの情報化とグローバル化

利殖を求めるマネーが、リアルタイムで地球を駆けめぐるようになったのは、国境を越えた資本の自由移動を制限していた法律上の壁が緩和・撤廃され、インターネットによってグローバルに接続できる情報通信技術（ICT）が、ビジネスに導入されたことによる。

地球の自転にあわせて、ロンドン・ニューヨーク・東京と順次オープンする主要な国際金融市場は、コンピュータのネットワークやインターネットによって相互に連結され、24時間眠ることなく稼働し続けている。東京市場が閉鎖されても、夕方の6時には老舗のロンドン市場がオープンになり、夜の11時にはマネーの中心地のニューヨーク市場がオープンし、各種の取引はそのまま継続する。

世界の大手金融機関は、ロンドン・ニューヨーク・東京といった国際金融センターを拠点として、自行・自社のコンピュータのネットワークで地球をまるごと包み込み、地球上のどこにいても、リアルタイムでビジネスを遂行することができるようになった。

地球の裏側との取引であっても、一瞬にして成立する。とりわけ、マネーや各種の金融商品を扱う金融産業は、グローバルに設置したコンピュータのネットワークの恩恵を最大限引き出すことができる。というのも、マネーや金融商品は、特定の地理的・空間的・物的な実体に制約される自動車などのモノづくり産業の各種商品とは違い、「質的には無差別で、量的にのみ異なる独特の商品であって、コンピュータ上の情報処理には最適のもの」[8]だからである。マネーや金融商品は、電子的な情報の形で、コンピュータのネットワークのなかで瞬時に取引ができるからである。

むしろ、鶴田満彦氏の指摘するように、「金融資本のもっとも現代的な形態は、産業独占との融合・癒着《ゆちゃく》によってよりも、グローバルな外国為替・金融・証券市場の価格変動をめぐる投機をつうじて短期・最大限の利潤をあげることを目指している」[9]と言えるからである。

情報化され、グローバル化された現代の金融ビジネスは、時間の制限も、空間の制限も超越し、コンピュータの画面上のスクリーン・マーケット、サイバー・マーケットにおいて、100億円単位の取引がリアルタイムで遂行され、一瞬にして数千万円のキャピタルゲインを取得する。もっとも相場を読み違えれば、一瞬で数千万円のキャピタルロスを被り、場合によっては、経営破綻に陥ってしまうようなハイリスク＝ハイリターン型のビジネス展開を余儀なくされる。

アメリカのマネーセンターバンクは、グローバル化された現代の金融ビジネスを継続していくために、世紀末に、年間20億～30億ドルという巨額のＩＴ投資を先行させている。ちなみに日本の大手銀行の場合、年間10億ドルのＩＴ投資を実施できている銀行はほとんどない。これだけのＩＴ投資が継続できるかどうかが、アメリカ型の金融産業として、グローバルなサバイバル競争に勝ち残っていく分水嶺となっているようである。

そのため、１行で巨額のＩＴ投資が不可能なら、金融機関が互いにＭ＆Ａを繰り返し、合従連衡《がっしょうれんこう》によって、一層大規模で強大な金融産業に脱皮していくことになる。銀行・証券・保険といった金融産業の歴史は、規模拡大のための再編・統合の歴史でもあった。

再編・統合を繰り返し、グローバル化された現代の金融ビジネスに参入しようとするとき、強大な金融産業のビジネスの内容は、伝統的で固定的な銀行業の預金貸出業務ではなく、株式や債券など資金請求権を表示する証券をグローバルに売買するビジネスにシフトされる。

この点について、銀行内部からも、次のような指摘がある。長銀総合研究所副理事長（当時）であり、著名なエコノミストでもある吉冨勝氏は、「金融のグローバリゼーションは、わかりやすく言えば、証券資本主義の世界的な貫徹ということだ。マルクスは『市場経済は人間の良心まで商品化し、売買の対象にする』という趣旨のことを書いたが、証券資本主義は何でも証券化する。銀行のローンのほか、社長の懐はストックオプションで、年金や保険は投資信託の形で証券化する」[10]とグローバル化された現代の金融ビジネスの業務内容について、端的に指摘している。

2　世界の金融産業の再編成とウォール街

金融の証券化と投資銀行業

おもに1980年代以降において、アメリカを中心に、各種の資産を担保にした証券（ABS Asset Backed Securities）が発行され、市場で売買されるといった事態（金融の証券化・セキュリタイゼーション）が急速に進展した。その後、ヨーロッパ、さらに遅れて1990年代の後半以降、日本においても、同様な事態が展開する。

一般に、金融の証券化（securitization　セキュリタイゼーション）とは、「資金調達や運用に際し証券形態による取引が優勢化する現象であり、証券・証書形式での金融手段により市場を通じて金融取引が広く行われる状況」[11]といえよう。

セキュリタイゼーションの進展は、①複雑化し、大規模化した経済活動のなかで発生する各種のリスク（価格変動・金利変動・債務不履行など）について、そのリスクを抱えた資産（保有不動産・証券・貸付金など）を担保にして、新しい証券化金融商品を組成し、②証券市場を介して、広範囲の投資家に販売することを通じて、企業や金融機関は資産をバランス・シートの外に移すことで資産を圧縮しながら、市場から新規に資金を調達でき、あわせて各種のリスクを他者に分散・転嫁することができる。③高利回りの新しい投資物件を求める投資家サイドにすれば、ハイリスク＝ハイリターン型の証券化金融商品が、新たな投資物件として登場したことになる。④こうした新しい証券化金融商品市場が造出されることで、証券市場も拡大・多様化し、それに応じて証券会社や投資銀行関連業務のビジネス機会も、拡大していく。

アメリカでは、住宅貸付を担保にしたモーゲージ担保証券の発行によって、「従来は地方の貯蓄金融機関や商業銀行の領分であった住宅金融の仕事をウォールストリートにまで持ち込むことになった」と評価された◆12。本来無関係にみえた住宅金融市場が、証券市場と接続し、アメリカの証券市場の範囲を拡大させる要因になっていた。

日本では、バブル崩壊後に抱え込んだ銀行の不良債権処理対策を通じて、住宅や不動産担保ローンなどの銀行資産や土地担保資産の流動化・証券化のための体制が整備されてきた。20世紀末には、証券化金融商品市場が新たに創出され、拡大してきた（図3―2）。

例えば、不動産の資産担保証券のケースとして、整理回収機構（ＲＣＣ）は、不良債権の担保にし

図 3-2　日本の証券化商品市場の生成と発展（1994 ～ 2001 年）

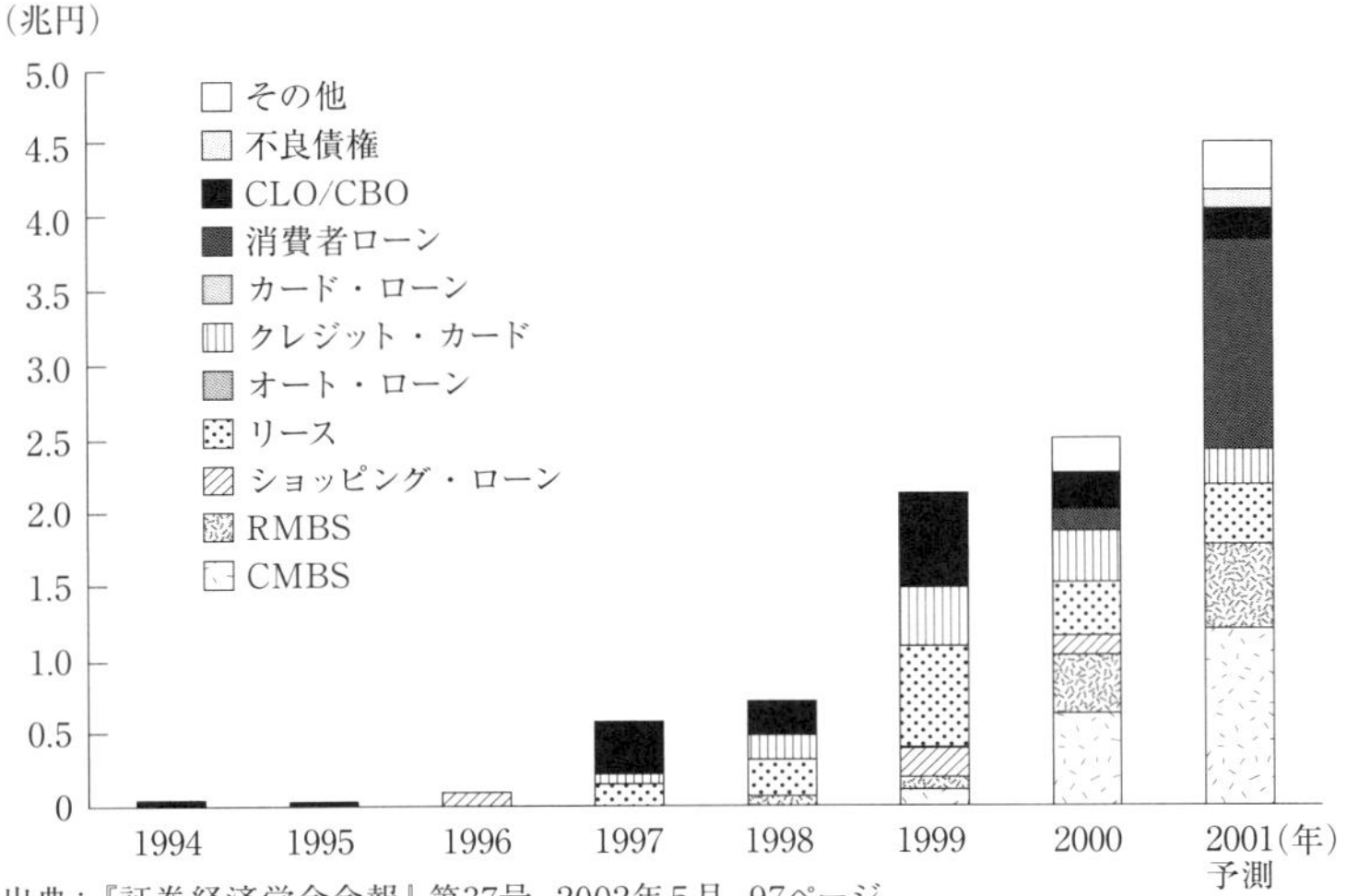

出典：『証券経済学会会報』第37号、2002年５月、97ページ

ていた旧日本債券信用銀行（現あおぞら銀行）本店や福岡市のビルなどの不動産を証券化して、約４００億円で売却した。ＮＥＣの43階建ての高層本社ビルは、土地ごと証券化され、約９００億円で売却された。ほかに、ローンでは、三菱オートクレジットが、企業や個人顧客に対する新車のローン債権を担保に２６７億円の資産担保証券を発行し、日産クレジットも２０８億円を発行する、などのケースがみられる。[13]

「証券資本主義」との指摘にもあるように、従来の銀行を中心にした金融システムのあり方を転換して、証券市場を中心にした金融システムへ、したがって金融産業のあり方も、預金・貸出を扱う商業銀行から、各種の証券化関連金融商品を扱う証券会社（欧米では、投資銀行）を支配的な金融産業に位置づけようとする大改革（金融ビッグバン）が実施されてきた。[14]

金融相の私的研究会「日本型金融システムと行政のビジョン懇話会」も、2002年7月、わが国の金融の将来ビジョン（「金融システムと行政の将来ビジョン」）[15]を公表した。そこでは、今後、一層、金融の証券化を推進し、証券化関連金融商品市場の育成と発展、預金・貸出業務といった伝統的な銀行業務からの脱却、アメリカ型の市場中心の金融モデル・投資銀行業の確立・普及、などを提言している。

近年注目を浴びるアメリカの投資銀行の主な業務とは、株式・債券の新規公開（IPO）や引受、企業のM&A（合併・買収）関連業務、金融機関の貸付債権・リース債権、事業会社の受取債権や不動産といった各種資産の証券化・流動化、複雑な金融取引やデリバティブの組成、内外の証券・為替市場での自己勘定での売買（トレーディング）、企業財務・組織のリストラクチャリング関連業務、などである。[16]

このような法人向けの証券ビジネスは、欧米、とくにアメリカの投資銀行業務（investment banking）によって担われている。世界の代表的な大手投資銀行は、アメリカ系では、ゴールドマン・サックス、バンク・オブ・アメリカ、モルガン・スタンレー、およびグラス・スティーガル法の撤廃によって商業銀行系の金融コングロマリットであるシティグループやJPモルガン・チェースも、証券ビジネスにおいて、グローバルな支配を確立している。イギリス『エコノミスト』誌によれば、ウォール街の大手投資銀行のグローバル化の動機は、投資資本の拡大、国内景気循環の回避、ユーロ市場の重視、などにある。[17]ヨーロッパ系では、ドイツ銀行、BNPパリバ、HSBC、バークレイズ、

ＵＢＳなどであり、いずれも、アメリカ型の投資銀行業務に傾注している。[18]

リスクを商品化し、たえず相場が変動する証券、金利、為替などの金融商品を扱う投資銀行業は、金融市場の乱高下やバブルの膨張と崩壊、景気循環などの影響を受けやすい業務のため、経営危機に陥ると、従業員・役員の大幅削除、内外の支店の閉店や撤退、部門の売却など、投資銀行業自身のリストラが頻繁に実施される。

代表的な投資銀行業務である企業のグローバルなＭ＆Ａ（合併・買収）取引は、世紀の転換期でアメリカのＩＴ株式バブルの崩壊とともに、３兆４５９０億ドル（２０００年）から、１兆７４００億ドル（２００１年）へと激減した。[19] また、破産したアメリカの大企業25社の経営者・役員は、２００１年１月以来、ほぼ10万人の従業員の職を奪い、従業員や一般株主・投資家に巨額の損失を押しつける一方で、インサイダー取引などによって、倒産前に、大量の自社株を高値で売り抜け、自らは33億ドル（ほぼ４０００億円）の利益を得ていた。[20] バブル崩壊後に表面化した、こうした事態は、株価と証券ビジネス、高利回りと市場原理を最優先させるアメリカ型のビジネス・スタンダードに対する国際的な不信を呼び起こした。[21]

進展する世界の金融産業の再編成と銀行の投資銀行化

グローバリゼーションの進展した20世紀末、世界の企業や金融機関は、系列・業界・国境の壁を越えた合併・買収を繰り返し、金融業界では、巨大な金融コングロマリットが相次いで誕生している。

20世紀末の世界の金融業界は、世紀単位の再編過程にあった。イギリスのフィナンシャル・タイムズ（Financial Times）紙によれば、1世紀前にもブームとなった企業のM&Aと業界再編の目的は、国内経済圏における経済支配の実現にあったが、現代では、その目的が地球規模での支配（global domination）にある、と指摘している。[◆22] たしかに、一国の生産能力を上回る巨大な産業企業が近年の合併・買収によって誕生しており、これらの事業会社のグローバルで多面的な金融ニーズに対応し、金融業界のグローバルな再編成が行われたともいえる。

20世紀末のわずか10年間を取り上げてみても、世界の金融業界では、系列・業界・国境の壁を越えた大型の合併・買収がすすみ、多様な金融業務を一社で提供する巨大な金融コングロマリットが相次いで誕生している。

アメリカでは、まず、大手商業銀行のシティバンクを傘下におく金融持株会社シティコープが、1998年4月、投資銀行業務に強いトラベラーズ・グループを合併・買収することで、当時で最大の金融コングロマリットのシティグループが誕生する。[◆23] さらに、注目されたのは、2000年9月のJPモルガン・チェースの誕生であった。それぞれがアメリカの金融界を代表する大手商業銀行のチェース・マンハッタンと投資銀行の名門J・P・モルガンの合併・買収は、1930年代以来、銀行業務と証券業務の兼営を禁止してきたグラス＝スティーガル法の歴史的な撤廃[◆24]（1999年11月）を、自ら体現しているかのような衝撃を与えた。

チェース・マンハッタンによるJ・P・モルガンの合併・買収について特集を組んだフィナンシャ

ル・タイムズ紙[25]によれば、投資銀行ビッグスリーへの食い込みをねらう強力な中位行が出現したこと、この銀行の地域別収益基盤は、52%が北米だが、ヨーロッパからも30%、アジアから12%、中南米から6%の収益をあげ、すでにグローバルなビジネスを展開していること、部門別の収益基盤としては、ほぼ360億ドルの収益のうち、最大は、狭義の投資銀行業務からの収益であり、ほぼ160億ドル(全体の45%)に達していること、買収金額はかなり高い350億ドルだったこと、などを伝えている。

ヨーロッパでは、ドイツ銀行[26]が、「欧州で1番の投資銀行となり世界のリーダーに追いつくこと[27]」を目的に、国境を越えて、1989年にイギリスのモルガン・グレンフェルを買収し、さらに1998年にアメリカの投資銀行バンカース・トラストを買収し、欧米を足場にした投資銀行業務に強いヨーロッパの金融コングロマリットとして登場してきた[28]。スイス3大銀行のうち2行も、スイス銀行とスイス・ユニオンの合併で、2000年7月、アメリカにも足場をおいた大手金融コングロマリットのUBSが誕生した。わが国でも、この時期、みずほ、三井住友、三菱東京、UFJ、などの4大金融コングロマリット(その後、三菱UFJ、三井住友、みずほへ集約)が誕生している。

金融機関が規模を拡大し、ますます巨大化してきた理由は、その業務内容における変化からも窺《うかが》い知ることができる。大手金融機関の業務は、預貸金利ざやを追求する伝統的な銀行業務から各種の手数料や売買差益を追求する投資銀行業務へとシフトしてきた(図3—3)。ちなみに、「欧米の主力銀行では、総資産のうちの貸出資産は、40%程度であるのに対して、邦銀は60~70%で、それが不良債

図 3-3　純金利収支と非金利収支の推移

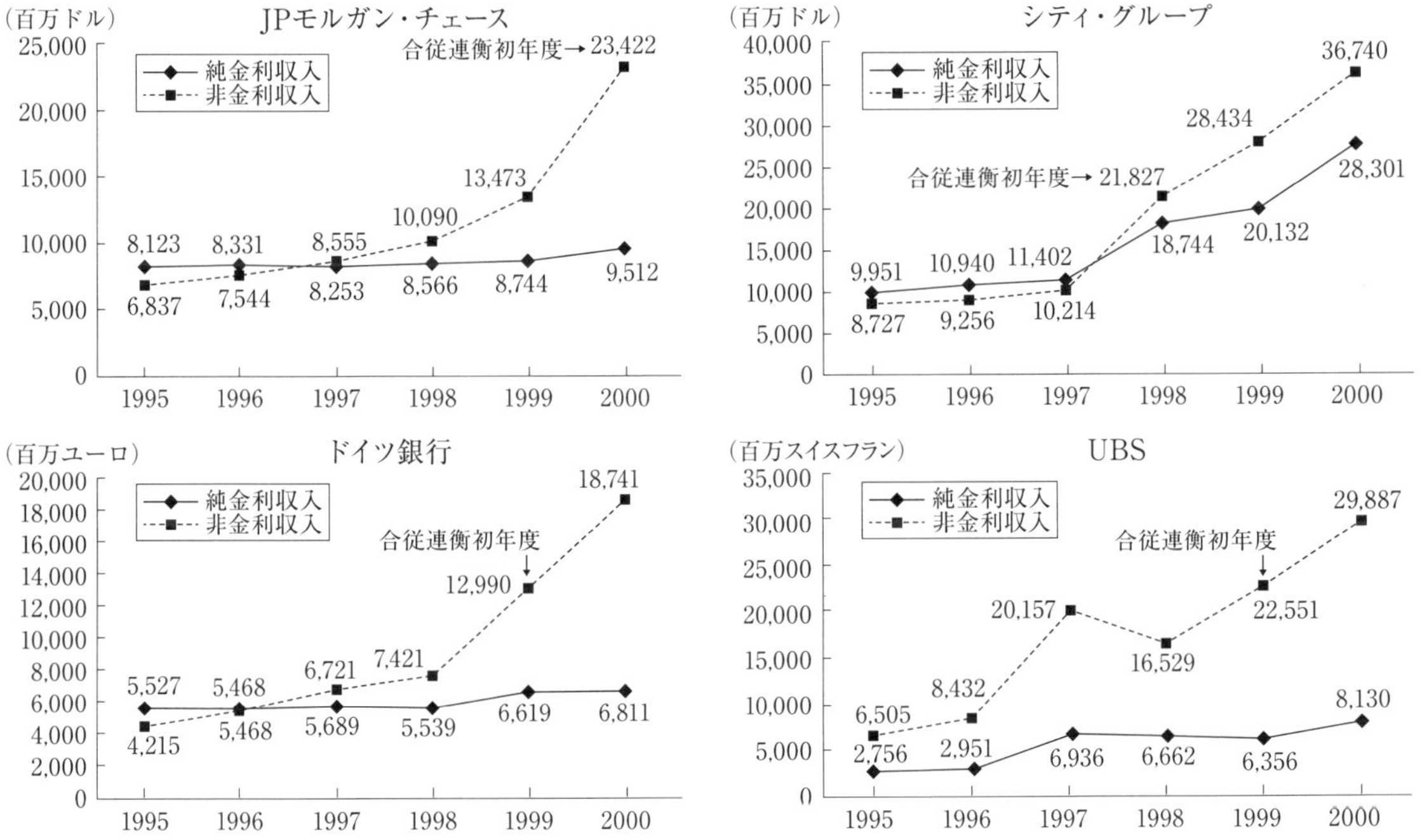

出典：『第一勧銀総研レビュー』2001年3号、2001年7月、66～67ページ

権化している」[29]と評価された。こうした金融産業の投資銀行化を反映して、その業務収益の構成も、金利収入よりも非金利収入が大きな比重を占めるようになった。

金利収入の減退と投資銀行業務関連から生み出される非金利収入の増大は、銀行にとって、大きなメリットがある。というのも、貸付によって金利収入が増大しても、銀行にとっては、資産も増大することになる。だが、各種手数料のような非金利収入の場合には、収益は増えても、総資産は増えない。したがって、国際業務を行う銀行の自己資本比率（自己資本÷総資産）は８％を超えること、といったＢＩＳ規制をクリアし、総資産利益率や自己資本比率を上昇させるためには、金利収入よりも、非金利収入を増大させることが、銀行にとって大きなメリットとなるからである。

こうした背景の下で、合併・買収を繰り返し、新たに誕生した世界の大手銀行系金融コングロマリットは、企業のＭ＆Ａ関連業務といった時代の焦点になっているような投資銀行業務においても、アメリカの大手投資銀行にも匹敵するほどの勢力となって台頭してきた[30]（図３―４）。

世紀末に企業・金融機関の世界的な合併・買収が進んだ結果、世界主要１０００社の資産合計のうち、上位25社の占める割合は、１９８０年代平均の約30％から、39％へと短期間のうちに上昇し、資産の上位社への集中・独占化が進んだ。アメリカの消費者団体からは、「寡占によりサービス価格の上昇を招く」、「金融機関の合併・買収は失業者を大幅に増やしている」、との警告が発せられた[31]。実際、ＩＴバブルの崩壊が表面化した２００１年には、世界の上位15大手銀行は、合計２万５４３０人の人員削減を断行した[32]。

図 3-4　増大する M&A と取引ランキング

1　M&A活動の方向

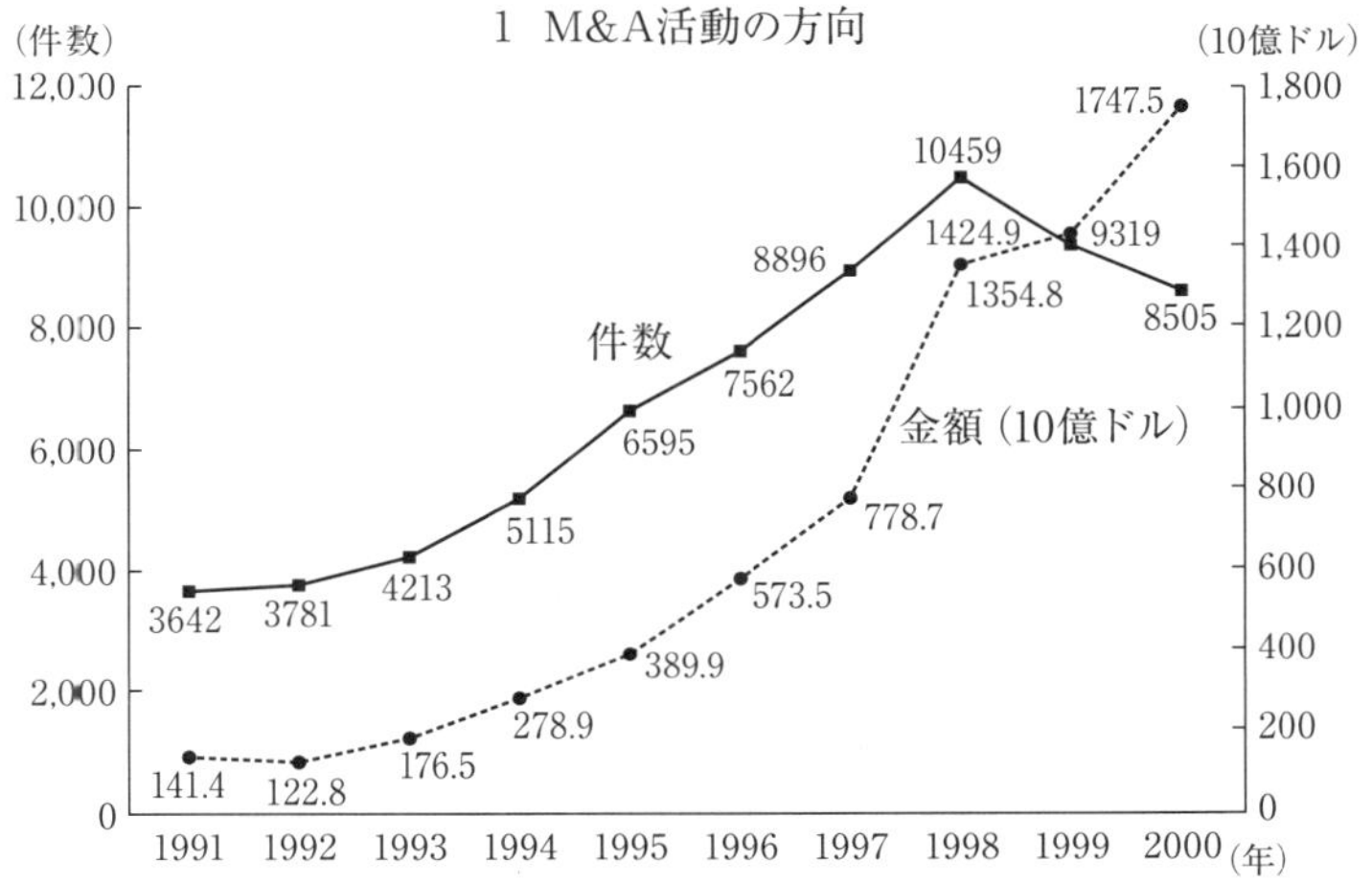

2　M&Aアドバイザー手数料のランキング、1991〜2000年

アドバイザー	手数料 (100万ドル)
ゴールドマン・サックス	2257.3
● CSファースト・ボストン	1753.7
モルガン・スタンレー・ディーンウィッター	1591.8
メリルリンチ	1367.7
● ソロモン・スミスバーニー	1305.6
● JPモルガン・チェース	619.3
ベア・スターンズ	587.5
リーマン・ブラザース	557.8
● UBSウォーバーグ	514.7
ラザール・フレール	496.2
● ドイツ銀行	438.0
ワッサアースタイン・ペレラ	237.3
● BOAセキュリティーズ	155.5
● フリートボストン・ファイナンシャル	126.8
フリーデンシャル・セキュリティーズ	113.4
キーフ・ブルーイェット・ウッズ	110.4
● ソシエテジェネラル	107.7
サンドラ・オニール・パートナーズ	95.4
アレン	93.2
CIBCワールド・マーケッツ	88.8

出典：日本証券経済研究所『アメリカの証券市場2002年度版』2002年5月、215ページ
注：●は銀行系

「ウォール街・財務省複合体」の金融覇権

無政府的でグローバルな短期資本の自由移動は、「21世紀型危機」ともいえる世界の連鎖的な通貨危機・経済危機をもたらしたが、資本の自由移動の体制整備とは、アメリカのウォール街を中心にした金融グローバル化の体制を整備することでもあった。

そして、この体制整備を主導し、「資本移動自由化論者の中心をなすのは、ウォール街―財務省―国務省―ＩＭＦ―世界銀行に張り巡らされたネットワークだ。自由な資本移動のリスクが顕在化している今、ウォール街―財務省複合体などの資本移動自由化の擁護論者の責任が問われる時がきた」[33]と批判するコロンビア大学のジュグディシュ・バグワティは、「21世紀型危機」発生の直後に、このような「ウォール街・財務省複合体」における人的ネットワークで動いてきた人々の責任について、著名な『フォーリン・アフェアーズ』[34]誌で展開した。

金融グローバル化を推進した当時のクリントン政権の財務長官ロバート・ルービンは、ウォール街を代表する大手投資銀行のゴールドマン・サックスの元会長であり、また長官退任後は、アメリカ最大のマネーセンターバンクを有するシティグループの共同会長に就任している。クリントン政権の内外の経済政策には、ウォール街の意思が反映されていた。

したがって、「金融グローバル化がもたらした……結果は、アメリカの大手金融機関の世界的な覇権（ヘゲモニー）が強化されたこと、および、これと関連して、金融システムと金融機関経営における『アメリカンスタンダード』が国際的に普及したことである」[35]との指摘は、正鵠《せいこく》を射る。

ロシア・東欧の通貨危機・経済危機に深く関係し、破綻した著名なヘッジファンドLTCM（Long Term Capital Management）のような投機会社すら、「ウォール街・財務省複合体」のネットワークのなかにあった。LTCMの創設者のジョン・メリウェザーは、大手投資銀行のソロモン・ブラザースの副会長であり、後に世界銀行総裁となるジェームズ・ウォルフェンソーンとパートナーであった。LTCMの役員は、アメリカの中央銀行の元米連邦準備銀行理事会副議長のデヴィッド・マリンズ、さらにノーベル経済学賞を受賞したマイロン・ショールズ（スタンフォード大教授）、ロバート・マートン（ハーバード大教授）、などである。ヘッジファンドへの資金提供者は、ウォール街の金融機関、なかでもマネーセンターバンクが大口の資金を提供していた。

１９８０年代の後半以降、世界各国は、国営企業の民営化に踏み出し、巨額の民営化株が、グローバルな規模で発行された。「地球的な経済革命」[36]ともいわれた世界各国の民営化は、アメリカの「ウォール街・財務省複合体」の金融覇権をグローバルに定着化させる橋渡し役にもなった。世界銀行、IMF、米大手投資銀行や会計事務所、ニューヨーク証券取引所（NYSE）など、アメリカの「ウォール街・財務省複合体」のネットワークは、世界の国営企業の民営化と民営化株式の地球規模の新規公開業務に関係していたからである。

石油・銀行・通信など、各国の巨大国営企業の民営化は、つぎつぎに巨大株式会社を誕生させることになった。新しく株式会社として誕生するにあたって、新規に公開される大量の株式は、とても自国のマーケットで吸収できないため、ウォール街をはじめ、世界に向かってグローバル・オファリングされることになる。

この一連の世界を席巻した民営化のプロセスでは、まず、「IMFが国営企業の民営化をアドバイスし、大手投資銀行がその株式公開業務を担い、市場開設者であるNYSEが上場賦課金を手にするという、〈分業体制〉ができ[37]」ていたので、世界各国の大口の民営化は、「ウォール街・財務省複合体」のネットワークのなかに取り込まれ、アメリカの証券業界に大きなビジネスチャンスを提供し、ウォール街の金融覇権を一層強化することにもなった[38]。

3 経済のグローバル化と日本の金融再編成

日本版金融ビッグバンと4大金融コングロマリットの登場

第2章でもみたように、そもそも、わが国の金融の自由化・国際化、その後の金融ビッグバンは、当初から、わが国の金融市場の開放を目的にしたアメリカの対日開国圧力の下で計画され（「日米円・ドル委員会報告書」〔1984年〕、日米金融協議〔1989年〕、日米構造協議〔1990年〕、米国から日本政府への要望書〔1994年～〕など）、実施されてきた。わが国では、各種の金融・経済システムの改革は、はじめから、ウォール街の強い金融覇権の下で行われてきた、といってよい。[39]

そのため、金融ビッグバンが徹底されるほど、わが国の金融システムは、預金・貸出といった従来の銀行中心のシステムから、株価と証券ビジネス、高利回りと市場原理を最優先させるアメリカ型の金融システムへと改造されていった。アメリカの金融機関や投資家にとっては、取引手法や金融商品の開発・販売などで、自国のシステムに即した利用ができるので、対日進出も一段と加速した。

ただ、日本版金融ビッグバン[40]に欠落した重要な問題は、情報開示や投資家保護、金融犯罪・企業犯罪への処罰など、公正な取引を担保する強力な監督システム[41]が、欧米に比較すると、存在しないか、十分に機能していないことである。この点は、欧米の金融機関も、「日本政府に対して、ビッグバン改革の重要部分である監督システムを、早急に改善するように訴え[42]」ていた。

とまれ、わが国の銀行、証券、保険といった金融機関は、アメリカ型の金融システムを受け入れながらも、グローバル化した金融ビジネスのサバイバル競争に積極的に参入した。

「質的には無差別で、量的にのみ異なる独特の商品であって、コンピュータ上の情報処理には最適の」マネーや金融商品を扱う金融機関にとって、グローバル化した大競争に参加する前提条件は、欧米の大手金融機関に匹敵する規模に到達し、年間で20億～30億ドルもの巨額のIT投資をつづけていくことであった。そのために、欧米同様、業界・系列・国境を越えて、大手金融機関の合併・買収が繰り返されてきた。

こうして2002年現在、4大銀行[43]を核にする、アメリカ型の金融持株会社の、みずほホールディ

図 3-5　4 大金融コングロマリット

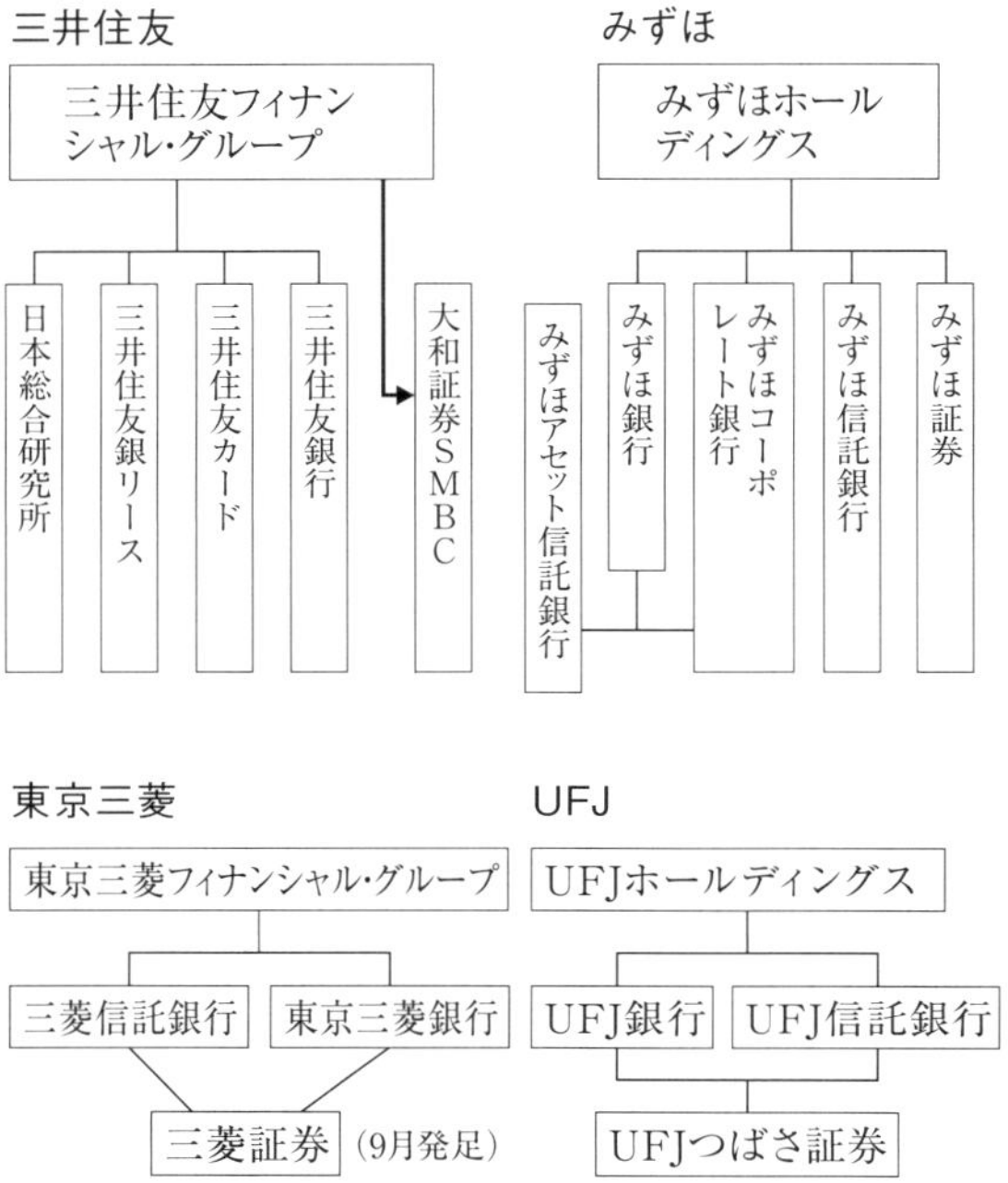

出典：日本経済新聞 2002年7月31日

ングス[44]、三井住友フィナンシャルグループ、三菱東京フィナンシャルグループ、ＵＦＪホールディングス、という４大金融コングロマリット（図３―５）が誕生した。

４大金融コングロマリットが注力しているのは、証券業務であり、なかでも、株式や社債の引受業務と企業の合併・買収の仲介業務という２つの業務、つまりアメリカ型の投資銀行業務にほかならない[45]。「我々は投資銀行を目指す[46]」と、新たに誕生したみずほコーポレート銀行の新頭取は明言する。そして、三菱東京フィナンシャルグループが傘下の４つの証券会社を統合して三菱証券（２００９年から、三菱ＵＦＪ・モルガン・スタンレー証券）を誕生させたように[47]、４大金融コングロマリットは、従来の証券業界の地図を塗り替える大手証券会社

（投資銀行）を誕生させてきた。

このように、わが国でも、近年、金融産業の大規模な再編成と集中が進展し、さらに業務内容から言えば、証券ビジネスにシフトし、銀行の投資銀行化といった事態、換言すれば、株価と証券ビジネス、高利回りと市場原理を最優先させるアメリカ型の金融システムと金融ビジネスが、急展開を見せた。

東京市場のウィンブルドン化と外資のシェア拡大

周知のように、１９８６年10月、イギリスで金融ビッグバンが実施されて以後、90年代において、ロンドン・シティの自国金融業は、進出してきた欧米の強力な金融機関によって、つぎつぎに合併・買収される。イギリスの４大銀行のうち２行は外国勢に買収され、とくに投資銀行業務（イギリスではマーチャント・バンキング）から撤退するか、ほとんど外国勢に買収されるなど、ロンドンの国際金融街のシティで活躍する主要プレーヤーは、外国勢によって占められた。ロンドンのウィンブルドンで開催されるテニスの世界大会同様、「場所は提供するが、活躍するのは英国のプレーヤーでなく外国勢」といったシティのウィンブルドン化が進行した。[◆48]

ウィンブルドン化したロンドン・シティの姿は、ビッグバン後発組の明日の東京の姿を暗示していた。東京でビッグバンが開始されるのと前後して、ウォール街の大手投資銀行は、対日進出を強化し、かつての４大証券会社の一角を占めた山一証券は、メリルリンチによって買収される。アメリカのシティグループのトラベラーズと三菱東京グループの日興証券とが業務を提携したとき、フィナンシャル・タイムズ紙は、アメリカの金融機関による「一種のアジアの植民地化がはじまった[49]」、と論評した。

外国証券会社のわが国証券市場における20世紀末の動向を概観すると、証券会社数３００社のうち59社（約20％）、従業員数では９万１０００人のうち９１５６人（約10％）である。だが、大口の投資銀行業務では、引受手数料については、35・４％、その他手数料（Ｍ＆Ａアドバイスの手数料を含む）では42・７％、と高いシェアを占めている。さらに個別的に見ると、外国証券会社の東京市場での影響力は格段に強まっている。従来、日系証券会社が主幹事を独占していた円建て外債では、59・９％が外国勢によって占められた。Ｍ＆Ａ業務となると、ウォール街の大手投資銀行の独壇場となっている（表３―１）。

このようなウィンブルドン化を反映し、証券取引所での外国人投資家の株式売買シェアは、５割台（ちなみにロンドンでは６割前後）にも達し、また上場株式に占める外国人の保有比率も２割近くに達した（図３―６）[50]。東京株式市場でのウィンブルドン化は、本場のロンドンなみになった。

経済のグローバル化と金融のグローバル化が進展するにつれて、３大国際金融センターのうちのロンドンと東京は、ますますニューヨーク・ウォール街の金融覇権の下におかれることになった。

表 3-1　日本市場でウェイト増やす外国証券会社

1　外国証券会社（東証会員）の手数料収入

（百万円）

		外国証券会社		東証会員業者全体に占めるシェア			（参考）国内証券会社	
		1999年3月期	2000年3月期	1992年3月期	1999年3月期	2000年3月期	1999年3月期	2000年3月期
受け入れ手数料		399,145	524,937	10.70%	26.68%	19.87%	1,096,652	2,116,904
内訳	委託手数料	182,263	217,019	11.17%	26.72%	15.00%	499,858	1,229,485
	（うち株券現物）	140,893	183,779	5.90%	24.01%	13.43%	445,797	1,184,677
	引受手数料	27,038	88,495	5.99%	17.73%	35.41%	125,478	161,385
	募集手数料	7,242	1,510	1.37%	3.13%	0.35%	224,332	433,844
	その他手数料	182,602	217,913	16.51%	42.51%	42.72%	246,984	292,191

2　外国証券会社主幹事案件（普通社債、円建て外債）

（単位：億円）

	2000年（4月～7月）		1999年度		1998年度	
普通社債	1,700	（500）	6,650	（1,900）	6,900	（2,450）
シェア	10.0%		8.5%		6.6%	
円建て外債	5,650	（2,150）	3,350	（3,350）	300	（300）
シェア	59.9%		36.2%		29.0%	

注：右側（　）内は単独主幹事

3　国内M&Aアドバイザリーランキング（公表案件・取引金額ベース）

	2000年（1月～6月）			1999年（1月～12月）		
アドバイザー	順位	取引金額（百万ドル）	案件数	順位	取引金額（百万ドル）	案件数
メリルリンチ	1	15,623	9	2	105,068	20
ソロモンスミスバーニー	2	10,736	11	4	16,884	7
ドイツ銀行	3	6,974	4	8	4,297	6
興　　銀	4	5,931	19	7	5,720	21
ゴールドマンサックス	5	5,905	7	1	111,167	24
JPモルガン	6	5,176	9	6	9,318	12
日興証券	7	5,103	39	–	–	–
KPMG	8	5,019	8	–	–	–
野村グループ	9	4,987	34	10	3,445	33
モルガン・スタンレーDW	10	4,729	7	5	14,594	23

出典：『証研レポート』No. 1586、2000年9月、2～5ページ

図 3-6　株式市場のウィンブルドン化

東証、大証、各証の株式売買代金シェア

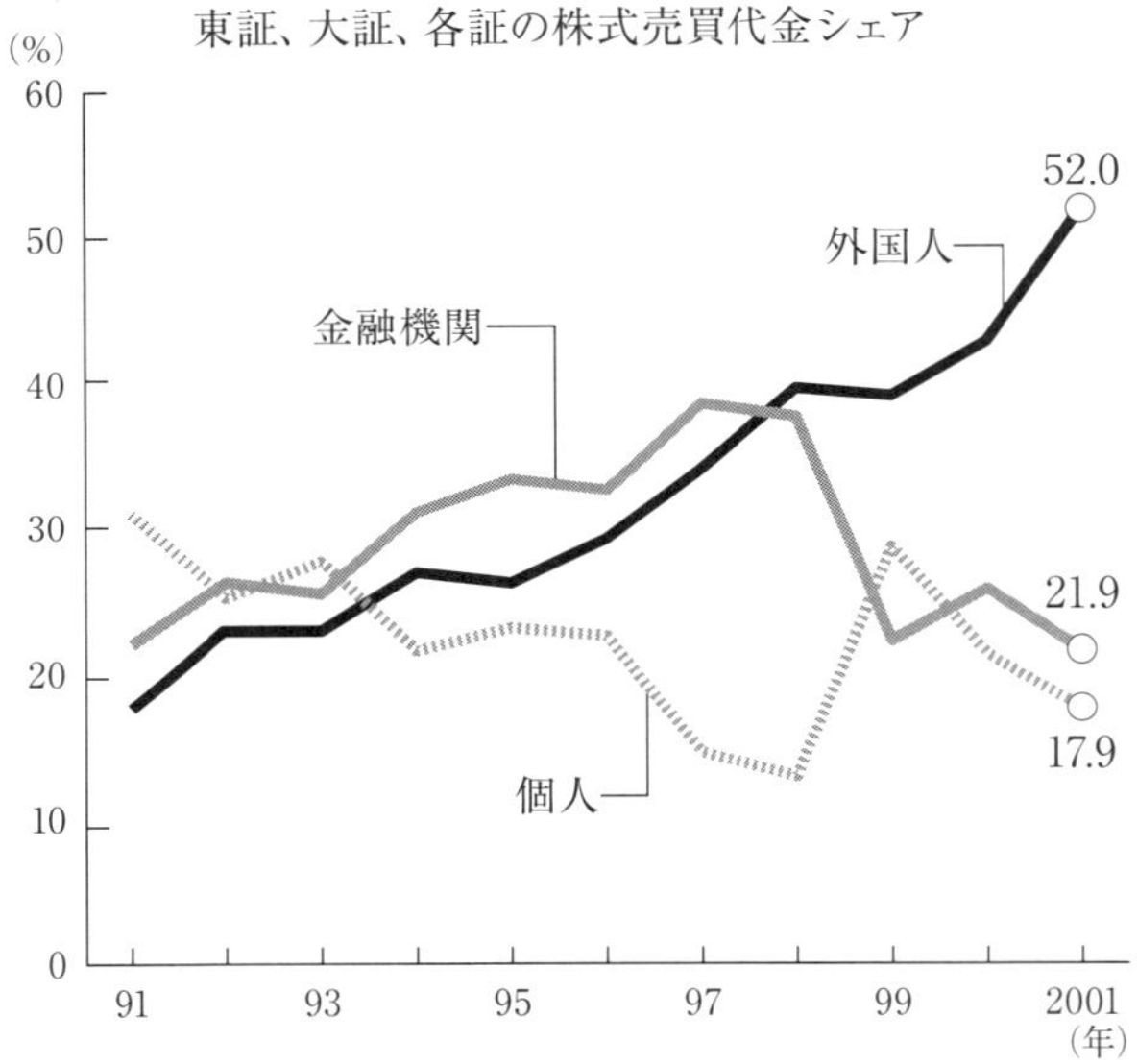

注：委託注文に占める比率。金融機関は生損保、都長銀・地銀、信託銀などの合計。2001年は12月第2週まで

上場株式に占める外国人の保有比率

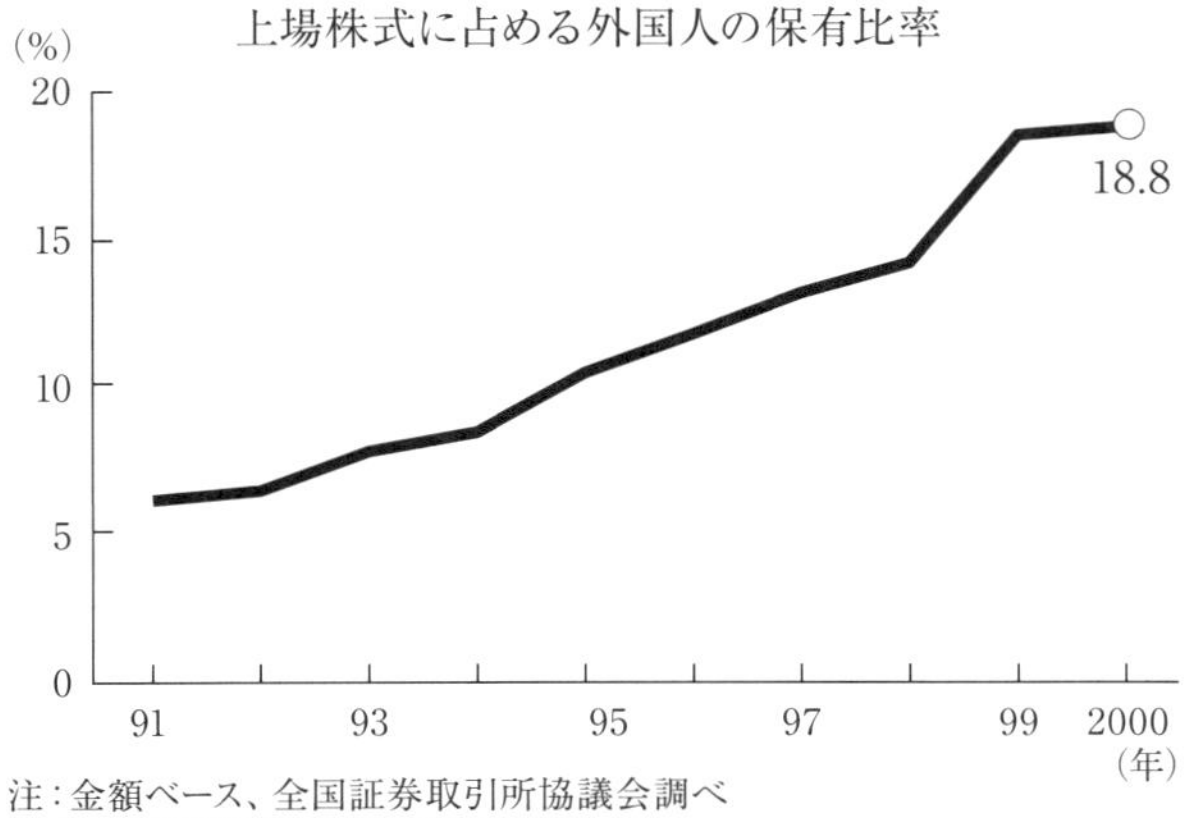

注：金額ベース、全国証券取引所協議会調べ
出典：日本経済新聞 2001年12月29日

4　グローバル経済と金融改革

1　マネーの地域内循環と地域再投資法

金融経済の膨張による経済の不安定性を回避し、かつ経済のグローバル化によってますます空洞化の危機にさらされている国内産業と労働市場について、金融面からの積極的な支援を実現するにはいかなる仕組みが想定されるであろうか。

その基本的な枠組みは、金融経済を実体経済に対応させ、マネーの内外にわたる投機的な動向を規制することであろう。まず、グローバルな枠組みでの富とマネーの循環に目を向けよう。2024年現在、81億人に達する世界の人々は、それぞれの国のそれぞれの地域で生計を営んでいる。世界の富の配分は、G7諸国のようないわゆる先進工業国に8割が集中しているが、これらの諸国の人口は世界の1割に過ぎない。したがって、安定的な世界経済の枠組みを実現するには、少数の先進工業国に偏倚《へんい》した世界の富とマネーは、世界の9割の人口を占める発展途上国の経済発展と生活向上のために、もっと配分される必要がある。

そのためにも、多国籍的な企業や金融機関、巨大な投資家に集中する富とマネーをこれらの国々の経済発展と生活向上のために配分するようなグローバルな合意と仕組みを築く必要があろう。それは、従来の国連だけでなく、最近スタートしたＧ20のような、より多数の国々の集まりの中で議論され、実行される必要があろう。

表 3-2　主な都府県の都府県内預貸率

都道府県名	預貸率（%）
東　京	110.0
千　葉	52.2
埼　玉	59.3
神奈川	54.9
茨　城	56.5
大　阪	71.8
京　都	55.3
兵　庫	52.9
奈　良	43.0
和歌山	43.3

注：預貸率は各都府県内の銀行の預金と貸出金合計から算出。2009年２月現在
出典：『Nikkei Business』2009年4月27日号、32ページ

他方で、Ｇ７諸国のようないわゆる先進工業国の国内でも、地域経済の不均等な発展とマネーの海外流出が顕著である。地域は人々が生計を営む場であるにもかかわらず、経済のグローバル化にともなって、先進工業国の企業やマネーは、より有利な投資先をもとめ自国の地域経済を放置したまま海外に進出し、また高利回りの金融商品に投資している。その結果、先進工業国の地域経済は、むしろ衰退する一方である。

このような地域経済の地盤沈下を阻止するには、その地域で生み出されたマネーの一定割合は、その地域経済の安定と発展のために再投資される仕組みが不可欠となる。つまり、マネーの地域内循環の仕組みを整備することである。

この点についてのわが国の現状は、表３―２に示されている。この表は、全国の銀行がそれぞれの

地域の店舗で受け入れた預金額に対して、どれだけ地元に貸し出しているのか、その割合を示している。たとえば、その地域の個人や企業から100億円の預金を受け入れ、それと同額の100億円を地元の金融ニーズに応えて貸し出したなら、その地域の預貸率は100%である。

見られるように、東京都以外の日本全国の府県は、すべて預貸率が100%を大幅に割り込んでいる。東京都に次ぐ大都市の大阪府ですら、71・8%にすぎない。つまり、日本全国の府県や市町村で生み出されたマネーは、地元の企業や家計の金融ニーズに対応しないで、その半分以上が地元でなく、東京などの大都市圏に流入している。さらにその先は、金融機関のグローバルなコンピュータのネットワークの中に取り込まれ、より高利回りの金融商品に向かう構図が見えてくる。

実体経済を人体に例えれば、マネーはその身体を流れる血液にほかならない。地域経済で生み出された血液が地元から抜き取られると、地域経済は貧血を起こし、衰退することになる。地域経済の地盤沈下の主要な原因は、地元のマネーが東京などの大都市圏や高利回りの金融商品に吸い上げられ、地場産業や中小零細企業などの地元の金融ニーズが充足されず、マネーの地域内循環が確立していないためでもある。

この点では、アメリカの地域再投資法（CRA：Community Reinvestment Act）は、マネーの地域内循環の仕組みの先行事例といえる（図3―7）。地域再投資法の目的は、「金融機関は法によりそれぞれの預金取扱営業所が営業免許を受けている地域の便益とニーズに奉仕していることを証明しなければならない」、さらに、「金融機関はそれらが営業免許を受けている地元地域の信用ニーズの充足に継

図 3-7　米国：地域再投資法（CRA 法）の例

○ 地元地域の中低所得者層の金融ニーズを充足し、地域社会に貢献することを義務づけ。

○ CRA法の対象となる銀行に対して、定期的にその取組を検査、地域への貢献度を格付けし、その結果を公表。

○ 検査結果によっては、支店の開設、合併などの申請が許可されないことがある。

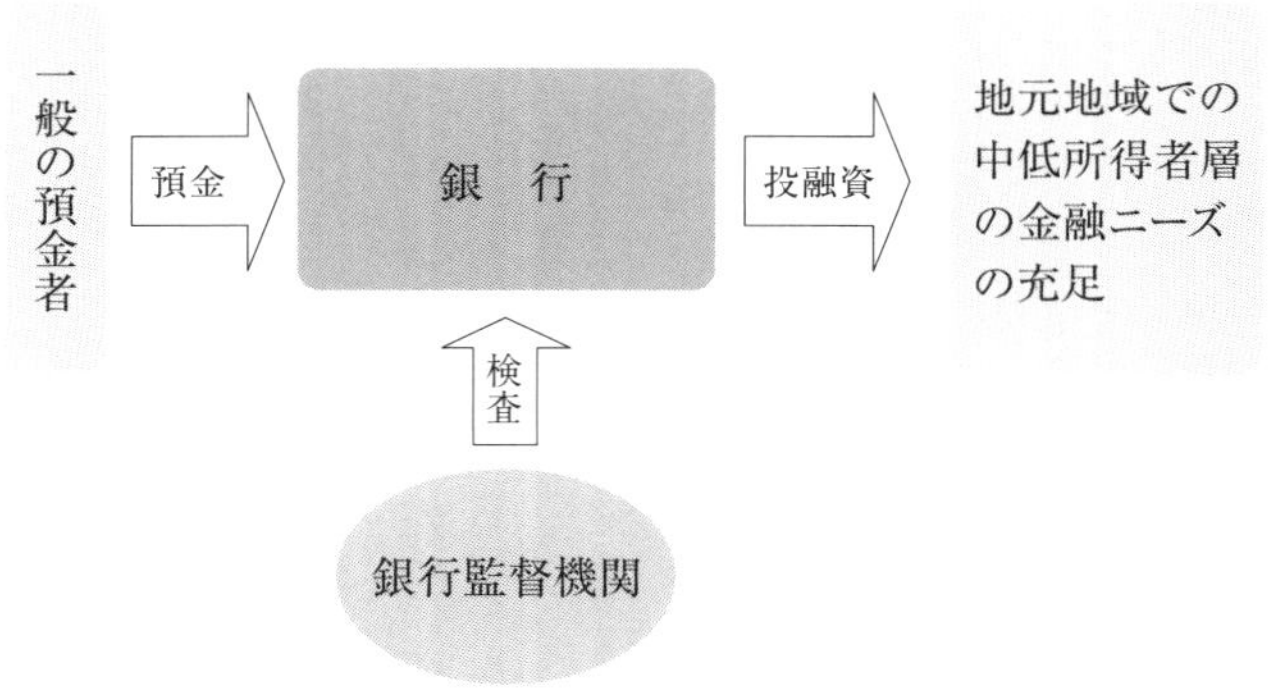

出典：環境省「環境と金融に関する懇談会報告書」 2006年7月10日

続的かつ積極的な責任を負っている[51]」と規定しているからである。

全国に存在する銀行の店舗経営にあたり、地元の金融ニーズに積極的に応えることを通じて、銀行が地域経済社会へ貢献することを目的にしたアメリカの地域再投資法のような金融規制は、金融がグローバル化した現代において、きわめて有効であり、地域経済の地盤沈下を阻止し、安定した経済成長を実現する上でも不可欠である。「地方の自立」、「地域主権」が声高に叫ばれているわが国に求められているのは、言葉のかけ声倒れではなく、金銭面でそれを実際に保証できる日本版の地域再投資法（ＣＲＡ）の早期の法制化である。

２　持続可能な社会と金融の役割

ここで、「国連環境計画・金融イニシアティブ東京会議」（２００３年10月20〜21日）における「金融が持続可能な社会と価値の実現に向けて果たす役割」について紹介しておこう。◆52

銀行・証券・保険などの金融機関が、環境を破壊し、また平和に脅威を与えるようなビジネスを行っている企業に対して、何の制限もなくマネーを貸し出し、株式や社債にマネーを投資するなら、そのようなマネーと金融ビジネスのあり方は、持続型社会の実現にとっての阻害要因となる。それゆえ、金融機関のマネーの運用に求められることは、金融機関自身を含むすべての企業に社会的な責任（ＣＳＲ：Corporate Social Responsibility）や社会的責任投資（ＳＲＩ：Socially Responsible Investment）を徹底させ、環境や平和に配慮した金融のあり方（図３—８）を追求することである。

「東京会議」において宣言された「東京原則」は、以下のような前文でその意義が宣言された。すなわち、「あらゆる企業は、環境への配慮をはじめ、その社会的な責任を積極的に果たさなければならない。とりわけ我々金融に携わる者は、社会的な機能として広汎な影響力を有する立場にあるゆえに、持続可能な社会を実現するため、その果たすべき役割は極めて大きい。

金融機関がこのような環境配慮を含む社会的な責任を果たすことによって、持続可能な社会の実現

図 3-8　環境と金融についての概念図

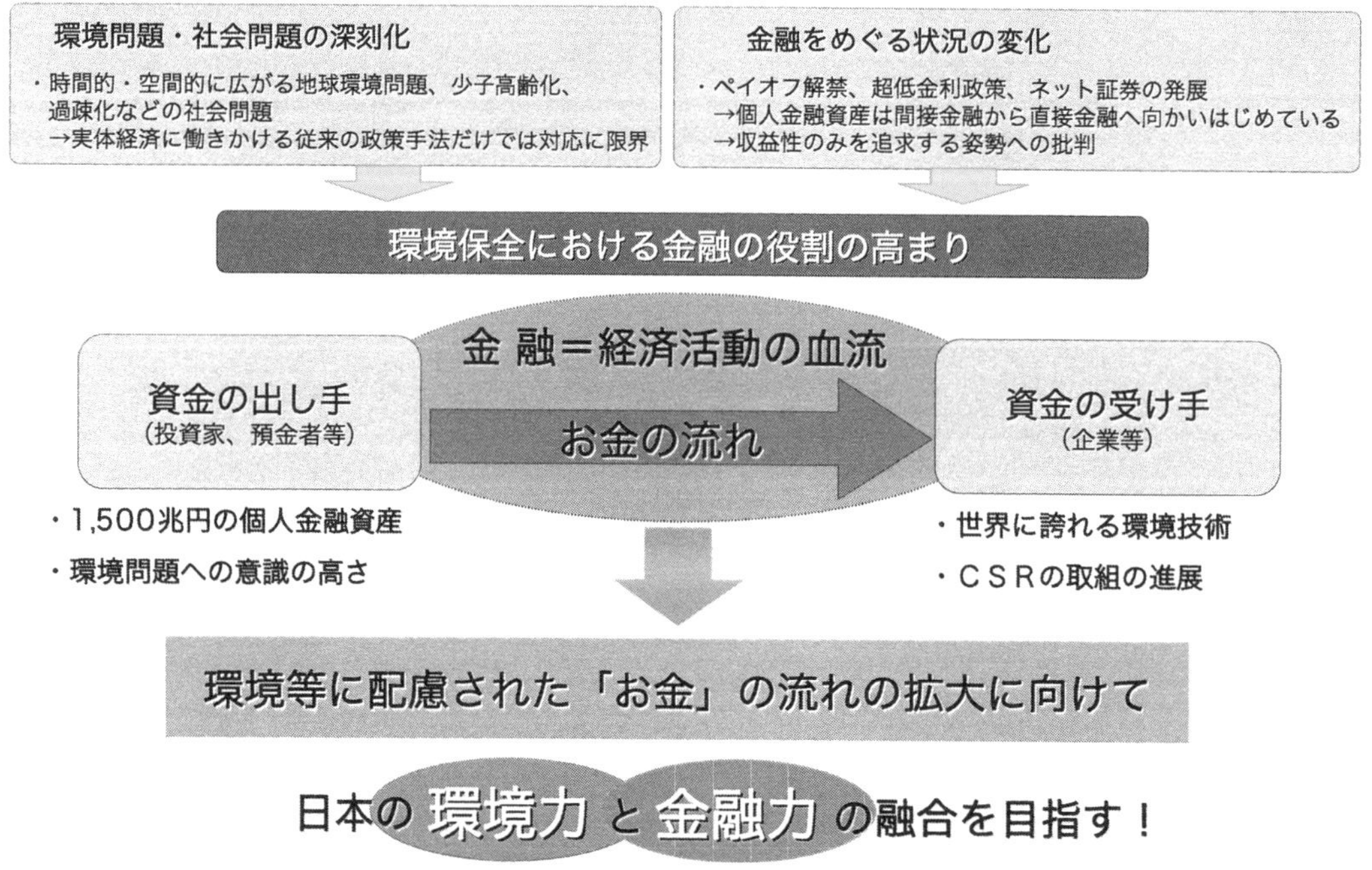
環境問題・社会問題の深刻化
・時間的・空間的に広がる地球環境問題、少子高齢化、過疎化などの社会問題
→実体経済に働きかける従来の政策手法だけでは対応に限界
金融をめぐる状況の変化
・ペイオフ解禁、超低金利政策、ネット証券の発展
→個人金融資産は間接金融から直接金融へ向かいはじめている
→収益性のみを追求する姿勢への批判
環境保全における金融の役割の高まり
金 融＝経済活動の血流
資金の出し手
（投資家、預金者等）
お金の流れ
資金の受け手
（企業等）
・1,500兆円の個人金融資産
・環境問題への意識の高さ
・世界に誇れる環境技術
・ＣＳＲの取組の進展
環境等に配慮された「お金」の流れの拡大に向けて
日本の 環境力 と 金融力 の融合を目指す！

出典：環境省「環境と金融に関する懇談会報告書」 2006年7月10日

がより確実なものになり、その結果金融機関自身の持続可能性を高めることが可能となる。以上の認識を踏まえて、アジア地域で初めて開催されたＵＮＥＰ ＦＩ東京会議『Sustaining Value』の議論の成果を受け、われわれは、次のような『東京原則』を確認する」。

ここで宣言された「東京原則」は、以下の通りである。

「１　金融機関は、その投融資あるいは保険の対象とするプロジェクトもしくは事業者が、社会もしくは環境にどのような影響を与えるかについてあらかじめ適切に考慮し、社会・環境に与える影響が望ましい方向になるべく投融資及び保険の対象の選定その他において適切な行動をとる。

２　金融機関は、環境の保全もしくは社会の持続的発展に資する事業を積極的に選択し、これを投融資活動において支援し、また保険や資産運用など金融商品の開発販売においても環境の保全もしくは社会の持続的発展に資するような商品を普及するべく努力する。

３　金融機関は、上記の金融活動を行うに際し、自らの経営方針、組織体制、情報開示の指針等ガバナンス全般について最適な体制を採るとともに、その直接的な環境影響等についても十分に留意する。

４　金融機関は、あらゆるステークホルダーとのコミュニケーションを通じて、持続可能な社会の実現に資する普及啓発に努めるものとする」◆53。

以上のような金融と環境に関する「国連環境計画・金融イニシアティブ」の東京会議は、30カ国以上、約１００の金融機関から４９０名（うち海外からの参加者は１５０名）が参加し、過去に例を見な

い大規模なものとなった。◆54
環境を破壊し、平和に脅威を与えるような事業を行っている企業への投融資活動を制限し、金融機関自身の社会的責任を全うし、社会的責任投資を徹底することが肝要である。

まとめ

20世紀末、各種の規制が緩和・撤廃され、国境を越えた資本の自由移動が可能になった。情報通信技術（ＩＣＴ）の発展に支えられ、地球的な規模で設置されたコンピュータ・ネットワークが、あらゆるビジネスで利用されるようになった。

マネーや各種の金融商品を扱う金融産業は、情報通信技術の恩恵を最大限引き出すことができた。国民経済やモノづくり経済から乖離したマネーの運用が盛んになり、相場変動を先読みするグローバルな金融投機・為替投機も活発化し、「21世紀型危機」ともいわれる世界の連鎖的な通貨危機・経済危機が発生した。

１９７０年代以降の主要資本主義諸国の低成長経済への移行で、なお高収益を得ようとする資本は、低迷をつづけるモノづくりの経済活動よりも、バブル経済の膨張に象徴される投機的な財テク・マネーゲームを活発化させてきた。

主要資本主義国の企業や金融機関の下に蓄積された過剰貨幣資本と経常収支の大幅赤字によってア

メリカから散布される過剰ドルとが、地球規模で利殖を求める過剰な資本・マネーの主役となり、経済の金融化・金融の証券化を進展させる原動力となった。

地球規模での経済活動が行われる経済のグローバル化は、株価と証券ビジネス、高利回りと市場原理を最優先させるアメリカ型のビジネス・スタンダードがグローバル・スタンダードとして定着するプロセスであり、そこでは、伝統的な預金・貸出に依存した銀行業務よりも、ハイリスク・ハイリターン型の証券ビジネスや投資銀行業務が支配的な金融ビジネスとして台頭した。銀行の投資銀行化を反映し、その業務収益の構成も、金利収入よりも多様な金融商品の売買差益や手数料収入などの非金利収入が大きな比重を占めるようになった。

世紀末期に展開された世界の金融産業のM&Aは、「ウォール街・財務省複合体」の主導するアメリカ型のビジネスモデルのグローバルな波及と大規模化であり、金融ビジネスにおけるシェア拡大を目指した金融再編成でもあった。

経済のグローバル化と金融のグローバル化が進展するにつれて、三大国際金融センターのうちのロンドンと東京は、いずれもウィンブルドン化が進展し、アメリカ系の巨大金融コングロマリット、ニューヨーク・ウォール街の金融覇権の下におかれた。

巨大マネーの瞬間的な移動で経済危機に陥る国民経済、オフィス・工場の海外移転で空洞化する地域経済は、そこで生活する人々の暮らしや地域社会をますます困難な状態に陥れてきた。実体経済を軽視し、相場の変動に振り回される金融経済を肥大化させるアメリカ型のグローバル経済のあり方は、安定を望む各国経済や国民生活との間で軋轢《あつれき》を強め、緊張関係におかれる時代が訪れた。各国政府や金融産業の喫緊の課題は、持続可能な経済・生活・環境のための取組である。

◆1　多様な意味をもつこのキーワードの定義については、鶴田満彦「グローバリゼーションと国際秩序」、『日本の科学者』、Vol.37 No.8、2022年8月、5～7ページ、を参照。

◆2　こうした経済基調は、1990年代のアメリカ経済に象徴されるが、その特徴は、「実体経済の金融化と証券化」であり、「オフ・バランスシート化の金融工学が利益と株価の吊り上げの必須の手段となった」経済である、と指摘するのは、Bruce Nussbaum,"Can you trust anybody anymore ?" Special Report The Enron Scandal, Business Week, 28 January, 2002, p.40である。

◆3　Bruce Nussbaum, "Time to act" Cover Story The Global Crisis, Business Week, 14 September, 1998, p.24 他に、"The world economy on the edge", The Economist, 5 September, 1998, pp.17-19.

◆4　「21世紀型危機」との命名は、世界を翻弄する21世紀型危機――過剰なマネーこそが混乱の元凶。その発生源は、米国の強大な経常赤字にある」『週刊東洋経済』1998年9月26日号、46～47ページによる。

◆5　こうした事態を前に、ヨーロッパの政府高官は、「為替市場は、グローバル・カジノになった。相場変動を抑える仕組みが必要だ」（ラフォンテーヌ次期独蔵相〔当時――引用者〕、朝日新聞1998年10月27日付）、と指摘する。ほかに、J・L・イートウェル／L・J・テイラー、岩本武和／伊豆久訳『金融のグローバル化の危機──国際金融規制の経済学』、岩波書店、2001年（原書John Eatwell and Lance Tyalor, Global Finance at Risk: The Case for International Regulation, US, The New Press, 2000）

◆6　建部正義『21世紀型世界経済危機と金融政策』（新日本出版社、2013年）は、財政危機・金融危機・実体経済危機の三重苦が悪循環する危機として世界経済危機を解明している。

◆7　毛利良一『グローバリゼーションとIMF・世界銀行』、大月書店、2001年、13ページ。

◆8　鶴田満彦「グローバリゼーションと国民経済」、『経済』、No.61、2000年、30ページ。

◆9　鶴田満彦、同右書（上掲論文）、30ページ。

◆10　朝日新聞経済部『経済危機──21世紀システムへの道』朝日新聞社、1998年146ページ。

◆11　（財）日本証券経済研究所編『新版　現代証券事典』、日本経済新聞社、1992年、10ページ。

◆12　松井和夫『セキュリタイゼーション──金融の証券化』東洋経済新報社、1986年、21ページ。

◆13　日本経済新聞2002年8月18日付および1999年9月3日付、朝日新聞2000年4月14日付。

◆14　「証券資本主義」のトップランナーのアメリカは、2001年からのITバブル崩壊、企業危機を経験することで、ハイリスクの投資銀行よりも、現金を扱う商業銀行に再び注目が集まった。Peter Martin, "Bankers regain their powers", Financial Times, London, 9 July, 2002.

◆15　金融庁ホームページ（http://www.fsa.go.jp/news/newsj/13/singi/f-20020712-1.pdf）を参照。

◆16　渡部亮「米系投資銀行発展の軌跡と今後の課題　上・中・下」、『金融財政事情』2002年2月18日、同2月25日、3月4日に詳しい。

◆17 "A survey of Wall Street Other people's money", The Economist, 15 April, 1995, pp.23-24. 欧米の大手投資銀行やマネーセンターバンクの再編動向については、松井和夫「米国金融界の再編成」、『大阪経大論集』第49巻3号、１９９８年、および奥村皓一「世界金融合併地図　新段階へ進む欧米銀行大合併ブーム」、『エコノミスト』１９９９年11月29日号、を参照。

◆18 Juliana Ratner, "Deutsche learns well from UK, US models", Financial Times Survey Germany: Banking & Finance, Financial Times, London, 15 October, 2001　および Charles Pretzlik, "Different stars under the same sun" Financial Times Survey Switzerland: Banking & Finance, Financial Times, London, 16 November, 2001.

◆19 Lina Saigol, "Dealmakers prepare for long and slow year", Financial Times Survey Global Investment Banking, Financial Times, London, 22 February, 2002.

◆20 Len Chen, "Survivors who laughed all the way to the bank", Financial Times, London, 31 July, 2002, および "Insider who managed to get out just in time", Financial Times, London, 1 August, 2002, 他に、Lina Saigol, Charles Pretzlik, William Hall"Ailing Credit Suisse outs chief", "Out of credit", "A business pioneer who broke the mould", Financial Times, London, 20. September, 2002, "Investment banks set to axe equity analysts", Financial Times, London, 28-29 September, 2002 などを参照。

◆21 "Special Report, How corrupt is Wall Street ?", Business Week,13 May, 2002, 一ノ瀬秀文「90年代米国型『株式資本主義』の大きな曲がり角」、『経済』No. 84、２００２年９月号。

◆22 Financial Times, London, 27 December, 1998 を参照。

◆23 なお、この合併には、「大きくなること以外に何らの理由もなく、消費者にはなにも新しいものをもたらさない」といった批判もある。例えば、Richard Wolffe, "Consumers concerned by mega-mergers", Financial Times, London, 14 April, 1998.

◆24 詳しくは、坂本正「アメリカの金融制度改革と金融統合」、『信用理論研究』、第19号、2001年10月、1~15ページ。

◆25 Financial Times, London, 14 September, 2000.

◆26 Tony Major, "Profile Deutsche Bank US-style new guard takes control", Financial Times Survey Germany: Banking, Finance & Investment, Financial Times, London, 12 June, 2002.

◆27 徳永隆史「ドイツ3大銀行の経営動向について」、『第一勧銀総研レビュー』1997年1号、1997年7月、80ページ。

◆28 周知のように、ドイツは、銀行・証券・保険といった金融業務のすべてを同一の金融機関で兼営できるユニバーサル・バンキングの下にあり、ドイツ銀行は、この制度の頂点に立ち、あらゆる金融業務を営んできたが、金融グローバル化のなかで、業務内容のリストラを進め、小口金融のリテール業務を子会社に移し、本体では、ユーロ経済圏における最大の投資銀行を目指し、アメリカの投資銀行バンカース・トラストを買収することによって、アメリカ経済圏での投資銀行業務を展開した。詳しくは、相沢幸悦「欧州通貨統合とドイツの巨大銀行」、『信用理論研究』、第19号、2001年10月、64~65ページ。

◆29　朝日新聞２０００年8月19日付。

◆30　他方で、商業銀行系との競争から、逆に貸出を増加させる大手投資銀行もある。Charles Pretzlik, Gary Silverman, "Morgan Stanley to boost lending", Financial Times, London, 16 August, 2001. Gary Silverman, "Goldman considers commercial banking", Financial Times, London, 9 August, 2002.

◆31　朝日新聞２０００年8月19日。ほかに、"How mergers go wrong", The Economist, 22-28 July, 2000, p.15, pp.73-74, "Special Report, The Global 1000", Business Week, 15 July, 2002, p.37 は、アメリカの企業が世界の１０００社で引き続き優位を占めている、と指摘する。

◆32　Charles Pretzlik, Gary Silverman, "Investment bank job cuts reach 25000", Financial Times, London, 13 August, 2001.

◆33　ジュグディシュ・バグワティ「資本の神（抄訳）」、『エコノミスト』、１９９８年10月13日、64ページ。同誌では、特集「〈分析〉返り血浴びる『ウォール街財務省複合体』」が56～65ページに掲載されている。なおウォール街の国際投機人脈については、広瀬隆「アメリカの経済支配者たち」集英社新書、１９９９年、も参考になる。

◆34　Jagdish Bhagwaiti, "The Capital Myth", Foreign Affairs, May/June 1998.

◆35　高田太久吉『金融グローバル化を読み解く』新日本出版社、２０００年、１４７ページ。

◆36　"The greatest assets ever sold", The Economis, 21 August, 1993, p.9　山田博文「各国政府の国有資産売却と証券流動化」、『八戸大学紀要』第14号、１９９５年、も参照されたい。

◆37　伊豆久「大手投資銀行とＩＰＯ」、『証研レポート』、№１５７３、１９９９年、27ページ。および William L.Megginson and Jeffry R. Netter, "From State to Market: A Survey of Empirical Studies on Privatization", NYSE Working Paper, 98-05, De.1998.

◆38　Leah Nathans Spiro, Phillip L. Zweig"Wall Street's global power", Business Week, 1 November, 1993.

◆39　詳しくは、前掲、山田博文『金融自由化の経済学』第1章および第5章、大月書店、１９９３年、を参照されたい。

◆40　詳しくは、山田博文「経済のグローバル化と金融ビッグバン」、『群馬大学教育学部紀要　人文・社会科学編』第50巻、２００１年3月、90～１１４ページ。他に、"Japan's Financial Revolution", Financial Times, London, 26 March, 1998 を参照されたい。

◆41　例えば、アメリカの証券取引委員会・ＳＥＣ（Securities and Exchange Commission）と日本版ＳＥＣ（証券取引等監視委員会）の陣容を比較しても、一方は３０００名を超え、規則制定権や審決を実施する準司法的機関なのに、他方は、２４０名ほどであり、しかも監視が目的の検査機関でしかない。例えば、日本経済新聞社編『米国証券市場の番人　ＳＥＣの素顔』日本経済新聞社、１９９８年、参照。

◆42　Gillian Tett, "Tokyo urged to boost system of regulation under Big Bang", Financial Times, London, 15 April, 1998.

◆43　４大銀行の経済力について、詳しくは、「特別調査　データが示す４メガバンクの実像」、『金融ビジネス』、2001年1月号、54〜63ページ、を参照。

◆44　巨大合併により世界一の金融持株会社として成立したが、クリーンアップする仕事が膨大にある、と指摘するのは、Brian Bremner"Japan's banks", Business Week, 6 September, 1999, pp.21-23である。

◆45　日本経済新聞2002年8月2日付。

◆46　朝日新聞2002年2月13日付。

◆47　日本経済新聞2002年7月30日付。

◆48　Stanley Reed, "The deal machine", Business Week, 1 November, 1999, pp.24-30, 斉藤美彦「1990年代のイギリス四大銀行」、『証券経済研究』、第28号、2000年10月、13〜17ページ。

◆49　Gillian Tett, "Braced for invasion", Financial Times, London, 2 June, 1998.

◆50　日本経済新聞2001年12月29日付。

◆51　加藤敏春『エコマネーはマネーを駆逐する』勁草書房、2002年、201〜202ページ。日本版の地域再投資法のような「金融アセスメント法」を制定しようとの取り組みは、たとえば山口義行『経済再生は現場から始まる——市民・企業・行政の新しい関係』中公新書、2004年、政党では日本共産党「地域金融活性化法案」、2002年などを参照されたい。

◆52　国連環境計画・金融イニシアティブ（UNEP FI：United Nations Environment Programme Finance Initiatives）とは、1992年の設立以来、260を超える世界各地の銀行・保険・証券会社とパートナーシップを結んで、金融機関のさまざまな業務において、環境および持続可能性（サステナビリティ）に配慮した最も望ましい事業のあり方を追求し、これを普及、促進することを目的に活動している国連の補助機関である。

◆53　日本政策投資銀行ホームページ（http://www.dbj.jp/pdf/disclo/2004/00_all.pdf）にその抜粋。より詳しくは、日本政策投資銀行「Sustaining Value A Meeting on Finance and Sustainability『金融が持続可能な社会と価値の実現に向けて果たす役割』」「２００３国連環境計画・金融イニシアティブ東京会議　会議概要報告書」２００３年12月を参照。

◆54　日本政策投資銀行、同上報告書、ｉページ。内外の金融機関などの具体的な取り組みについては、環境ＮＰＯの「環境と金融」ホームページ（http://homepage2.nifty.com/Eco-Finance/）が詳しい。

第４章　円安・物価高・株高と外資の金融侵略

――表出する異次元リスクと外資の金融収奪

２０２１年の秋頃から物価高が国民生活を直撃している。２％のインフレを目指したアベノミクスの異次元金融緩和政策の負の遺産が、表面化したからである。国民の反発に遭い、２０２４年春、日銀もようやく異次元金融緩和政策の「出口」に向かいマイナス金利を解除し、政策金利を引き上げた。だが、なぜか円安が一段と進み、セオリーに反する現象が起きている。

為替相場だけでなく株式相場も、実質ＧＤＰが３期連続マイナス成長の日本で株価が第２次世界大戦後の最高値を記録するなど、常識的には理解不能の経済現象が起きている。現代の金融証券市場や資本主義経済の深部で何が起きているのだろうか。

マネーが地球規模で瞬時に移動する時代は、グローバル経済の動向が各国経済や市場を揺り動かす。一国の経済現象を解明するにはグローバルな分析が求められる。とりわけ第２次世界大戦後、対米従属の関係にある日本の場合、アメリカとドルの動向が日本の経済社会に大きな影響を与えてきた。

現代資本主義経済の特徴は、グローバル化・情報化・金融化の進展にあるが、このような事態を招いた経済主体は、アメリカとウォール街の巨大金融独占資本である。

その特徴は、高性能コンピュータと情報通信手段（ＩＣＴ）を駆使し、地球規模で時間と空間を超越した金融ビジネスを展開することであり、世界中から効率的に金融収奪するカジノ型金融独占資本主義である。

1　円安・物価高・株高の現状と問題点

34年ぶりの円安へ

物価高に直撃された国民の反発に押された日本銀行は、２０２３年3月、いよいよ異次元金融緩和の「出口」に向かい、マイナス金利を解除し、政策金利を０・２％引き上げ、金融引締政策に転換した。だが、円ドル相場は円高＝ドル安に振れるどころか、政策転換に逆行し、34年ぶりの水準まで円安＝ドル高が進んだ。

セオリーに反する事態になった背景は、現在の円ドル相場を決定する東京外国為替市場に支配的な影響を与えているのは、脆弱《ぜいじゃく》化した日本経済と円そのものでなく、独り勝ちするアメリカ経済とドルの動向だからである。現在のドル高基調という海外要因が円安を進展させている。

もちろん、円安の国内要因として作用しているのは、日銀の超低金利政策であり、またマイナス金利や長短金利操作（ＹＣＣ＝イールドカーブ・コントロール）を撤廃しても、毎月6兆円ほどの国債を買い入れる量的金融緩和（ＥＱ）政策は継続されるので、引き続き金利の下押し圧力が働き、日米金利格差は解消しない。日本の政策金利も主要国の中で最低のままである。

図 4-1　日米金利差拡大で円安

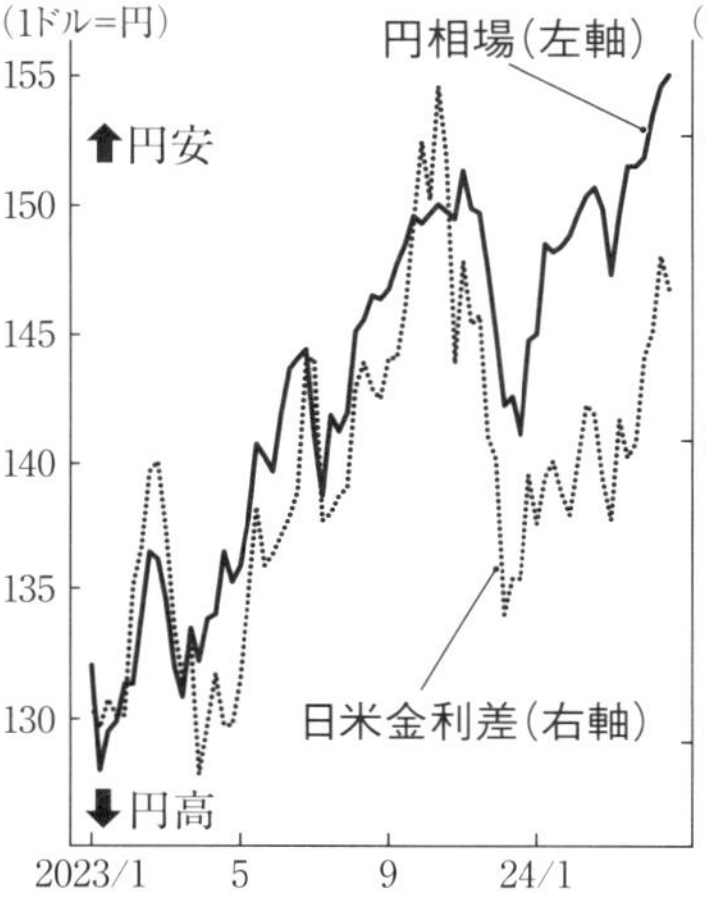

出典：日本経済新聞 2024年4月24日

このような低金利国のマネーは高利回りを求めて高金利国の海外に逃避（円売り＝ドル買い）する。これらは円安の国内要因となる。政策金利を諸外国のように引き上げることができないまでに日銀と金融政策を追い詰めてきたアベノミクスと異次元金融緩和政策そのものが異次元リスクとなって異常な円安を誘発している（図４―１）。

身動きできない日銀と違い、アメリカの中央銀行・連邦準備制度理事会（ＦＲＢ）はこの３年間で政策金利を０・25％から５・５％まで連続して引き上げ、インフレの沈静化に踏み出した。「インフレファイター」「物価の番人」としての中央銀行の目的をＦＲＢは実行してきた。

だが、予測に反し、インフレが沈静化しないため、予定していた利下げを先延ばし、政策金利は主要国で最高水準のままに据え置かれた。このようなアメリカのＦＲＢの金融政策が、今回のドル高＝円安を誘発した。この点について、ブルームバーグ社は、「円は34年ぶりの安値水準付近で推移し、日本銀行による17年ぶりの利上げでも、米連邦準備制度が鍵を握る市場の力学がほとんど変わっていないことが鮮明になっている。……日米金利差縮小の遅れが予想され、投機的な円売りが増え、ドルを対円で数十年来の高値に押し上げている」◆[1]と分析している。

今回の円安を増幅し、主導した経済主体は、日米金利差を利用した海外の投機筋（アメリカのヘッジファンドや巨大金融独占資本、各国の民間や政府系ファンドなど）の円売りであった。為替介入を決定する財務省サイドも、最近の円安について、神田真人財務官（当時）は「今の円安の動きは、ファンダメンタルズに沿った方向というわけではなく、明らかに投機が背景にあるものと考えている……投機による過度な変動は、経済に大きな悪影響をもたらすものであって容認することはできない。行き過ぎた変動に対してはあらゆる手段を排除せずに適切な行動をとる」◆[2]と明言している。

高金利で世界中のマネーを引き寄せるアメリカとドル高基調は、円だけでなく韓国のウォン安相場など、各国通貨に波及している。米・日・韓は、24年４月17日、３カ国の財務相会合を初めて開催した◆[3]。その会合では、「最近の急速な円安及びウォン安に関する日韓の深刻な懸念を認識」し、「外国為替市場の動向に関して引き続き緊密に協議する」などの文言を盛り込んだ共同声明を発表した。

鈴木俊一財務相は日本の34年ぶりの円安について、「行き過ぎた動きには適切に対応する」と述べる一方、具体策についてはコメントを控えた。イエレン米財務長官との会談では、足元の円安・ドル高について「われわれの思いは伝えた」と記者団に説明しただけである。日本国民の生活が円安による物価高に直撃されているのに、なんとも心許《こころもと》ない財務相の弱腰であるが、その背後で15・３兆円程の円売り・ドル買いの為替介入を実行した。この介入により円ドル相場は１ドル＝１６０円台から１４０円台に円高となった。

物価高に直撃された家計

２０２４年初来、トルコリラや日本円は、対ドルで８～９％下落し、通貨安に伴う輸入価格の上昇が国内物価を押し上げ、国民生活は物価高に直撃されている。

トルコの中央銀行は物価を抑えるため政策金利を５％引き上げ、50％という高金利政策に踏み込んだ。だが、日本銀行は０・２％の引き上げで、ようやくマイナス金利から脱却したに過ぎず、政策金利はわずか０・１％の水準に張りついている。日本の政策金利は、主要国の政策金利（米５・５％、ユーロ４・５％、英５・25％）と比較しても一桁以上低い水準にとどまっている。

このような低金利水準では、国民生活を直撃している物価高を抑制する効果はない。帝国データバンクによれば、[4]日本の24年前半期の食品の値上げ率の平均は19％に達する。これでは３～４％の賃上げなどまったく追いつかず、食卓が直撃される。名目賃金の上昇が物価高に追いつかず、実質賃金は24年５月で26カ月連続マイナスである。すでに23年には３万２３９６品目の食品が平均で15％値上げされた（図４―２）。民間シンクタンクによれば、[5]24年度の家計負担額は前年度比で10万６０００円も増大する。

日本国民に対し、健康で文化的な最低限度の生活を保障した憲法第25条は「絵に描いた餅」状態である。食料自給率が４割を切る日本は、為替相場の変動によって食料品が暴騰し、生存権が脅かされる危機的事態に直面している。

図 4-2　月別値上げ品目数推移（24 カ月推移・2 月 29 日時点）

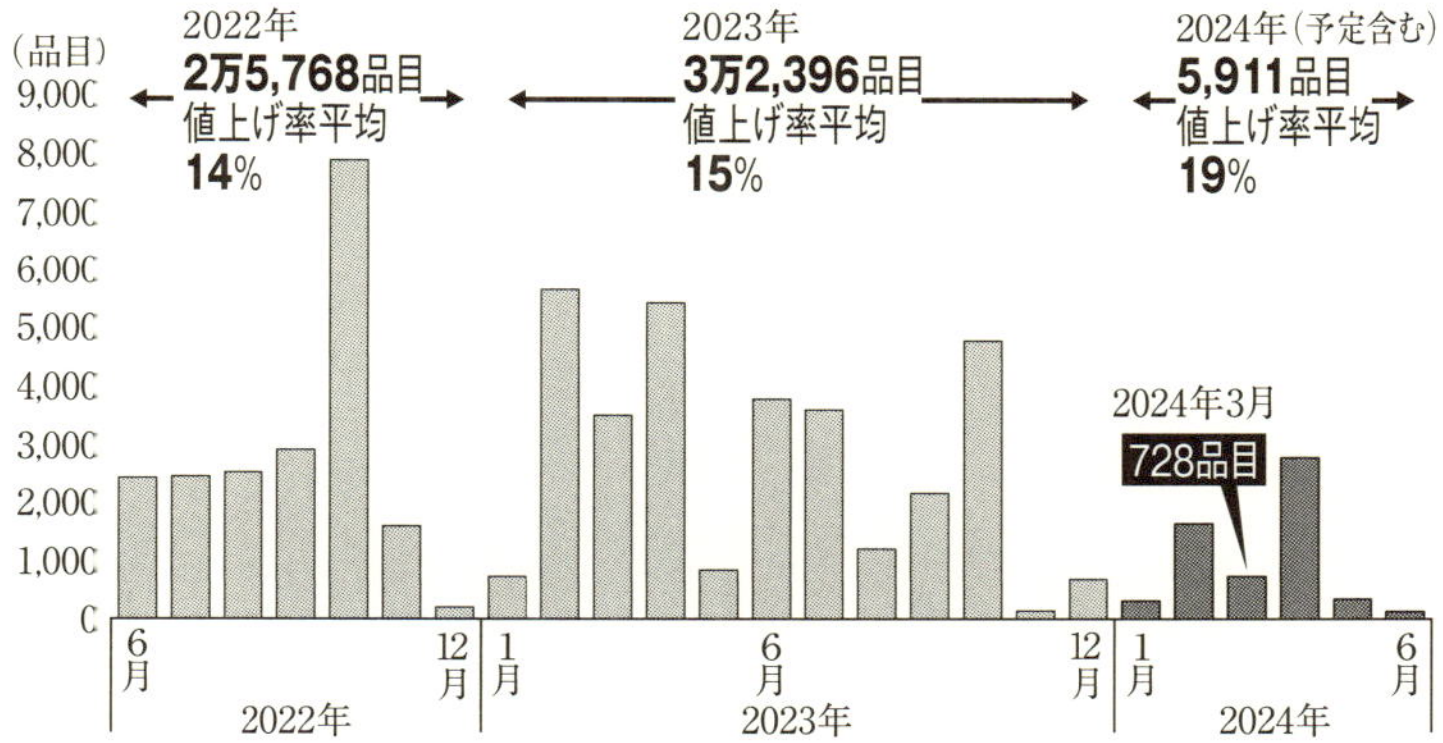

注：調査時点の食品上場105社のほか、全国展開を行う非上場食品90社を含めた主要195社の2022〜24年価格改定計画。実施済みを含む。品目数は再値上げなど重複を含む
出典：帝国データバンク

他方で、トヨタ自動車などの輸出関連大企業は円安によって大幅に対外輸出を増やし、円安差益を拡大している。23年度でみると、１円の円安で増える年間の営業利益はトヨタで４５０億円、ＳＵＢＡＲＵやホンダで１００億円台に達する。◆6 トヨタは、直近の24年３月期の純利益は前期比２倍の４兆９４４９億円を記録した。◆7

米ドル独歩高の対極で自国の通貨安に襲われているのは、日本だけではない。ＩＭＦによれば、◆8 世界の消費者物価上昇率では、ベネズエラは21年に１５８８・５％を記録し、悪夢のようなハイパーインフレに襲われた。22年に45・２％のインフレだったスリランカは債務不履行に陥った。日本のスリランカへの債権３５００億円は焦げついたままである。◆9 債務不履行の背景は、自国の通貨安のためにドル建て債務の実質負担が増大したこと、金利上昇で利払費用が増大したことである。ロイター社の報道によれ

◆10ば、ドル相場が10％上昇すると、自国通貨安に伴うインフレ高進で、１年後の新興国の実質国内総生産は、１・９％も押し下げられ、経済不況に陥ってしまう。

　独り勝ちするアメリカ経済とドルの独歩高は、主要国だけでなく、世界中の国々、とりわけ、対米従属国家の日本や新興国、発展途上国などは、インフレと物価高に直撃され、また増大する対外債務の返済や財政破綻、経済不況などに襲われている。

割安の日本株投機に走る海外投資家と株式バブル

　円安は物価高を誘発し、国民生活は直撃されたが、海外の投資家にとって、円安は日本の商品だけでなく日本株が割安になったことを意味する。割安の日本株に向かう海外投資家の日本株買いが加速し、２０２３年度の買越額は約7兆7千億円に達した。当時の安倍首相が米欧に出かけて行って各国の海外投資家に日本株のトップセールスをやった13年度のアベノミクス以来10年ぶりの高水準である。◆11オイルマネーやチャイナマネー、先進国の過剰マネーなど、世界中の投機マネーが米ウォール街や英シティを介し日本株市場に流入し、日経平均株価を4万円台の戦後の最高値まで吊り上げた。日本の国内経済は、長期の低成長経済なのに、株式バブルを誘発している。23年度末の日本株の時価総額はGDPの2倍近くの１００７兆円に達し、戦後最高額を記録した。

　物価高に苦しむ国民生活とは裏腹に、日本株を大量に保有する海外投資家・大企業・金融機関・富裕層は、株式時価総額の大幅上昇によって年間で３００兆円近くも金融資産を大幅に増やすことができた。日本株の最大の保有者はその３割台を保有する海外投資家なので、日本株市場を舞台にした外資の日本への「金融侵略」は彼らに莫大な利益をもたらしている。

日本株市場に流入した海外の投機マネーは、現物株市場や先物株市場で巨額のマネーを超高速で運用するので、日経平均株価は毎日トランポリンのように乱高下するといった異常事態を引き起こしている。先物取引を利用すれば、株価予測が的中した場合、現物株が下落すればするほど利益が拡大する。もちろん、株価予測が外れると、巨額の損失を抱え込むか、破綻《はたん》することになる。

いずれにしても、株価が上昇しても下落しても、ともかく株価が変動すれば、それも大幅に変動すれば、株式市場から巨額の売買差益を稼ぎ出すことができる。個別の株式会社の株価でなく、日経平均株価や東証株価指数（ＴＯＰＩＸ）のような日本の代表的な株価指数のトランポリンのような乱高下は、そのような株取引が大規模に盛んに行われていることの証明である。

海外の投機マネーに主導された日本株市場では、証券会社を通じた委託取引全体に占める売買代金のシェア（表４―１）において、投資部門別売買でみると、海外投資家のシェアが７割

表 4-1　海外投資家が支配する株式委託売買市場

（2023 年）

	売買額（兆円）	シェア（%）
法人	111.8	6.8
個人	380.8	23.1
海外投資家	1145.7	69.6
証券会社	8.7	0.5
投資家合計	1647.0	100.0

注：東証プライム市場の総売買額は1887.7兆円、うち自己売買は217.7兆円。往復計算

出典：JPX日本取引所グループ「投資部門別売買状況」
https://www.jpx.co.jp/markets/statistics-equities/investor-

図4-3　株価の下げ相場で実施される日銀の株式ETF買入

2017年9月〜2018年9月のETF買入日と株価

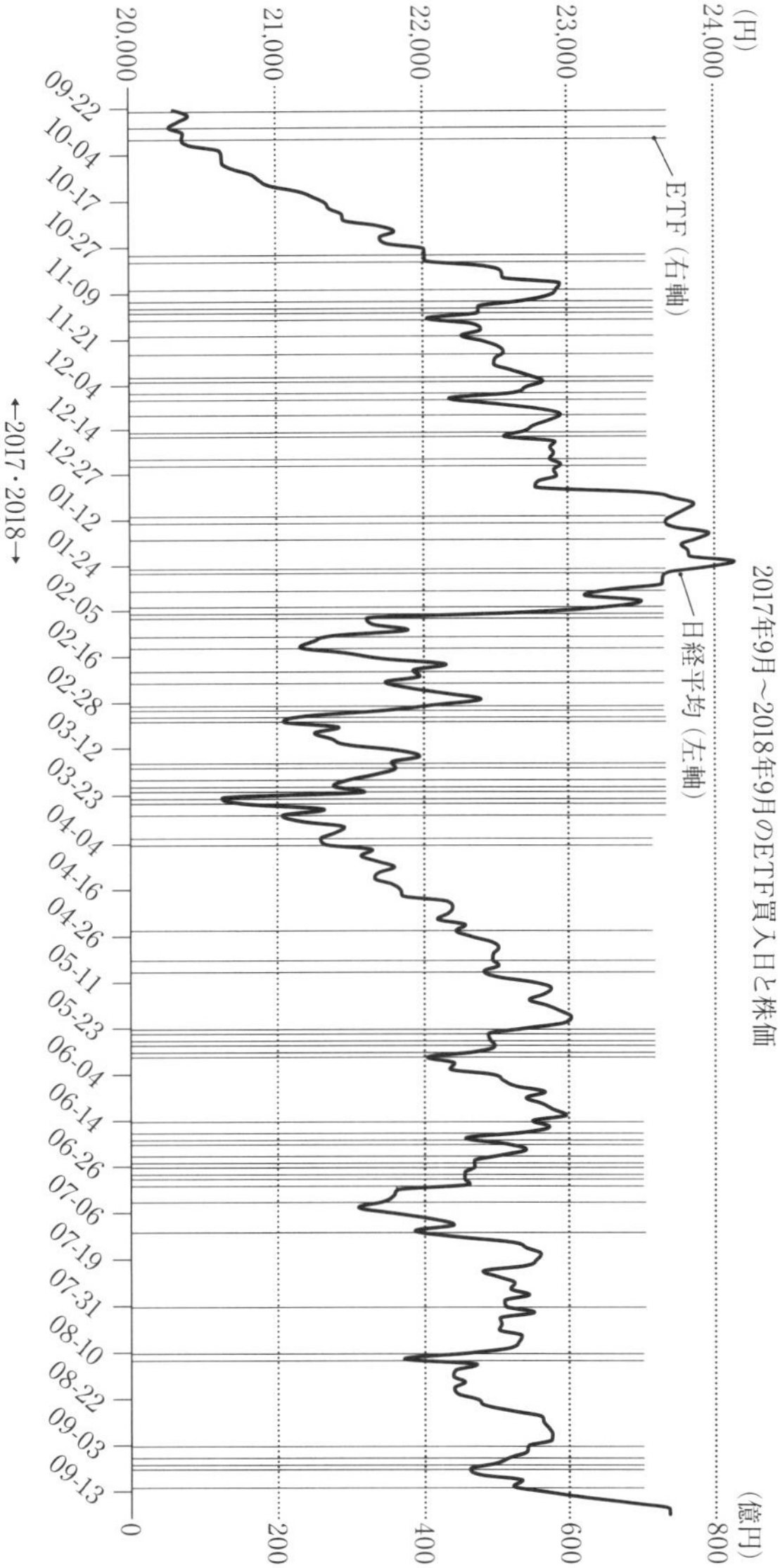

出典：https://nikkeiyosoku.com/boj_etf/

近くを占めている。日本株投資に走るヘッジファンドなどの海外投資家は、日本の株式会社に資本金を提供する目的でなく、株式の価格変動を利用して一儲けするために、日本株を売買している。

海外投資家が、安心して日本株投資に向かうのは、一定の範囲を超えた株価下落には、すぐに日本銀行が株式を買支え、暴落を防いでくれているからである。「株価が下がったら、日銀が助けてくれる」といった不文律が日本株市場に存在している。アベノミクスの異次元金融緩和政策の柱の一つであった日銀による株式ETF（株価指数連動型上場投資信託）の大規模買入は、中央銀行による株価の下支え政策であり、主要国では例がない株価操作の禁じ手である。

午前中（前場）に、日経平均株価やTOPIXが前日の終値よりも下落すると、とくに0・5％以上下落したら、日銀は午後（後場）には1回703億円の株式ETFの買入を繰り返し、株価を下支えしてきた（図4—3）。日銀が買い入れる株式ETFに組み込まれている株式は、日経平均株価やTOPIXを構成する日本株なので、日銀マネーが投入された株式市場はその日の午後には株高に転じる。日銀信用に支えられた官製株式バブルが発生している。

日銀の株価下支えによって、内外の株式投資家・大企業・富裕層などは、保有株の時価総額を増大させ、莫大な株式関係金融資産を増やすことで、大儲けしてきた。株式投資などに無縁の国民や中小零細企業との資産格差が拡大した。

2　異常円安の背景と異次元リスクの来襲

各国の外国為替相場（＝各国通貨の交換比率）の水準を決定するのは、短期的には各国間の金利格差であり、中期的には国際収支の動向であり、長期的にはその国の経済水準（規模、成長率、財政状態、人口動態など）である。

日米金利格差と活発化する通貨投機

日本銀行は、ようやく政策金利を0・35％利上げし、マイナス金利から脱却し、異次元金融緩和政策の「出口」に向かい始めた。だが、日本の政策金利は、２０２４年7月現在、主要国の政策金利（日0・25％、米5・5％、ユーロ4・25％、英5・0％）と比較しても、一桁以上低い水準にある。日米間の政策金利格差となると、依然として5・25％も開いている状態である。日米の民間金融市場の長期金利（10年物長期国債利回り）でも、24年8月13日現在で、米3・８４４％、日0・８４６％であり、日米間で3・００４％の格差がある。

第２次世界大戦後の国際通貨体制において基軸通貨国の地位にあるアメリカとドルが、主要国の中でトップの高金利と高利回りを維持しているので、グローバルに利殖先を求める世界のマネーはアメリカとドルに向かうことになる。その対極にあるのが主要国で最低水準の超低金利通貨の日本円なので、円売りドル買いの金利裁定が加速するのは、高利回りを追求する資本の論理から自然の流れである。

図 4-4　通貨の投機筋が円安を増幅

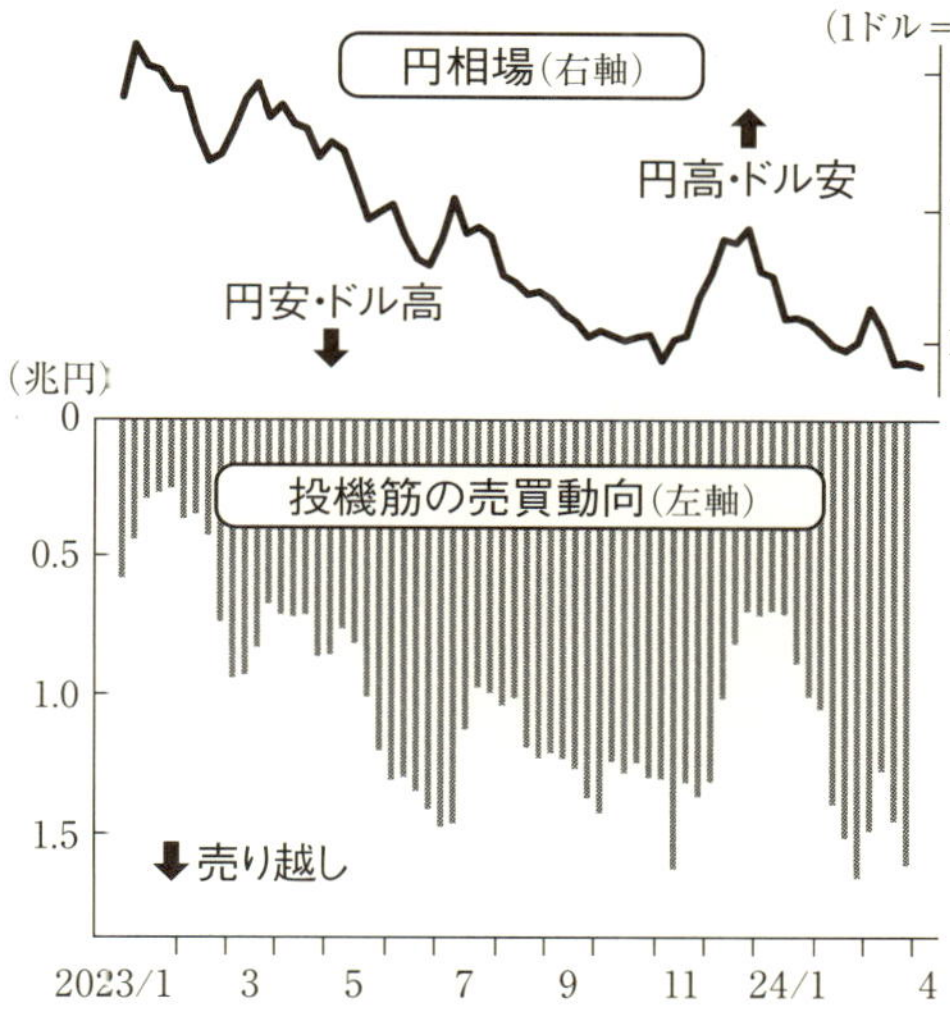

出典：「日本経済新聞」2024年4月4日

案の定、日米間の大幅な金利格差は、ヘッジファンドなどの投機筋の格好のターゲットになり、円ドル相場を舞台にした円売りドル買いの通貨投機を活発化させ、異常なほどに円安を増幅させている（図4―4）。

最近の外国為替市場の動向を分析したロイター社の報道によれば、異常な円安の背景として、①グローバルな投機集団のヘッジファンドなどによる円先物の売りポジションが過去17年間で最大規模に膨らんでいること、②異常な円安になっても日本の財務省・日銀は効果的な政策対応をしていないこと、◆12③米連邦準備制度理事会（FRB）がインフレ抑制の姿勢を貫き、政策金利を高水準に維持し、ドルの独歩高を招いていることなどの要因を指摘している。やや長文となるが、以下に紹介する。

「米商品先物取引委員会（ＣＦＴＣ）のデータによると、ヘッジファンドなど投機筋による円の売り越しは２００７年６月以来で最大。円先物が導入された１９８６年以来でも屈指の規模となっている。

円は年初からドルに対して９％近く下落し、Ｇ10通貨の中で今年最も軟調だ。……ソシエテ・ジェネラルのキット・ジャックス氏は４月15日のレポートで『レバレッジ（空売り）界隈の勢いはとどまるところを知らず、キャリー（利ざや）を稼ぎながら値上がり益も得ている。財務相は外為市場を注視する、と口では言うが行動を起こしていない』と説明。『われわれは、円は売られ過ぎだと考えているが、何十年間もオーバーシュートを見てきた経験からすると、今は耐える時だ』と付け加えた。

ＣＦＴＣのデータでは、９日までの１週間の投機筋による円の売り越しは16万２１５１枚と、過去17年間で最大となった。金額ベースでは１３４億ドル相当の空売りであり、18年２月以来で最も大きい。

これはＧ10通貨全てに対するドルの買い越し、計２１９億ドルの60％を占めている。ドルの買い越し総額は21年終盤以来で最大。

米国の金利見通しが最近がらりと変わり、米国債利回りが急に上昇に転じたことを踏まえれば、ドルに資金が流れるのは無理もない。米連邦準備理事会（ＦＲＢ）が他の中銀に比べて相対的にタカ派的であることが、ドルの独歩高につながっている」[13]。

日米金利格差が通貨投機を誘発し、通貨投機がさらに円安を増幅する、といった悪循環が発生している。その結果、異常な円安＝ドル高が進展している。これが、今回の異常な円安の短期的な背景にほかならない。さらに注目されるのは、通貨投機で増幅されたこのような異常円安は、投機筋の巻き戻しで円高に振れることもある。投機筋の予測不能な行動は、円相場の乱高下を誘発し、日本経済と国民生活は不安定な円ドル相場に振り回されることになる。

投資（Investment）とはまったく性格を異にする投機（Speculation＝思惑）とは、土地・商品・株式・通貨などの価格変動を利用して利益を得ようとする経済行為であり、純粋に寄生的・腐朽的性格を持つ。それは、投資のように実体経済に直結した将来の設備・技術・人・財・サービスなどを充実させるためのマネーの運用ではない。売買されるあらゆる商品（物、不動産、株式、債券、通貨、金利、などなど）の市場を舞台に、将来の価格変動を予測し、予測が当たった者が予測の外れた者から利益を奪い取るゼロサムゲームの経済行為が投機にほかならない。しかも予測を的中させる確率は、価格変動に影響を与えるほどの巨額のマネーを運用する大口の投機筋ほど高くなる。現代では、米ウォール街や英シティに活動拠点を置く巨大金融独占資本やヘッジファンド、民間や政府系の巨大ファンドなどがグローバルな投機活動の主役となっている。

ヘッジファンドの動向に関するブルームバーグ社の報道によれば[14]、トップ15社の2023年の稼ぎは150億ドル（2兆2500億円）に達した。ヘッジファンドの創業者の稼ぎも、トップのミレニアム・マネジメントのイジー・イングランダー氏で28億ドル（4200億円）に達し、この金額は1日の稼ぎに換算すると11億5000万円である。東京外国為替市場や株式市場はこのようなヘッジフ

図 4-5　国際収支の推移

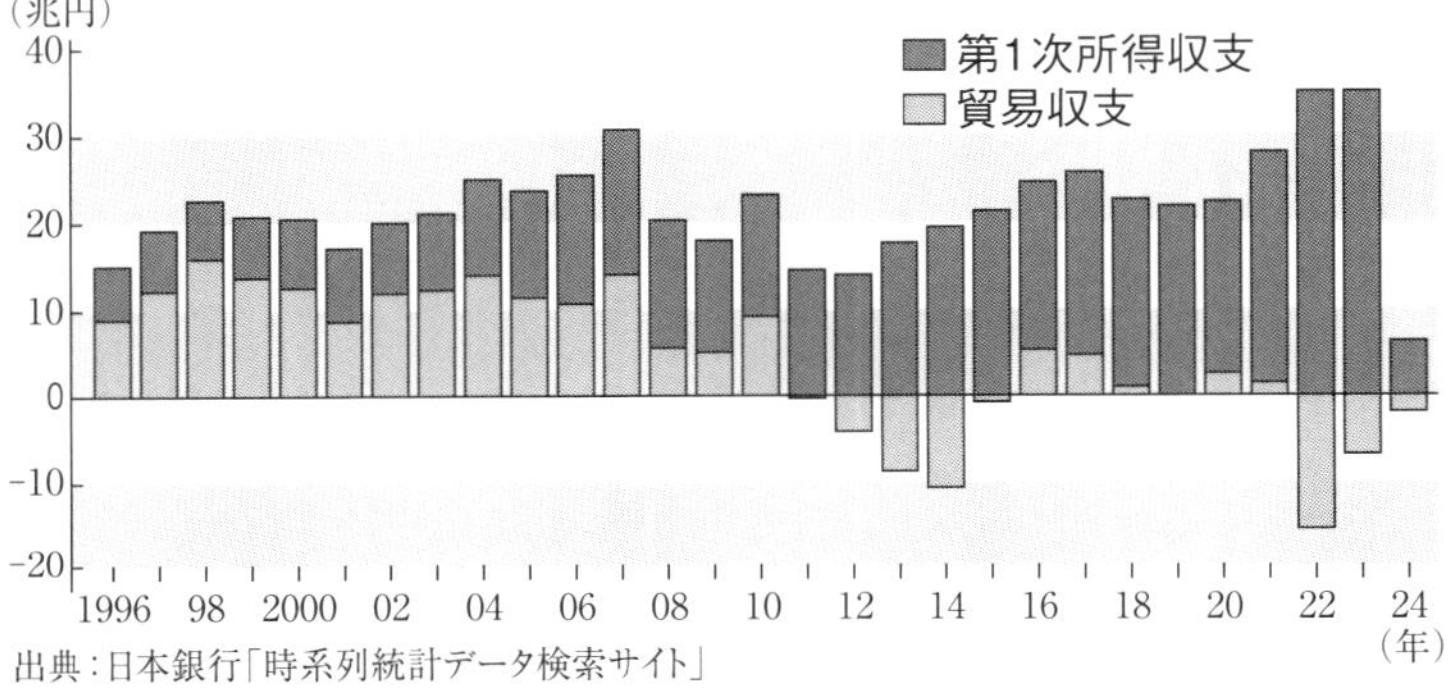

出典：日本銀行「時系列統計データ検索サイト」

ァンドの投機活動と莫大な稼ぎに貢献していることになる。

日本の株式市場で株価が予測不能の乱高下を繰り返すのは、これらの大手投機筋の格好のターゲットになっているからである。その背景には、アベノミクスの異次元金融緩和政策の負の遺産である超低金利国であること、中央銀行として身動きできず、的確な金融政策を打てない日銀の存在である。

貿易黒字国から赤字国への転落

各国の為替相場を中期的スパンで決定するのはその国の国際収支、とりわけ輸出入に伴って巨額の通貨が受け払いされる貿易収支である。貿易収支の黒字を計上する国は、経済の国際競争力が高く、世界各国に自国の商品を輸出し、輸入で海外に支払う代金より、輸出で海外から受け取る代金が多い国である。貿易収支の黒字国は、一般的には国際社会におけるその国の経済力・地位・影響力の高さを証明している。

各国の国際収支表はその国の対外経済活動を映し出す鏡である。日本の近年の特徴（図4―5）は、貿易黒字国から赤字国

表 4-2　貿易取引の通貨別比率

日本からの輸出　（単位：%、2023年下半期）

	通貨名	米ドル	円	ユーロ	元	オーストラリア・ドル	その他
世界	比率	51.0	33.8	7.2	2.1	1.5	4.4

日本への輸入

	通貨名	米ドル	円	ユーロ	元	タイ・バーツ	その他
世界	比率	69.5	23.4	3.4	1.7	0.6	1.4

資料：財務省（報道発表）「貿易取引通貨別比率（令和5年下半期）」、2024年1月30日

に転落したことである。

　1990年代から、世界最大の貿易黒字大国として君臨してきた日本は、近年、貿易赤字に転落する年度が多くなった。最近の財務省の国際収支状況（速報[◆15]）によれば、2023年度の貿易収支は3兆5725億円の赤字となり、3年連続で年度ベースの赤字がつづいている。

　対米従属国家日本の貿易で受け払いされる主要通貨は、自国の日本円でなくアメリカドルであり、ドル建てで日本の輸出入が決済されている。円建て比率は輸出入とも2〜3割に過ぎず、ドル建て比率となると、輸出で51・0％、輸入となると69・5％に達している（表4—2）。そのため、自動車などを対外輸出しても、受け取る通貨はドルであり、日本国内では流通しない。東京外国為替市場でそのドルを売って円に転換（ドル売り＝円買い）しないと、国内の各種の支払いなどに充てることができない。

　原材料などの輸入業者の場合も、ドル建てであり、支払いに充てる通貨は円でなく、ドルなので、手持ちの円を売ってドルを調達することになる。ドル・円・ユーロなどの各国通貨が売買されるのは、東京外国為替市場である。24年5月2日の1営業日だけでも、スポットで3078億ドル（約48兆円）、スワップで4兆1952億ドル（約654兆円）という巨額のド

ルと円との売買が行われている。[16]

ドル建ての日本貿易なので、貿易黒字が増えれば増えるほど輸出業者の受け取るドルは巨額になり、大量のドル売り＝円買いが実施され、円相場の上昇圧力を高め、円高＝ドル安基調が継続する。日本が貿易黒字国であった時代は、円高の時代であった。

だが、日本の国内経済が脆弱化し、貿易黒字額が縮小するようになると、輸出業者のドル売り＝円買いの規模は縮小し、円高圧力が低下し、円ドル相場は下落傾向をたどり、円安にシフトするようになる。近年のように、貿易赤字国に転落すると、円ドル相場は円安基調に転換する。近年の円安の中期的要因は、日本が貿易赤字国へ転落したからである。主要国の中で最低の経済成長しか達成できない脆弱経済国家の実像が貿易赤字国への転落＝円安基調の持続となって示されている。

例外は、貿易収支が赤字でもドル高を維持するアメリカだが、それは第2次世界大戦後の国際通貨体制の唯一の基軸通貨であるドル特権によるものである。アメリカは対外支払いでも自国通貨のドルで決済できるが、各国は対外支払いのための外貨準備として、ドルを調達し、一定額を保有しなければならないからである。各国の外貨準備高におけるドルの地位は、アメリカ経済の地位低下やユーロの登場などで、過去20年間で10ポイントほどシェアを低下させてきたが、それでも世界各国の外貨準備高におけるドル保有の割合は58・9％を占め、ユーロの19・9％や日本円5・4％などを大きく上回っている。[17]世界全体の貿易・金融・料金請求・越境取引などでドルが果たす役割はまだ圧倒的なので、アメリカは貿易赤字国なのに準備通貨の主役の座にとどまっている。

図 4-6　対外純資産残高の推移

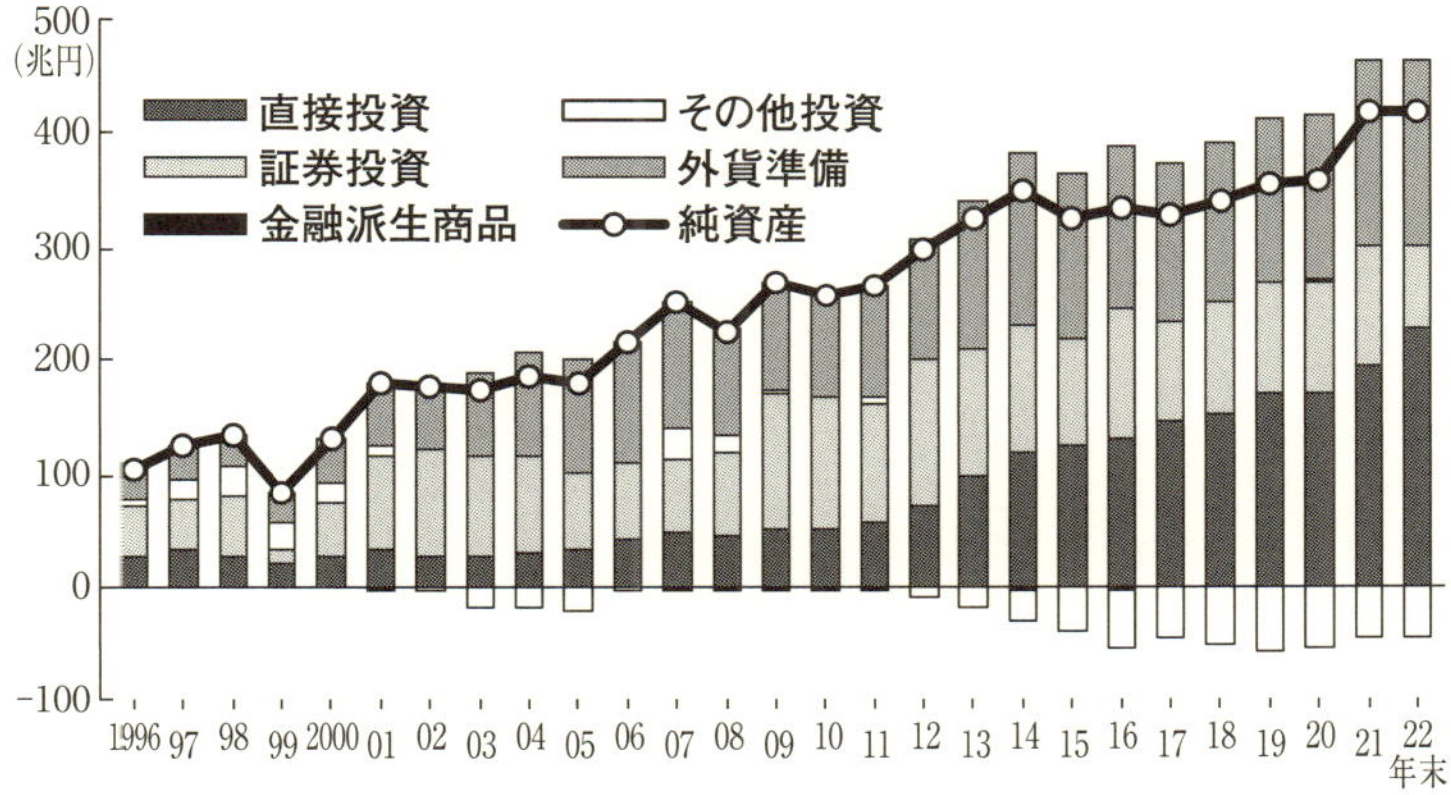

出典：日本銀行国際局「2022年の国際収支統計および本邦対外資産負債残高」2023年7月

増大する対外投資と世界一の対外純資産国

日本の対外投資は著しく増大してきた。日本銀行国際金融局によれば[◆18]、現代日本の対外資産残高は、2023年末現在で1488・3兆円、ここから負債残高の1017・0兆円を差し引いた対外純資産は471・3兆円である。日本は2位のドイツを大きく引き離す世界最大の対外純資産大国にほかならない（図4―6）。

北米・欧州・アジアで積み上がったこの莫大な対外資産残高は、617・3兆円に達する証券投資残高や307・6兆円の直接投資残高などからなっている。現代日本は、国内GDPの2・4倍ほどのジャパンマネーを、外国株式・公社債などの金融商品や海外企業の経営権取得や現地法人の設立のために投資している。この巨額の対外投資から受け取る海外からの株式配当金や利子などの金融所得は、かつての貿易立国であっ

表4-3　国際収支状況（速報）の概要

（2023年度中）

	金額
貿易・サービス収支	▲6兆230億円
貿易収支	▲3兆5,725億円
輸出	101兆8,666億円
輸入	105兆4,391億円
サービス収支	▲2兆4,504億円
第一次所得収支	35兆5,312億円
第二次所得収支	▲4兆1,692億円
経常収支	25兆3,390億円

出典：財務省「令和5年度中 国際収支状況（速報）の概要」2024年5月10日

た当時の日本の貿易黒字額をはるかに上回るようになった。

国際収支統計の第1次所得収支は、対外投資によって発生する株式配当金や利子の受け払いを示している。貿易赤字が深刻化する事態とは対照的に、日本の第1次所得収支は、大幅黒字で推移している。

日本の対外経済活動の稼ぎ頭は、メイド・イン・ジャパン製品の輸出でなく、ジャパンマネーの対外投資から発生する金融所得である。とくにアベノミクスと異次元金融緩和政策が始まると、超低金利下の日本は避けられ、ジャパンマネーの対外投資が加速する。ジャパンマネーは、国内の設備投資や賃金に向けられることなく、高利回りを求め、海外投資に振り向けられ、国内からの資本逃避（キャピタルフライト）が活発化した。国内経済は脆弱化する一方、海外投資から受け取る配当金や利子などが増大し、第1次所得収支の黒字額は増大の一途をたどる。

財務省の2023年中の国際収支状況（速報）によれば、貿易収支は3兆5725億円の赤字なのに、第1次所得収支は35兆5312億円の大幅黒字を計上している（表4―3）。その内訳の大半は、北米・欧州を中心にした証券投資からの8兆8837億円、北米・欧州・アジアの直接投資から25兆

２０３９億円である。だが、対外投資には投資先の海外動向から発生するリスクを抱え込む。ブルームバーグ社によれば[19]、農林中央金庫は、２０２５年３月期の純損益がリーマンショックのあった２００９年３月期以来の５０００億円超の赤字（前期は６３６億円の黒字）に陥るようであるが、その原因は米国の大幅の金利引き上げのために、保有する米国債の債券評価損が２兆２０００億円ほどの規模にまで膨らんだからであった。

現代日本は、莫大な対外資産から受け取る株式配当金や利子などの金融所得が、貿易赤字額を大幅に超越する「金利生活者国家」になった。明治時代に「富国強兵」を掲げ、欧米から遅れて出発した日本資本主義は、21世紀に入り、「金利生活者国家」の仲間入りを果たしたことになる。「金利生活者国家」の本質について、すでに１００年ほど前、レーニン『帝国主義論』は、「金利生活者国家は、寄生的な、腐朽しつつある資本主義の国家[20]」と喝破《かっぱ》している。

今日の日本の対外投資と「金利生活者国家」へのシフトを加速させているのは、政府の「資産運用立国」の骨太方針であり、また老後資金不足を煽《あお》り、貯蓄から投資を推奨する少額投資非課税制度（ＮＩＳＡ）である。

破綻した異次元金融緩和政策と異次元リスクの来襲

ゼロ金利やマイナス金利など、異常な低金利を軸に異次元の金融緩和を続けてきた日本は、各国との金利格差を拡大することになった。国内のジャパンマネーも高利回りを求めて、アメリカなどの高金利国へ流出していったため、2024年6月下旬には1ドル＝160円台という38年ぶりの超円安をもたらしてしまった。円安のため輸入物価が暴騰し、それが国内物価に波及し、国民生活は物価高に直撃された。異次元金融緩和政策は国民の反発に直面し、金利なき世界から金利ある世界への、金融政策の大転換を余儀なくされた。

日本銀行は、2016年以来続けてきたマイナス金利政策を解除し、2024年7月現在、短期金利の政策金利を引き上げ、マイナス0・1%からプラス0・25%の金利ある世界へ方向転換した。その途端、民間金融市場における金利（各国の10年物長期国債の金利動向で表示される）は、0・6%台から1%近くまで暴騰した。

2013年度以来の異次元金融緩和政策で日銀が目標にしてきた2%の物価上昇は、民間金融市場の金利もそれに連動し2%の水準になることを意味する。では、金利なき世界にあった日本で金利が2%に上昇した場合、どんなことが発生するのか、ここでは、日銀・財政・家計に絞って検討する。いよいよ異次元金融緩和政策の負の遺産が表面化し、異次元リスクが日本を襲い始める。

まず日銀では、2%の金利上昇は、民間銀行の日銀当座預金残高に適用されている付利が現行の0・1%から2・1%へ上昇する。マイナス金利が解除され、付利の対象となる当座預金残高（206・0兆円、24年4月現在）[◆21]に日銀が支払う金利は、現在の2066億円から4兆3276億円へ激増する。すでに10兆円ほどの国債評価損を抱えた日銀にさらに毎年4兆円超の付利の支払いが発生し、日銀は大幅の債務超過となる。日銀信用は毀損《きそん》し、円に対する信用不安で円暴落を招くリスクが高まる。

次に財政では、各種の普通国債発行残高は、２０２２年度現在、１０２７兆円に達し、その利率加重平均は０・76％であり、国債償還までの平均残存期間は９年２カ月である[◆22]。年間の国債の利払費用は、ざっくりした単純計算で、１０２７兆円掛ける０・76％で７・８兆円である。実際、22年度の一般会計歳出中の国債費は元本の償還費を含めて24・３兆円であるが、そのうち利払費用は手数料の支払いなどを含め８・２兆円である。

図 4-7　国債利払い費は 3 倍に

（内閣府試算・成長実現ケース）

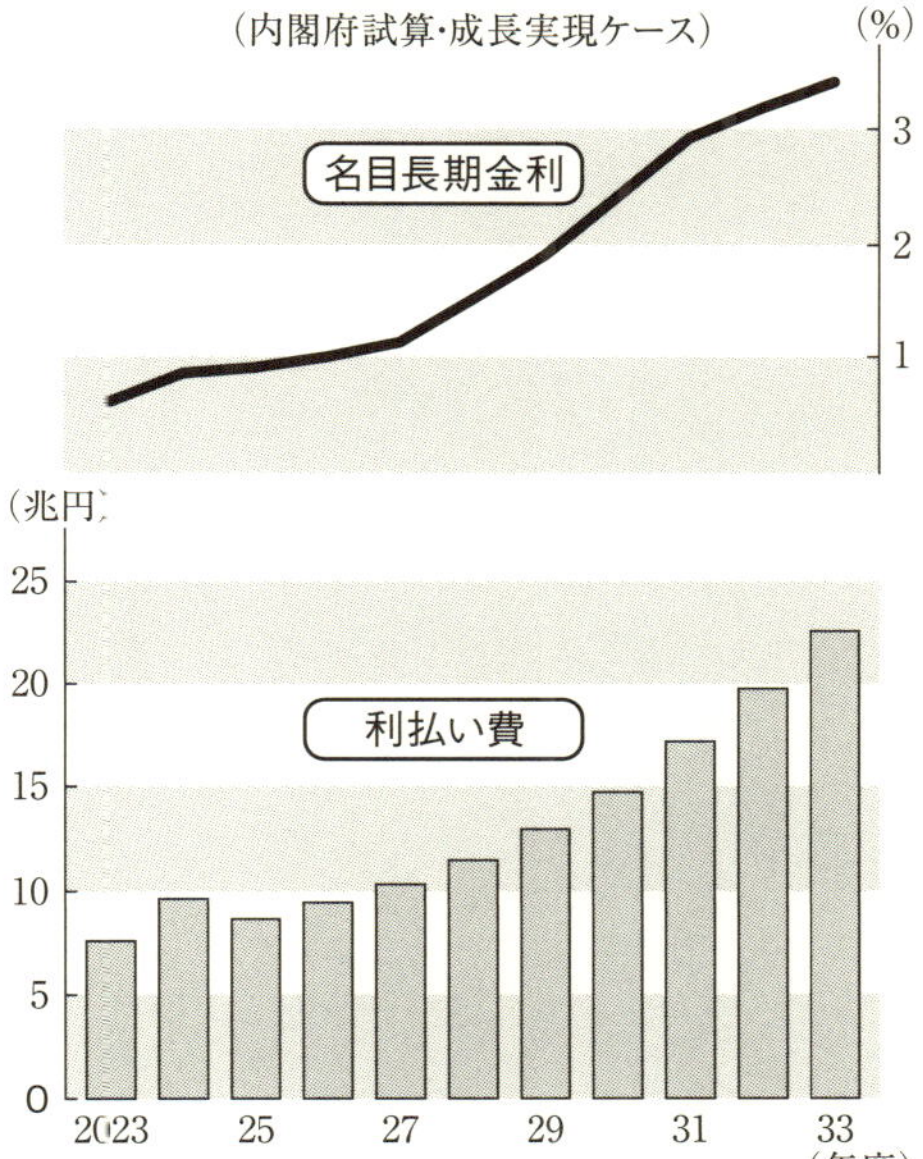

出典：「日本経済新聞」2024年3月20日

財務省の試算によれば、金利が２％上昇した場合、２０２３年度以降の一般会計歳出予算の国債費（国債償還費用と利払費用の合計額）は、23年度の25・２兆円から24年度の28・３兆円へ、さらに26年度には37兆円へと激増する。金利が上昇すると、次々に到来する国債借換え時の新規国債の金利も上昇し、国債利払い費が膨らんでいく構造だからである。内閣府の資産では10年後の国債利払い費は３倍まで膨張する（図４―７）。

24年度の一般会計歳出予算の筆頭は、その32・３％を占める社会保障関連予算（36・８兆円）であるが、すでに国債費（25・２兆円）も22・１％を占めるまでに膨張している。金利が２％上昇した場合の財務省の試算によれば、26年度の国債費は37兆円に達するので、現在の24年度の社会保障関連予算（36・８兆円）を上回る。

今後、社会保障関連予算を増額しない限り、国債費が一般会計歳出予算において最大となる。健康で文化的な生活を保障する憲法第25条は空文化し、国民生活は物価高と相まって危機的な事態に陥ることになろう。他方で、２％の物価上昇は、渡辺努東大教授の試算によれば◆23、政府にインフレ利得を発生させ、債務の実質的な負担額を１６６兆円ほど軽減するようである。

次に金利の上昇は、住宅ローンなどの金利上昇となってローンの返済額を激増させることになる。住宅ローンの８割ほどは変動金利型のローンで組まれているので、多くの個人の住宅ローン金利は市場金利の上昇に連動して跳ね上がる。たとえば、当初金利２％、返済期間30年で、３０００万円の住宅ローンを組んでいた家計の場合、金利が２％から４％に上昇することで、毎月の返済額は11万８８６円から14万３２２４円となり、３万２３３８円も増える。ローンの返済総額も、３９９１万８７６９円から５１６５万７１０円に増え、１１７３万１９４１円も多く支払うことになる。

運転資金を銀行融資に依存している中小零細企業も銀行への返済額が激増し、資金繰りが火の車状態になり、経営の悪化と破綻を連鎖する事態が予想される。とくにコロナ禍対策の一環で、政府が提供した実質無利子・無担保の融資は約260万件（45兆円相当）であり、日銀によるコロナ融資プログラムはピーク時の残高が100兆円近くに膨らんだようであり、[24]このようなゼロゼロ融資を受けた中小零細企業は、借入金の返済が激増することになり、資金繰りが悪化し、倒産のリスクが高まる。

家計や中小零細企業の深刻な事態と対照的に、マイナス金利が解除され金利ある世界が戻ってきたことで、大手銀行の純利益は23年度に軒並み過去最高を記録した。ブルームバーグ社によれば、「MUFGはマイナス金利解除などで円金利が上昇した場合の銀行単体の年間収益への影響額をプラス500億円以上と試算している。銀行は低い金利で集めた預金を貸し出しや運用に回すため、金利の上昇は収益の底上げに直結する」[25]からである。

円安と金利上昇は、グローバルに事業展開する日本の3メガバンクの純利益に大きく貢献した。2024年3月期の3メガバンクの連結決算は、純利益の合計額で前期比2割増の3兆円に達した。[26]これは内外の貸出金利の上昇で預金金利との利鞘が拡大し、円安で円に換算したドル建ての収益が拡大したからである。銀行だけでなく、円安で割安になった日本株への海外マネーの流入がもたらした株高の恩恵から、2024年3月期の証券大手5社合計の純利益は、前期比で2・2倍となる5298億円に達した。[27]

3　外資の金融侵略と日本の苦難

現代資本主義が到達してしまった世界は、経済のグローバル化・情報化・金融化の世界であり、時間と空間を超越した経済活動の世界であり、実体経済や使用価値の生産よりもデジタル空間と金融ビジネスを利用した効率的な価値収奪の世界である。現代日本資本主義もこのような世界に取り込まれ、変容してきた。

しかもこのような新しい経済世界を切り拓いてきた経済主体は、アメリカのウォール街に主導された金融独占資本の資本蓄積行動であり、とくに日本の場合は対米従属国家なので、日米双方の金融独占資本からの二重の価値収奪にさらされ、国内経済も国民生活も困難を強いられる。

金融ビッグバンとウォール街の金融侵略

いわゆる日本版金融ビッグバン（「我が国金融システムの改革――2001年東京市場の再生に向けて1996年11月11日」◆28）は、アメリカの一連の日本改造路線◆29の総仕上げであり、日本の金融経済システムをアメリカ型に大転換する改革であった。この改革によって、アメリカとウォール街の金融独占資本は、ストレスなく日本への金融侵略を実現できた。

その要点は、新自由主義・市場原理主義の金融大改革であった。

①外国為替管理法の規制を緩和・撤廃し、資本の国境を越えた自由な移動を保障したので、日米の金融独占資本にとって、グローバルなビジネスが可能になった。

②アメリカのような金融持株会社が解禁され、銀行業・証券業・保険業の垣根を取り払ったことで、巨大な金融コングロマリットが登場し、市場の独占が進展した。

③証券売買手数料の自由化、取引所集中義務の撤廃、デリバティブ（金融派生商品）取引の拡大、証券総合口座の新設、など、金融ビジネスとハイリスク・ハイリターンの証券ビジネスが強化された。多様な新金融商品が組成され、販売され、金融取引が活発化し、経済の金融化・金融の証券化が進展し、金融経済の規模が実体経済の規模を何倍も上回るほどに膨張するようになった。

アメリカ政府とウォール街が主導した日本版ビッグバンの目的は、銀行預金と郵貯に封じ込められた当時の1200兆円ほどの日本の個人金融資産を、株式や投資信託などのハイリスク・ハイリターンの金融商品や証券ビジネス関連にシフトさせるために、その基盤（市場の枠組み、新しい金融商品、業務のあり方）を改造することにあった。これは、アメリカのウォール街が主導した金融の証券化（セキュリタイゼーション　securitization）の動向、つまり従来の銀行ビジネス（伝統的な預金・貸出業務）から、証券ビジネス（各種証券発行の引受・売買・資産管理業務）への金融ビジネスの重点移行を反映している。

アメリカでは、「銀行」の看板を掲げた金融機関でも、大手マネーセンターバンクの収益構成をみると、伝統的な預金・貸出業務による純金利収入の割合は激減してきた。それに替わって投資銀行業務による非金利収入の割合が増大してきた。すなわち、①証券発行の引受やM＆A（企業の合併買収）関連業務などの投資銀行業務、②自己勘定で行う投機性の高いトレーディング業務、③顧客のための資産管理と証券取引に関連するサービスを提供する資産管理証券サービス、④各種の手数料収入の獲得、といった投資銀行業（investment banking）が台頭してきたからである。この投資銀行業務の延長線上に、日本版金融ビッグバンを通じた日本市場の取り込みと金融侵略が構想され、実行されたことになる。

日本版金融ビッグバンを主導した当時のアメリカの布陣は、ウォール街に太いパイプをもつ民主党のクリントン政権とウォール街大手の投資銀行ゴールドマン・サックス・グループの元共同会長であったロバート・エドワード・ルービン率いる財務省であった。とくにゴールドマン・サックスの経営者たちは、民主党政権でも共和党政権でも、アメリカ政府の財務長官はじめ、大統領補佐官、国家経済会議議長などの政府の要職ポストに着き、アメリカの内外政策にウォール街の意向を反映させてきた。◆30

外資が「株式会社ニッポン」の最大株主へ

２００１年度に完了した金融ビッグバンは、資本の国境を越えた自由な移動を保障したので、国内のジャパンマネーの対外投資も活発化したが、何より外資の日本進出が加速した。

図 4-8 主要投資部門別株式保有比率の推移

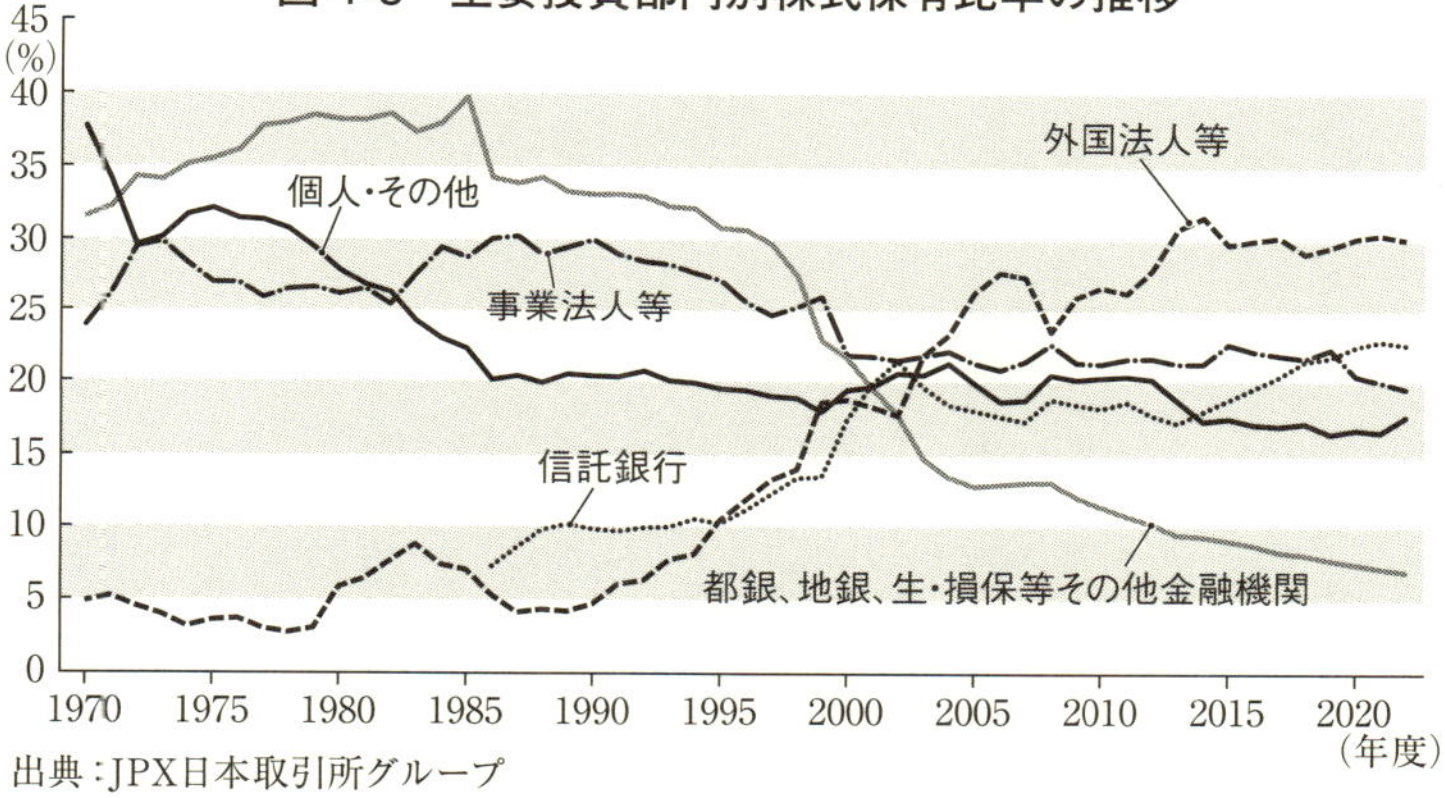

出典：JPX日本取引所グループ

とくに「貯蓄から投資」を推奨し、海外に出かけ日本株投資のトップセールスに精を出してきた２０１３年度の第２次安倍政権以降、外資の対日進出は加速し、「株式会社ニッポン」の最大株主は日本の金融機関や企業から外資になった（図４―８）。日本の企業経営も、アメリカのように株主優先で行われるようになった。

外資が日本の主要企業や金融機関の大株主になり、株主総会で発言権を強めると、日本企業はその利益に直結する株主への配当金を増やし、株価上昇を意図した自社株買いを積極化させてきた。企業は外資の意向を受けた物言う株主（アクティビスト）との対話に応じ、戦前の財閥、戦後の企業集団を構成していた企業との間の株式の持ち合いも減らしてきた。

終身雇用・年功序列型賃金・企業福祉などの日本的経営は解体され、株主の利益と効率的な経営が追求されるようになった。雇用に責任を持たないこのような野蛮な資本の論理は、日本の財界にとっても望むところであった。

図4-9　増大する株主への還元

TOPIX構成会社の株式配当金と自社株買いの推移

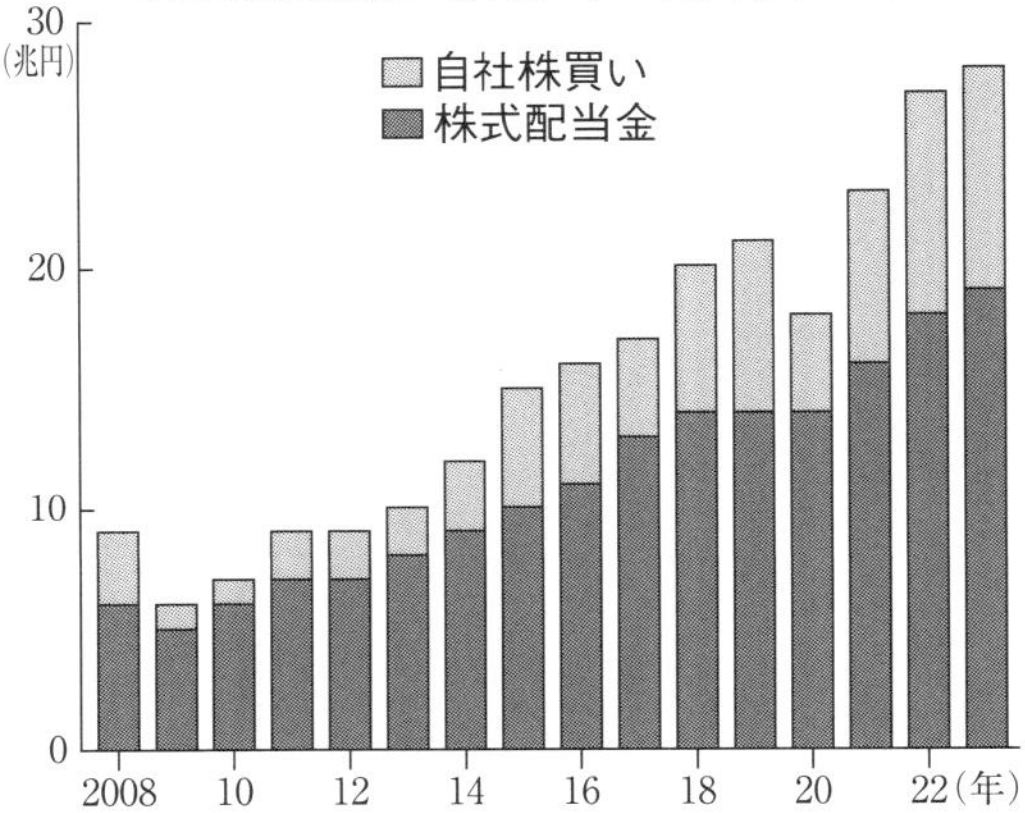

注：2023年は推定値
資料：Okasan Securities
出典：https://www.bloomberg.co.jp/news/articles/2024-05-09/SD5RFPT0G1KW00?srnd=cojp-v2

ブルームバーグ社[31]によれば、外資に支配された「株式会社ニッポン」の最大の特徴は、株主への年間配当総額がこの10年間で2倍を超える伸びを見せたことである。

株主への配当金の支払いと自社株買いの合計額は、東証株価指数（ＴＯＰＩＸ）構成企業２１６０社だけでも、２０１３年から23年の10年間で、10兆円（８兆円＋２兆円）から28兆円（19兆円＋９兆円）へ、２・８倍も増大した（図４—９）。株の配当金と自社株買いを合わせた株主への還元性向は、２０２３年度に53％に達したので、企業の純利益の半分以上が株主に還元されたことになる。

日本企業に株主への還元を求める外資などのもの言う株主は、６００兆円ほどに積み上がった内部留保金を取り崩し、株主へのさらなる還元を主張している。東京証券取引所が２０２４年から資本コストや株価を意識した経営に取り組む企業リストを公表し始めたことは[32]、内外の日本株投資家を鼓舞しているようである。

最大株主になった外資は、経営者トップへの監視を強化し、企業経営に徹底したコストカットを求めてきた。とりわけ人件費となる人員の整理と縮小、賃金の抑え込み、正規雇用から非正規雇用への転換など、労働者への過酷な搾取と収奪を強化してきた。

２０１３年から23年の10年間で２・８倍になった株主への還元額と対照的に、この間の賃金は抑え込まれ、横ばい状態であった。企業利潤は、株主への還元金と内部留保金に優先配分され、経済成長と国民生活を向上させるはずの設備投資や賃金には向けられなかった。

株主、とりわけ外資の株主は、企業経営において配当性向、株主資本利益率（ＲＯＥ）、一株当たり純利益（ＥＰＳ）などを最優先し、企業の設備投資や日本の経済成長、まして賃金や国民生活の向上にはまったく無関心というより、それを犠牲にして短期的な目先の株式配当金や株価上昇による保有株の時価総額の拡大を目指しているからである。これでは日本経済も国民生活も脆弱化する一方である。

年金積立金がハイリスクの対外投資へ

運用資産額が２２４兆７０２５億円（23年度第３四半期末現在）に達する世界最大の公的年金積立金を管理運用する年金積立金管理運用独立行政法人（ＧＰＩＦ）◆[33]は、年金積立金の運用において、米国の株式や国債などの金融資産投資に振り向ける割合を高めてきた（図４―10）。年金という長期貯蓄性のジャパンマネーは、短期資金や投機マネーとはまったく異なる長期投資資金の代表的なマネー

図4-10　GPIFの運用資産額と構成割合（2023年12月末）

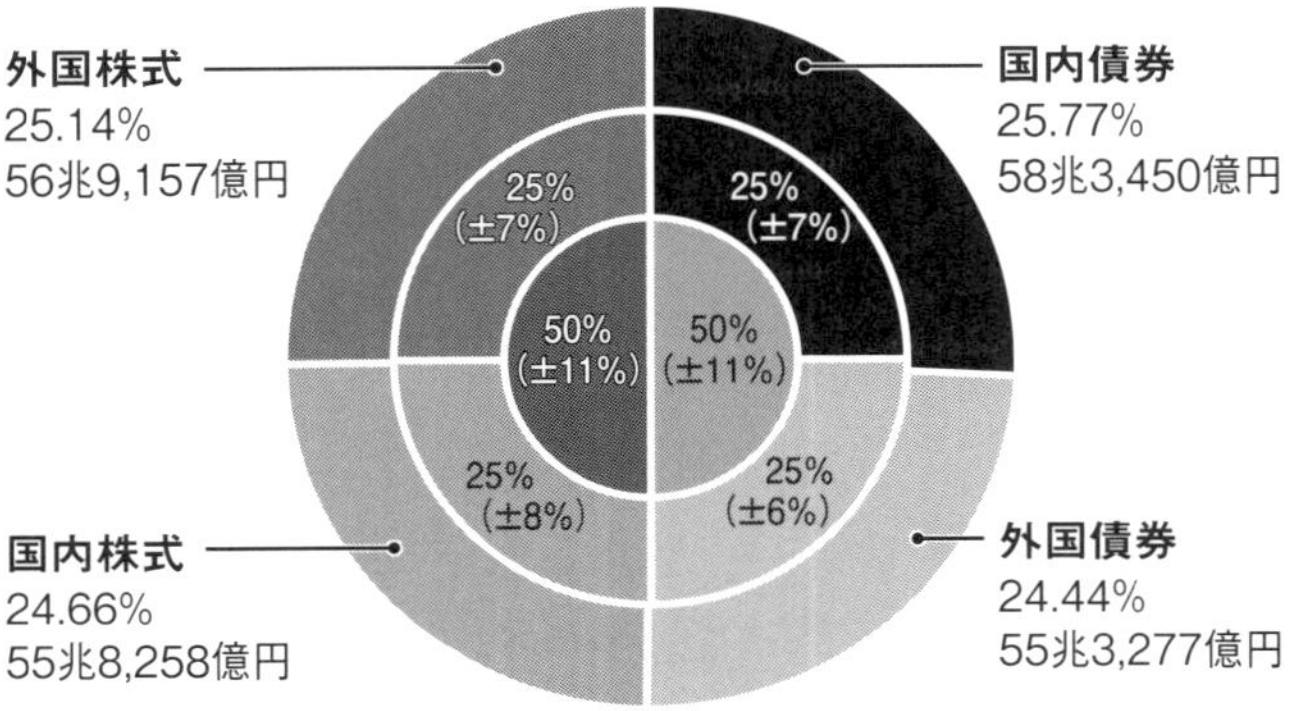

出典：GPIF「2023年度第3四半期運用情報（速報）」

なので、米国株や国債の長期にわたる高値圏での相場維持に貢献していると言ってよい。年金積立金という長期貯蓄性資金のほぼ半分がアメリカなどの海外投資に向かうことは、日本経済の脆弱化・空洞化を長期間促進することになる。

日本の金融システムをアメリカ型金融システムに大転換する金融ビッグバンが完了する２００１年度まで、国民年金・厚生年金・共済年金などの公的年金積立金は、郵便貯金とともにわが国の公的金融の担い手として、当時の大蔵省資金運用部資金特別会計に義務預託され、国債金利に連動した利回りで安全に運用されていた。

だが、公的金融システムの中に封じ込められた郵貯や年金積立金といった巨額の個人金融資産を民間金融市場に取り込もうとするアメリカ・ウォール街の対日圧力と国内の民間金融機関の内的圧力によって公的金融システムが解体され、民営化されてきた。

２００６年に設立されたＧＰＩＦは、年金積立金を内外のハイリスクの金融証券市場で運用するようになった。

株高を目論む第２次安倍政権が誕生すると、景気対策や株価対策目的で年金積立金が運用されるようになる。２０１４年10月、年金運用の構成比率は、国債中心の運用から、ハイリスクの内外株式への運用割合を倍増させ、12％（プラスマイナス６％）から25％（プラスマイナス８〜９％）に拡大された。この変更により、年金積立金の国内外への株式投資額は倍増した。株式への巨額の需要が発生し、株価は上昇した。第２次安倍政権以降、日本の株高に貢献したのは、流入した海外マネーだけでなく、日銀による株式ＥＴＦの大規模買入れとＧＰＩＦの株式運用枠の拡大であった。

「世界最大の機関投資家」になったＧＰＩＦだが、その巨額の資金運用は、ＧＰＩＦ自身でなく外部に委託される。厚生労働省所管の独立行政法人であるＧＰＩＦの年金積立金の運用は、民間の日系運用会社と外資系の運用会社の信託銀行や投資顧問会社に手数料を支払い、投資一任契約のもとで行われている。

ＧＰＩＦと投資一任契約を交わしているのは、内外の巨大な金融独占資本である。代表的な日系運用会社は、野村アセットマネジメント、三菱ＵＦＪ信託銀行、三井住友トラスト・アセットマネジメント、アセットマネジメントＯｎｅなどの３メガバンク系や２大証券系の運用会社であり、外資系の運用会社は、ゴールドマン・サックス・アセット・マネジメント、モルガン・スタンレー・インベストメント・マネジメント、ブラックロック・ジャパン、フィデリティ投信などの米ウォール街の代表

表 4-4　GPIF の保有株式銘柄上位 10 社

国内株式保有銘柄（時価総額順）

No.	銘柄名	時価総額（億円）
1	トヨタ自動車	18,063
2	ソニーグループ	14,865
3	キーエンス	10,196
4	三菱UFJフィナンシャル・グループ	9,607
5	日本電信電話	8,147
6	第一三共	7,478
7	三井住友フィナンシャルグループ	6,838
8	日立製作所	6,686
9	東京エレクトロン	6,676
10	信越化学工業	6,125
計	2,312銘柄	497,093

外国株式保有銘柄（時価総額順）

No.	銘柄名	時価総額（億円）
1	APPLE INC	22,620
2	MICROSOFT CORP	17,670
3	AMAZON.COM INC	8,194
4	NVIDIA CORP	6,178
5	ALPHABET INC-CL A	5,232
6	ALPHABET INC-CL C	4,836
7	TESLA INC	4,589
8	META PLATFORMS INC-CLASS A	4,135
9	UNITEDHEALTH GROUP INC	3,895
10	EXXON MOBIL CORP	3,735
計	3,366銘柄	486,856

出典：GPIF2022年度 業務概況書

的な運用会社である。

ＧＰＩＦは、毎年、これらの運用会社に巨額の管理運用委託手数料（２０２０～22年度の３年累計で２２４１億円、年間平均で７４７億円）を支払っている。２００１年以降の22年間の総額は６７２９億円に達する。この巨額の運用委託手数料の半分以上は、ウォール街の金融独占資本である外資系の運用会社に支払われている。◆34 運用会社との投資一任契約は、年金の運用に当たり、ＧＰＩＦの利益よりも担当者が所属する運用会社の運用方針を優先することになり、投資する株式の銘柄も一任されているので、自社との関係の深い企業やグループの親会社の株式へ投資を優先する傾向にある（表4―4）。

国民のほぼ3人に1人が65歳以上の超高齢社会の日本で、老後の生活を保障する公的年金の積立金が、内外の株式や投資信託などの元本保証のないハイリスクの金融商品に運用されている現状は危機的ですらある。株価が暴落したら老後の生活資金が内外の株式市場の泡となって消えてしまうからである。

まとめ

現代日本の経済社会を襲っている物価高と経済不況、各種ローン返済額の増大、資産格差、社会保障関連費の減額と消費税増税、といった国民生活を苦境に陥れる事態は新自由主義・市場原理主義のアベノミクスの負の遺産が異次元リスクとなって表面化したからであった。

他方で、株価が最高値を記録し、株式時価総額や配当金も戦後最高の水準となり、日本株を保有する海外投資家、企業・金融機関、富裕層の金融資産も戦後最高になった。株式保有と無縁の国民諸階層との間の資産格差と貧困が拡大した。円安は物価高となって国民生活を直撃したが、大企業は対外輸出を増大でき、戦後最高の利益を獲得している。

現代日本がこのような経済社会になったのは、国内要因だけでなく、世界各国からの金融収奪を意図するアメリカとウォール街の対日金融侵略と日本改造の結果でもある。為替相場や株式相場の乱高下に振り回される不安定経済は、日本がアメリカのようなカジノ型金融独占資本主義に転落したからである。

このような日本の経済再生は、憲法第25条に照らして、株主や金融独占資本の利益でなく、国民生活を充実するための抜本的な日本改造であり、対米従属国家からの離脱である。異次元リスクが表面化した日本を再建する大仕事は、カネあるものはカネを、知恵あるものは知恵を出し合い、主権者の国民生活と持続可能な日本経済を目指したオールジャパンの取り組みが不可欠である。この課題を実現できる新しい議会と政府の誕生が喫緊に求められる。

◆1　Ruth Carson　船曳三郎「円ショート、17年ぶり高水準——日銀利上げでも市場の力学変わらず」2024年4月8日。https://www.bloomberg.co.jp/news/articles/2024-04-08/SBLMX5T0G1KW00

◆2　占部絵美、横山桃花「足元の円安は『明らかに投機』、過度な変動容認せず——神田財務官」2024年3月25日。https://www.bloomberg.co.jp/news/articles/2024-03-24/SAVJAXT0AFB400

◆3　竹本能文「イエレン米財務長官と為替で緊密な意思疎通を確認＝鈴木財務相」2024年4月18日。https://jp.reuters.com/markets/japan/funds/IY2WH3MS2JITXALTR6RGFQFXKE-2024-04-17/

◆4　帝国データバンク「『食品主要195社』価格改定動向調——2024年3月」。

◆5　みずほリサーチ&テクノロジーズ「円安・原油高で長引く家計負担増」2024年4月25日。

◆6　日本経済新聞２０２３年10月25日付。
◆7　日本経済新聞２０２４年５月10日付。
◆8　International Monetary Fund, World Economic Outlook Database, October 2023.
◆9　日本経済新聞２０２４年４月７日付。
◆10　「ドル高、先進国より新興国に打撃　資本流出や輸入物価高で＝ＩＭＦ」。https://jp.reuters.com/article/world/-idUSKBN2YZ1YN/
◆11　日本経済新聞２０２４年４月５日付。
◆12　財務省は２０２４年５月31日、４月26日と５月29日の為替介入額の総額が９兆７８８５億円だったと発表した。月次ベースの介入額としては過去最大であった。だが、その効果は一時的であった。日銀の円買い介入は、大波にバケツで立ち向かうようなもので、すぐに元の円相場の水準に戻った。直接大波を起こしている通貨投機の犯人（ヘッジファンド、各国の民間や政府系の巨大ファンド、先進国の巨大金融独占資本など）へグローバルな金融規制をかけない以上、ＦＲＢ・ＥＣＢ・ＢＯＥ・ＢＯＪの共同行動ならまだしも、一国の中央銀行の為替介入だけではほとんど効果はない。
◆13　Jamie McGeever「コラム：投機筋の円売り越しが17年ぶり規模に拡大、買い戻しで大幅反転リスクも」２０２４年４月16日。https://jp.reuters.com/opinion/forex-forum/G4XRCCTR7JOE7HYHJEWVO4AMYI-2024-04-16/
◆14　Tom Maloney、Hema Parmar「アックマン氏、最小限の運用で大躍進――ヘッジファンド長者番付７位に」２０２４年２月21日。https://www.bloomberg.co.jp/news/articles/2024-02-20/

S95MEGDWLU6800

◆15　財務省「令和5年度中　国際収支状況（速報）の概要」、２０２４年5月10日。　https://www.mof.go.jp/policy/international_policy/reference/balance_of_payments/preliminary/pg2023fy.htm

◆16　日本銀行金融市場局「外国為替市況（日次）」、２０２４年5月10日　https://www.boj.or.jp/statistics/market/forex/fxdaily/index.htm

◆17　Gertrude Chavez-Dreyfuss「外貨準備高のドル比率、第２四半期は58・９％で横ばい＝ＩＭＦ」２０２３年10月２日。https://jp.reuters.com/markets/japan/funds/2B3WSGSFKFIHZOMIQ5OU2VLVK4-2023-10-02/

◆18　日本銀行国際局「２０２２年の国際収支統計および本邦対外資産負債残高」２０２３年7月、４ページ。

◆19　梅川崇、浦中大我「農中が今期５０００億円超の赤字に、米金利高で債券評価損2兆円に拡大」２０２４年5月22日。　https://www.bloomberg.co.jp/news/articles/2024-05-22/SDU0XDT1UM0W00

◆20　『レーニン全集』第22巻、大月書店、３２２ページ。

◆21　日本銀行「業態別の日銀当座預金残高１（２０２４年４月）」。https://www.boj.or.jp

◆22　財務省理財局『債務管理リポート――国の債務管理と公的債務の現状　２０２３』１５７ページ。

◆23　渡辺努「『賃金と物価の好循環』の現状と先行き」、経済財政諮問会議第17回資料7、２０２３年12月21日。２％の物価上昇は、国債残高１０００兆円・残存期間９・２年の期間で、複利で１・１９９倍も上昇するので、政府の債務負担は約１６６兆円軽減（１０００÷１・１９９＝８３４兆円）され

る。https://www.wic-net.com/material/document/12779

◆24 大和総研経済調査部：「日本経済見通し：２０２３年４月」２０２３年４月20日。https://www.dir.co.jp/report/research/economics/outlook/20230420_023759.pdf

◆25 鈴木英樹「3メガ決算軒並み好調、金利復活視野で「預金」に価値——利益押し上げ」２０２３年11月14日。https://www.bloomberg.co.jp/news/articles/2023-11-14/S43KV1T0AFB401

◆26 日本経済新聞２０２４年５月12日付。

◆27 日本経済新聞２０２４年５月１日付。

◆28 詳しくは、拙稿「経済のグローバル化と金融ビッグバン」（群馬大学教育学部紀要、人文・社会科学編、第50巻、２００１年）を参照されたい。

◆29 日米貿易摩擦などを経た後、アメリカ政府は本格的な日本改造に乗り出し、１９９４年から２００９年まで、毎年、日本政府に対して年次改革要望書（「日本における規制緩和、行政改革及び競争政策に関する日本政府に対する米国政府の要望書」など）を送り、日本政府は、金融ビッグバンや郵政民営化などのアメリカ政府の要望に従って日本を改造してきた。

◆30 松田遼「ゴールドマン・サックス米政府要職にＯＢ輩出の親密度　リーマン・ショックを生き残る」、『エコノミスト』２０１８年４月24日号、40～41ページ。

◆31 佐野日出之、Yasufumi Saito「日本株投資家を潤すガバナンス改革、年間配当総額は10年前の２倍超に」２０２４年５月９日。https://www.bloomberg.co.jp/news/articles/2024-05-09/SD5RFPT0G1KW00

◆32　東京証券取引所「『資本コストや株価を意識した経営の実現に向けた対応』に関する開示企業一覧表の公表について」。https://www.jpx.co.jp/news/1020/20240115-01.html

◆33　年金積立金管理運用独立行政法人（ＧＰＩＦ）ホームページ。https://www.gpif.go.jp/

◆34　佐々木憲昭「年金積立金はなぜ外資の餌食になったのか（下）」『経済』№３４０、２０２４年１月、１１６ページ。

◆35　注意されるべきは、確かに日本はアメリカとウォール街などの外資の侵略にさらされたが、日本の企業・金融機関・富裕層などの対外投資家も、アメリカ・ヨーロッパ・アジア諸国への対外投資によって、株式配当金や利子収入を獲得し、２０２３年で35・5兆円（国際収支における日本の第１次所得収支）もの金融収奪をおこなう「金利生活者国家」であることである。日本の金融ビッグバンの主要な推進者はアメリカのウォール街と財務省の複合体であったが、日本国内からの推進者は日本の企業・金融機関・富裕層であり、このような外的・内的圧力の相乗作用によって日本の金融ビッグバンは実現した。日本の経済再生は、このような内外の金融侵略者への規制と改革なくして実現できない、と言えるであろう。

第5章　「資産運用立国」と格差拡大・キャピタルフライト

――脆弱化する日本経済と米欧日金融独占資本の収奪

政府の2023年「骨太方針」は、「成長と分配の好循環」によって「所得倍増」を実現する当初の「新しい資本主義」の方針を180度転換し、「所得倍増」でなく、「資産所得倍増」と「資産運用立国」にすり替えられた。

「所得倍増」なら多数の勤労者の給与所得が含まれる。だが、「資産所得倍増」となると、勤労によって発生する給与所得は含まれず、すでに蓄えられた資産の運用から発生する利子所得・配当所得・不動産所得などの資産所得を倍増させるだけである。大多数の国民の所得はいうまでもなく給与所得に依存し、資産所得とはほとんど無縁である。そもそも日本の3割の世帯は金融資産を保有しない。◆1

したがって、「資産所得倍増」をめざす「骨太方針」の特徴は、給与所得に依存する多数の勤労者と預貯金や株式などの金融資産を持たない3割の世帯をはじめから切り捨て、すでに金融資産や不動産などを保有する富裕層・内外の投資家・大企業などの資産保有層の資産を倍増させようとする国づくりである。今後の日本社会は、持つ者（the haves）と持たざる者（the have not's）との間で、深刻な資産格差が表面化し、社会の分断と摩擦が激しさを増すであろう。

しかも、政府は、「資産所得倍増」・「資産運用立国」を実現するために、元本保証型の預貯金として安全に運用されている多数の国民の金融資産を、株式・投資信託・外貨建て資産などのハイリスク・ハイリターン型の金融商品に誘導し、「1億総投資家」社会をめざしている。政府に呼応した日銀は、目前のインフレ物価高を放置し、異次元金融緩和政策と超低金利に固執しているので、内外金利格差は拡大し、海外の高金利金融商品を求めて国内マネーが海外に流出するキャピタルフライト（資本逃避）が加速し、日本の国内経済は脆弱《ぜいじやく》化してきた。

「資産所得倍増」をめざす「骨太方針」は、株式バブルの膨張と崩壊、アメリカ主導の「金融ビッグバン改革」などで「株式会社ニッポン」の最大株主が外国資本になり、日本の勤労者の給与所得が削減される一方、株式の配当金は増大し、しかも株式配当金の最大の受け手は外国資本になっていることなど、この間の「失われた30年」の教訓がまったく無視されている。

この章の目的は、「資産所得倍増」・「資産運用立国」をめざす「骨太方針」が日本の経済と社会にどのような影響を与えるのかを検討することである。

1　ニューヨークでトップセールスの首相

「ニューヨーク経済クラブ」での勧誘

２０２３年６月に閣議決定された「骨太方針」（「経済財政運営と改革の基本方針２０２３――加速する新しい資本主義」[◆2]）は、「資産運用立国」を実現するために、「２０００兆円の家計金融資産を開放」

し、「世界の金融センターとしての発展」をめざしている。２０２３年は「資産所得倍増元年」（23年9月の全国証券大会での岸田文雄首相発言）とされた。

この新しい「骨太方針」を携えて、岸田首相はトップセールス（23年9月21日、ニューヨーク講演）を展開し、世界の金融関係者が集まるニューヨーク経済クラブで次のように挨拶する。「本日は、伝統あるニューヨーク経済クラブで、こうして多くの米国を代表する財界人の皆さんにお話しする機会をいただき、感謝申し上げる。資本主義の中心であるここニューヨークを訪れたことをうれしく思う」と謝意を示した後、日本での資産運用と投資を勧誘し、「海外からの参入を促進するため、資産運用特区[3]を創設し、英語のみで行政対応が完結するよう規制改革し、ビジネス環境や生活環境の整備を重点的に進める。世界の投資家のニーズに沿った改革を進めるため、皆さんにも参加いただいて、日米を基軸に、資産運用フォーラムを立ち上げたい[4]」と呼びかけた。

この呼びかけに即賛同したのが各国で資産運用業を展開する世界最大の資産運用会社米ブラックロック社（その幹部は米財務省上級顧問や副大統領の補佐官であり、米政権と緊密な関係にある資産運用会社）であった。講演後の質疑応答には、ブラックロックなど、世界の金融界を代表する経営者ら２００人ほどが参加した。

ニューヨーク経済クラブでの首相講演の4日後、日本国内では海外投資家・資産運用会社向けに金融庁主催のイベント「Japan Weeks」が開催される。その目的は、「海外の投資家や資産運用会社等を集中的に日本に招致し、国際金融センターの実現に向けた日本政府の関連施策や、日本の金融資本市場としての魅力等を情報発信するため[5]」であった。政府自ら海外の資産運用会社を招くこのような「運用開国」イベントを開催する。

金融庁は、2023年9月25日から10月6日を「Japan Weeks」と位置付け、貯蓄から投資への促進、資産運用立国等に関する各種イベントを開催した。この期間中、岸田首相は「グローバル投資家とのラウンドテーブル」と題し、各種の金融商品・年金・保険などを運用する海外の機関投資家や資産運用会社のほか、国内金融機関の代表ら約30社を官邸に招待した。大テーブルを囲んだ懇談会の様子がテレビで報道されたが、岸田首相の隣に着席していたのは「ニューヨーク経済クラブ」で岸田首相の呼びかけに即賛同した米資産運用会社ブラックロックのラリー・フィンク最高経営責任者（CEO）であった。彼は、意見交換会の席上、資産運用立国を掲げている日本が「驚異的な経済的変貌の途上にある[6]」と挨拶した。この挨拶から、「資産運用立国」日本を立ち上げる仕事はブラックロックが担う、との暗黙のメッセージを読み解くことができる。事実、ブラックロック・ジャパンは、日本市場への投資機会を海外投資家に提供する業務を強化し、日本株アクティブ運用に関わる陣容を昨年来約2割も増大させてきている。

「資産運用大国」アメリカと「ウォール街を占拠せよ」

岸田首相がニューヨークまで出かけて訴えているように、日本政府のめざそうとする資産運用立国のお手本は、現代資本主義のトップランナーであり、各国金融機関が集積し国際金融センターとして

図 5-1　米英日の家計金融資産の構成

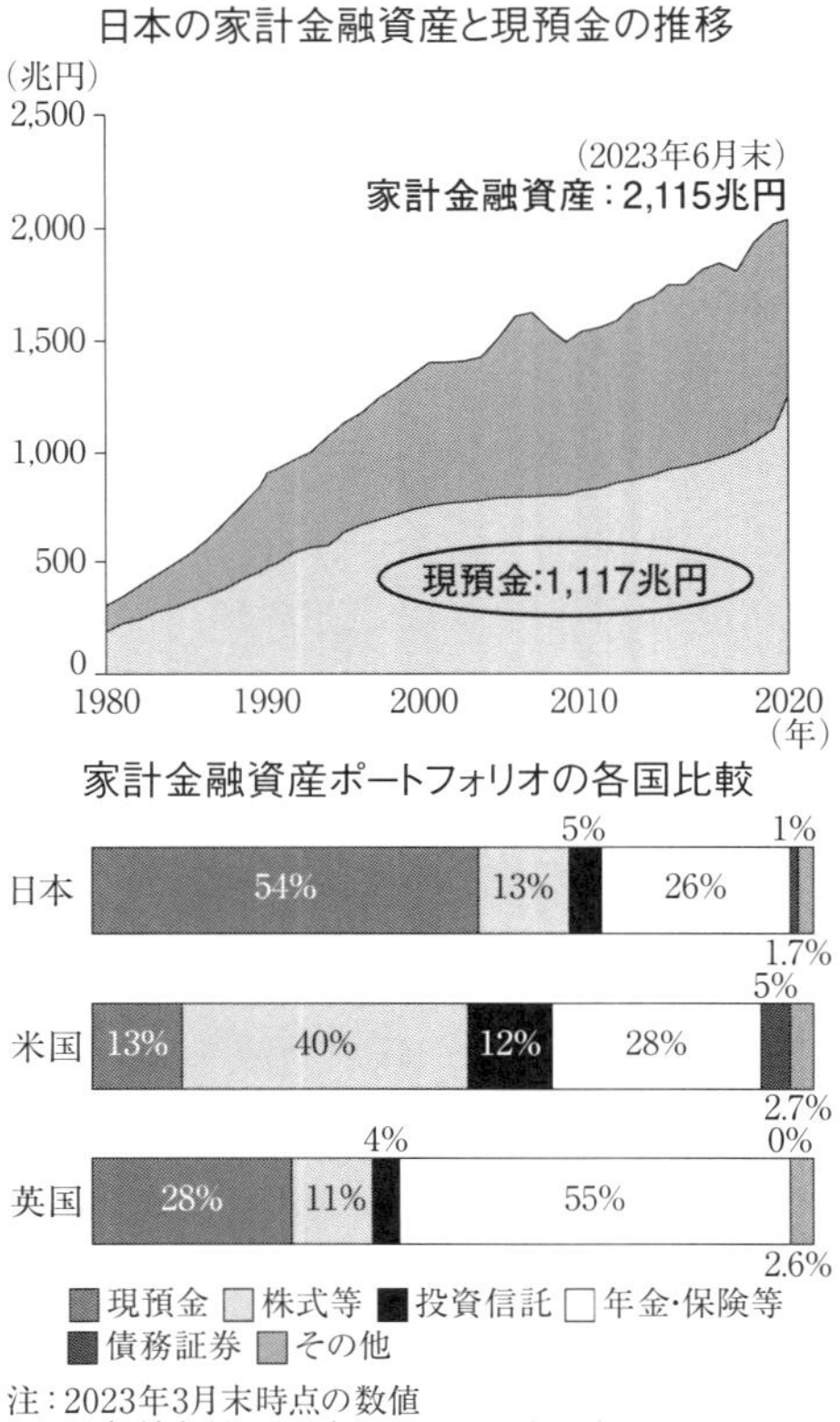

注：2023年3月末時点の数値
出典：各種資料より、金融庁作成。内閣官房 新しい資本主義実現本部事務局、第1回資産運用立国分科会配布資料、2023年10月4日

機能しているニューヨーク・ウォール街を抱えるアメリカである。

「貯蓄から投資」というより「投資こそすべて」のアメリカでは、資産運用において、ローリスク・ローリターンの元本保証型の預貯金の割合は極端に低く、元本保証のないハイリスク・ハイリターン型の株式・債券・投資信託などの金融商品に偏倚《へんい》した資産運用が行われている。

日米英の主要3カ国の家計金融資産のポートフォリオ（資産構成）を比較すると（図5―1）、著しく異なっていることがわかる。第1に、運用に当たって損失を抱えることのない元本保証型金融資産の現預金の割合を見ると、日本は米英と比較して極端に高く、54%に達しているが、米国はわずか13%にすぎず、英国でも28%である。第2に、ハイリスク・ハイリターン型の株式・投資信託の割合をみると、米国は最大の52%に達しているが、英国や日本はわずか15~18%にすぎない。

日本の家計は、バブル崩壊後や異次元金融緩和政策の超低金利下にあっても、預貯金を引き出して株式や投資信託などのハイリスク・ハイリターン型の金融商品の投資に回すようなことはしていない。データで遡れる1970年以降、銀行の預金額が対前年比で減少したことはない。日本の家計は安全・安心の石橋を叩いて渡るような資産運用を行っている。だが、米国の家計の資産運用はハイリスク・ハイリターン型の金融商品が最大の割合を占め、損失やリスク覚悟の「投資こそすべて」の運用が行われている。米国は文字通り世界最高・最大の資産運用立国にほかならない。「ニューヨーク経済クラブ」での首相の挨拶が示すように、日本政府のめざす「資産運用立国」のお手本はアメリカである。

周知のように、近年、フランスの経済学者トマ・ピケティは、資本主義経済とは、歴史的に資本の収益率（return）の方が経済成長率（growth）を上回り、資本とマネーを運用する者の収益率が実体経済の利潤率や賃金の伸びを上回る経済システム（r>g）[◆7]であることを証明し、その著作が世界のベストセラーとなった。資本主義とは、本質的に、持つ者と持たざる者との経済格差を拡大するシステムであった。

トマ・ピケティらが運営する「世界不平等研究所」（本部・パリ）のリポート[◆8]によれば、1995

年から2021年にかけて、世界の上位1％の超富裕層の資産は世界全体の個人資産の37・8％を占めたが、その多くを勤労所得に依存する下位50％の資産は全体の2％にとどまった。とくに最上位の2750人だけで3・5％に当たる13兆ドル（約1500兆円）超を占めた。上位10％では全体の75・6％を占めた。1990年代半ば以降に世界全体で増えた資産の38％を上位1％が占めていた。とくにアメリカの資産格差は深刻であり、上位1％の超富裕層の資産は全体の42％を占める。代表的な金融資産の株式保有は資産格差の主な要因であるが、アメリカの上位1％の株式保有割合は全米の50％強、上位10％なら88％強に達している。◆9

アメリカでは住宅の購入は、多くの人々にとってアメリカンドリームを実現することだが、その住宅へのニーズを逆手に取り、人々の生存権までウォール街のハイリスク・ハイリターン型の金融商品市場に動員し、崩壊のリスクが所得の低いアメリカの一般国民に転嫁された。だが、ウォール街の大手金融機関は連邦財政の資金援助やＦＲＢの金融緩和政策で救済された。これが、2008年のリーマン・ショックであった。

リーマン・ショックの張本人、ウォール街の大手投資銀行リーマンブラザーズのＣＥＯリチャード・Ｓ・ファルド・ジュニアは、14年間の在職期間に約526億円の報酬を受け取っていた。だが、約5000万人の米国民は住宅を取り上げられ、失業し、食べることすら困難な事態に追い込まれた。ウォール街の金融機関の幹部たちは毎年30億～40億円のボーナスを受け取っているが、このような強欲な「ウォール街を占拠せよ◆10」という広範な市民運動は全米、さらにはヨーロッパの主要都市で表面化した。
近年のグローバル化と新自由主義政策が促進した資産格差と貧困問題は、国連なども無視できないまでに深刻化してきている。それは「資産運用立国」アメリカにおける一握りの者への富の集中とカネに支配された政治の実態などによって証明される。高田太久吉氏の研究によれば[11]、リーマン・ショックや各種のバブル崩壊などの金融・経済危機の原因は、格差の拡大と富の集中であり、格差が拡大すると経済自体が不安定化することにある。リーマン・ショックは、「資産運用立国」をめざす日本の将来の姿かもしれない。

2 「資産運用立国」が拡大する経済格差

「資産所得倍増プラン」

「新しい資本主義実現会議」(22年11月首相官邸)の「資産所得倍増プラン」[12]は、株式や投資信託などのハイリスク・ハイリターン型の金融商品投資が盛んな米英に追いつき追い越せとばかり次のように提案する。「我が国の家計に眠る現預金を投資につなげ、家計の勤労所得に加え金融資産所得も増やしていくことが重要である」、「米国や英国では、中間層でも気軽に上場株式・投資信託に投資できる環境が整備されており、米国では20年間で家計金融資産が３・４倍、英国では２・３倍になっているが、我が国では１・４倍に留まっているのは、こうした投資環境の違いが背景にある」など。「資産所得倍増プラン」は、預貯金でなく株式や投資信託で運用していないから米英に比較して日本の金融資産が増えないのだ、と指摘する。だが、この指摘は結果論である。日本のバブル崩壊を経験した年配の多くの家計はハイリスクの株式や投資信託への投資を躊躇する傾向にあったこと、この20年間、米英はＩＴバブル崩壊、リーマン・ショック、コロナ禍などへの対策のために、大規模財政出動と非伝統的な超金融緩和政策が採用され、財政ルートや中央銀行から供給された過剰なマネーが株式や投資信託市場に流入し、金融資産バブルが発生していたこと、などの特殊な背景を無視している。

この20年間、米国の経済規模は10・５兆ドルから25・４兆ドルへ２・４倍しか増大していないのに、米ＦＲＢの資産は０・66兆ドルから８・９兆ドルへ13倍も増大した。実体経済の成長をはるかに上回る過剰なマネーが供給されてきた。この過剰なマネーは手っ取り早い利益を求めて不動産市場や各種の金融・証券市場に流入し、資産価格を吊り上げた。株式や不動産などの資産を保有する富裕層や投資家にとって、この20年間は我が世の春を謳歌《おうか》する恵まれたバブリーな時代であった。

「資産運用立国」の根本問題

「貯蓄から投資へ」を重視する「資産運用立国」の基本的な特徴は、所得が低くてそもそも貯蓄などできない1623万世帯（全5410万世帯の約3割に達する）の利益や権利をはじめから切り捨てていることである。周知のように、日本国憲法第25条は「すべて国民は、健康で文化的な最低限度の生活を営む権利を有する。②国は、すべての生活部面について、社会福祉、社会保障及び公衆衛生の向上及び増進に努めなければならない。」、と国民の生存権と国の責任を明記しているが、政府の「資産運用立国」という骨太方針は、金持ち優遇の国づくりであり、金融資産を持たない約3割の世帯をはじめから除外する不公正で差別的な方針である。

もう一つの特徴は、資産運用のリスクを銀行部門から家計部門に転嫁させることである。資本主義経済下において、家計部門のマネーが実体経済の営みに貢献するためには、企業部門に投入されなければならないが、その投入のルートは、大別して二つである。

第1に、従来の日本型金融のような間接金融方式＝国民が手持ちのマネーを銀行へ元本保証の預貯金として運用し、それを銀行が企業に貸し出すルートである。この方式では、資金運用のリスクは銀行の貸出金が返済不能になり不良債権（バブル崩壊後では100兆円を超過）となって積み上がり、銀行の経営を直撃する。間接金融のリスクは銀行に転嫁されるが、国民の預貯金は元本が保証されているので、安全圏に置かれ、損失は発生しない。

第2に、アメリカ型金融のような直接金融方式＝国民が手持ちのマネーを価格変動リスクのある株式や社債、その他の金融商品などへ自己責任で直接投資するルートである。この方式では、資金運用のリスクは価格・配当金の下落ないしゼロとなって国民の投資マネーを直撃し、直接金融のリスクは投資家の国民に転嫁される。だが、仲介した証券会社や銀行などは安全圏に置かれ、損失は発生しない。すでに金融機関は国民から仲介料や投資顧問などの各種の手数料収入を獲得している。

そもそも「金融立国」「資産運用立国」などといった、金融や資産運用で「立国」をめざす国のあり方は、株価や為替の相場変動に振り回される不安定な国民経済を営むことを意味する。というのも、代表的な金融資産である株式や国債の本質は、株式会社に配当金を請求したり、政府に利子を請求できる単なる資金請求権を持つ証券にすぎず、それ自体価値の実体を持たない架空資本[13]だからである。しかも国際情勢や天変地異など、何らかの偶発的な要因で価格が変動し、資産価値も増減する不安定な資産なので、このようなハイリスクの資産を国づくりの柱にすること自体が、日々変わることなく安全に営まれるべき国民生活を初めから無視した国づくりといえよう。

豊かさとは、暮らしを満たしてくれる財やサービスに恵まれていることなのであって、金融資産が増えることではない。金融資産の増殖は利益追求に走る資本主義経済の論理であって、国民の暮らしの論理ではない。そもそも暮らしが危機的事態に陥ったとき、人々にとって必要なのは、目前のマネーや金融資産そのものでなく、食料や生活雑貨や医療サービスにほかならない。マネーがあれば何でも買えるといっても、買うべき物やサービスがなかったら、マネーはなんの役にも立たないからである。

金融（finance）とは、それ自体使用価値（財やサービス）を生産せず、ただマネーを融通するに過ぎない経済活動である。また資産運用（asset management）も、「資産運用立国」では、元本保証型の預貯金ではなく、リスクを伴う投資ないし投機で手持ちの資産を増やそうとする経済活動である。したがって、金融や資産運用の盛んな「資産運用立国」の現代の見本の国というなら、それはウォール街に主導される米国のようなバブル経済の膨張と崩壊を繰り返す不安定経済の国であり、他者や他国に対する「金融収奪国」「資産収奪国」であり、内外で資産格差と貧富の格差を拡大する国である。これが政府が目指そうとする「資産運用立国」日本の未来の姿である。ここには、かつてドイツと並ぶ「ものづくり大国」日本の姿はない。

膨張する金融経済と拡大する格差

実体経済の豊かさでなく、「資産運用立国」を実現しようとする経済的な背景は、①預貯金を中心にした2115兆円に達する日本家計の金融資産を取り込もうとする米欧日金融独占資本の市場開拓戦略であり、②現代資本主義諸国の資本蓄積のターゲットが実体経済から金融経済へ移行してきていることにある。

人や企業経営にとって有用な使用価値の生産と消費は、質量をともなっているので、時間と空間の制限を受けてしまう。そのような実体経済を営むよりも、現代資本の強欲な蓄積様式は、グローバルに接続したインターネットやデジタル経済を利用し、時間と空間の制限を突破した金融ビジネスによる利益追求をめざす。経済の金融化や金融の証券化が進展するが、それは、金融的術策を駆使した剰余価値のぶんどり合戦にシフトした現代のカジノ型金融独占資本主義の必然的な帰結、といえよう。

図 5-2　日本の階層別の純金融資産保有額・世帯数の推移

純金融資産保有額の階層別にみた保有資産規模と世帯数

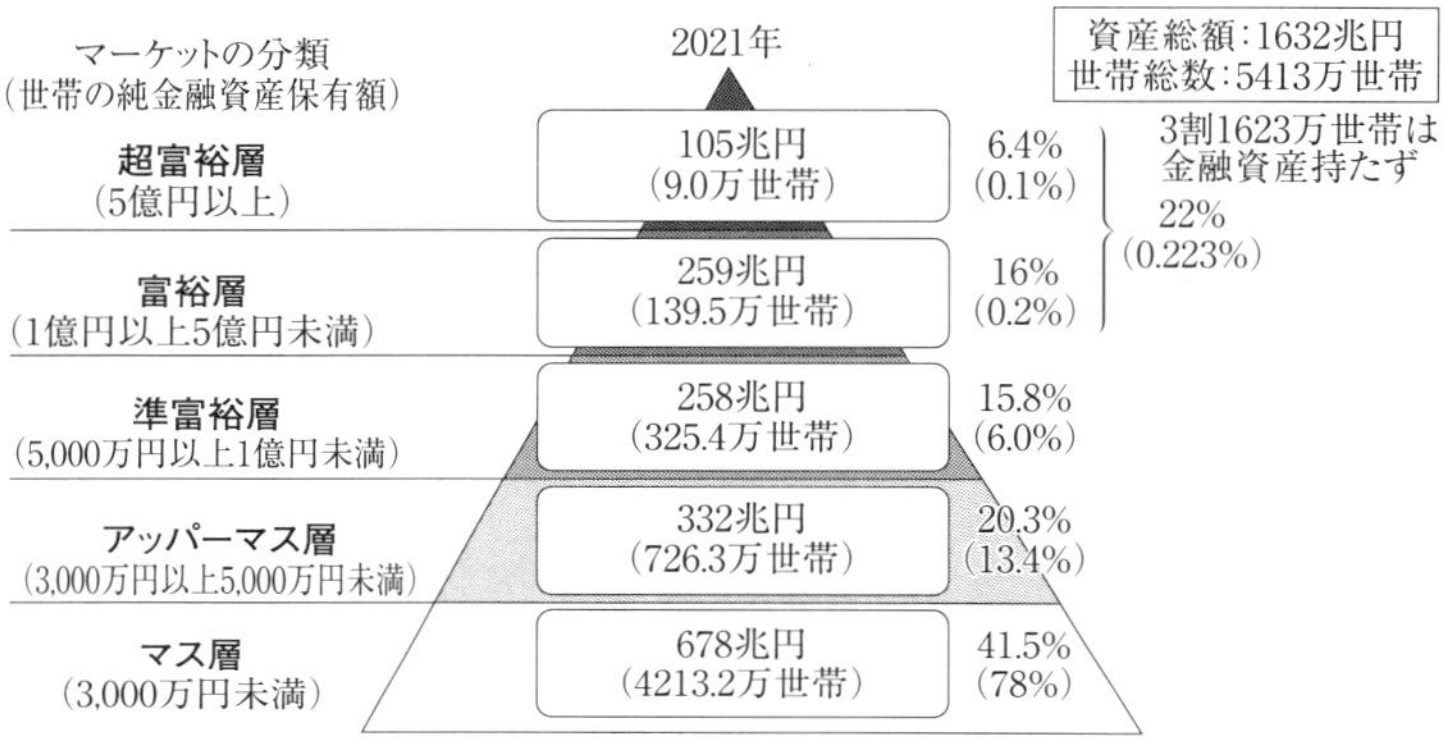

階層別の純金融資産保有額・世帯数の推移

		2005年	2007年	2009年	2011年	2013年	2015年	2017年	2019年	2021年	(21/05)
超富裕層	純金融資産(兆円)	46	65	45	44	73	75	84	97	105	2.3倍
	世帯数(万世帯)	5.2	6.1	5.0	5.0	5.4	7.3	8.4	8.7	9.0	1.7倍
富裕層	純金融資産(兆円)	167	189	150	144	168	197	215	236	259	1.6倍
	世帯数(万世帯)	81.3	84.2	79.5	76.0	95.3	114.4	118.3	124.0	139.5	1.7倍
準富裕層	純金融資産(兆円)	182	195	181	196	242	245	247	255	258	1.4倍
	世帯数(万世帯)	280.4	271.1	269.8	268.7	315.2	314.9	322.2	341.8	325.4	1.2倍
アッパーマス層	純金融資産(兆円)	246	254	225	254	264	282	320	310	332	1.3倍
	世帯数(万世帯)	701.9	659.8	639.2	638.4	651.7	680.8	720.3	712.1	726.3	1.0倍
マス層	純金融資産(兆円)	512	470	480	500	539	603	673	656	678	1.3倍
	世帯数(万世帯)	3,831.5	3,940.0	4,015.8	4,048.2	4,182.7	4,173.0	4,203.1	4,215.7	4,213.2	1.1倍

注：富裕層とは純金融資産1億円以上保有、マス層は3,000万円未満保有。マス層の38%(1623万世帯)は金融資産を保有せず
出典：野村総合研究所、News Release、2023年3月1日

マネーや金融資産を保有するサイドは、多様な金融ビジネスを駆使することによって保有するマネーや金融資産を驚異的なスピードでグローバルに増殖させることができるようになった。アメリカほどでないにせよ、すでに日本世帯の資産格差は拡大してきている（図5―2）。

マネーと金融資産の増殖にとって、中央銀行の金融緩和政策や株価対策は、金融や株式バブルを膨張させるガソリンになる。日本取引所グループによれば、[14] 2018年10月31日の株式時価総額は、634兆8055億円だったが、同日に保有する日銀のETF累計額（簿価ベース）は22兆2796億円であり、日銀は株式時価総額の3・5％を単独で保有する大株主になった。ロイター社は、「日経平均は日銀のETF買入で3000円程度かさ上げされている」[15] との説を紹介し、官製株式バブルの規模を推計する。

世界の長者番付を毎年発表する米フォーブス誌の2024年版によれば、[16] 保有資産額が10億ドル（約1500億円）を超える富豪「ビリオネア」の数は、過去最多の2781人を記録し、その資産総額は14兆2000億ドル（約2150兆円）と、過去最高を記録した。資産の増加幅が最も大きく、上位に食い込んだのは、株価が3倍近くも高騰し、1年で資産を1126億ドルも増やしたメタ社のマーク・ザッカーバーグCEO（ランキング4位・1770億ドル・約26兆8000億円）はじめ、ニューヨークの株式市場で株高を牽引してきたGAFAMなどのIT企業のCEOたちであった。資産の膨張と格差を拡大するエンジンは株価であった。米企業のCEOの報酬額は従業員の給与の約200倍に達し、富の偏在を示すジニ係数は0・48に上昇し、今やアメリカの格差は、「騒乱警戒ライン」

を超える水準に達している。[17]
アメリカのような「資産運用立国」の行き着く先は、株価に牽引《けんいん》された資産格差の拡大であり、日本に参入した外資の金融収奪であり、またキャピタルフライトでますます脆弱化する日本経済であるようだ。

3　NISAの拡充とキャピタルフライト

老後資金不足2000万円キャンペーン

人生100年時代になり、老後の生活には2000万円が不足する、との世論がメディアに登場したのは金融庁・金融審議会市場ワーキング・グループ報告書「高齢社会における資産形成・管理」(2019年6月3日)がきっかけだった。すなわち、「夫65歳以上、妻60歳以上の夫婦のみの無職の世帯では毎月の不足額の平均は約5万円であり、まだ20～30年の人生があるとすれば、不足額の総額は単純計算で1300万円～2000万円になる。……老後の生活において公的年金以外で賄わなければいけない金額がどの程度になるか、考えてみることである。……保有している金融資産や退職金などを踏まえて後の資産管理をどう行っていくかなど、生涯に亘《わた》る計画的な長期の資産形成・管理の重要性を認識することが重要である」。
この報告書が公表されると、新聞など各種メディアはいっせいに老後資金不足2000万円問題を報道する。たとえば、「金融庁は3日、人生100年時代を見据えた資産形成を促す報告書をまとめた。長寿化によって会社を定年退職した後の人生が延びるため、95歳まで生きるには夫婦で約2千万円の金融資産の取り崩しが必要になるとの試算を示した。公的年金制度に頼った生活設計だけでは資金不足に陥る可能性に触れ、長期・分散型の資産運用の重要性を強調した」など。[18][19]
金融庁や金融業界が「生涯に亘る計画的な長期の資産形成・管理」のための制度として推奨するのは、第2次安倍政権（アベノミクス）下の2014年1月にスタートした個人投資家のための税制優遇制度である少額投資非課税制度（NISA＝Nippon Individual Saving Account）である。株価吊り上げを目指した当時の安倍政権と預貯金に封じ込められたマネーを投資に取り込みたい証券業界などの思惑からNISAが船出した。
金融庁の最近の調査[20]によれば、2014年以来のNISA口座の利用状況は、2024年3月末現在、口座数の総計で2322万口座、買付額の合計で41・6兆円に達している。23年12月現在でその内訳を見ると、口座数では一般1162万口座、つみたて974万口座、ジュニア127万口座であり、買付額では一般30・8兆円、つみたて4・5兆円、ジュニア1・2兆円である。2014年の買付額は1・3兆円だったので、10年間で32倍も増加したことになる。これは他の経済指標と比較して驚異的な伸びを示している。

ＮＩＳＡの驚異的な伸びの背景には、アメリカの大手資産運用会社のフィデリティ・インターナショナルが２０２２年7月末に実施した調査によれば[21]、「老後資金ゼロ」と回答した割合が50～60代で約2割、30～40代で3割強、20代になると約半数に達していたことなどが老後資金不安に火をつけたからであろう。

ＮＩＳＡが誘導する「1億総投資家」社会

周知のように、多数の日本国民が利用する預貯金の利子や通常の投資で発生した利益には20・315％が課税される。だが、ＮＩＳＡ口座で運用した利益（株式や投資信託などの配当金・分配金・売却益など）は非課税である。とくに２０２４年1月からスタートする新型ＮＩＳＡは、①非課税保有期間の無期限化、②口座開設期間の恒久化、③年間投資枠の大幅拡大などで投資家サイドの利便性が向上する。新型ＮＩＳＡがスタートすると、国内のみならず海外の資産運用会社からも２０００兆円を超える日本の家計金融資産の一角が、いよいよマーケットに本格的に流入し始めるのではないかとの熱い期待を誘発した。

政府にとっても新型ＮＩＳＡは、「資産運用立国」の重要な柱として位置付けられている。総額で約２１１４・９兆円の日本の個人金融資産の半分以上を占める１１１７・４兆円が0％近傍の金利のつかない預貯金として運用されている。仮にこのうちの1％が新型ＮＩＳＡを介して、内外の株式市場などに大量に流入するだけでも、その規模は年間11兆円を超える個人マネーの流入となる。多くの個人投資家たちが、株式の配当金、売買差益、投資信託の分配金などを競争して追求する「資産運用立国」が立ち上がり、「1億総投資家」社会が出現するからである。

非課税という優遇措置で国民を「貯蓄から投資」の世界に誘導するNISAの金融商品としての設計は、以下の特徴と問題点を抱えている。2014年の設立以降順次拡充されてきたNISAであったが、2024年1月からは証券界も驚くほどのNISAの恒久化と非課税枠が拡大される（図5―3）。

第1に、NISAは時事刻々変動する株式や投資信託にマネーを投資する制度なので、投資したマネーの元本は絶えず増減を繰り返し、元本が保証されず、場合によって元本割れと損失が発生する。

第2に、投資先は自己責任で決めなければならず、内外の多種多様の株式銘柄や投資信託の特徴と問題点を理解したうえで、NISA口座を開設する金融機関、投資する金融商品、運用後の売却のタイミング、などを判断しなければ、投資に失敗するリスクにさらされる。これはNISAを利用すると、日々の生活が株価や為替相場の動向に追い立てられ、振り回されることになる。

第3に、ほかのNISA制度との併用が禁止されているので、最初に開設したNISA口座と担当金融機関に拘束され、個人投資家より内外の金融機関の利益と都合を優先している。

すでに見たように、米英に比較すると、日本国民の資産運用は価格変動で元本割れのある株式投資などを避け、元本保証型の預貯金にシフトしている。だが、NISAは貯蓄よりもハイリスク・ハイリターン型の投資で発生した利益を優遇する税制であり、日本国民の「1億総投資家」を目指す税制

図 5-3　拡充された少額投資非課税制度（NISA）

〈2023年までのNISA〉

（2023年まで）

	NISA（20歳以上）		ジュニアNISA（20歳未満）
	一般NISA	つみたてNISA	
制度開始	2014年1月から	2018年1月から	2016年4月から
非課税保有期間	5年間	20年間	5年間 ※ただし、2023年末以降に非課税期間が終了するものについては、20歳まで非課税で保有を継続可能。
年間非課税枠	120万円	40万円	80万円
投資可能商品	上場株式・ETF・公募株式投信・REIT等	長期・積立・分散投資に適した一定の投資信託 ※金融庁への届出が必要	一般NISAと同じ
買付方法	通常の買付け・積立投資	積立投資（累積投資契約に基づく買付け）のみ	一般NISAと同じ
払出し制限	なし	なし	あり（18歳まで） ※災害等やむを得ない場合には、非課税での払出し可能。
備考	一般とつみたてNISAは年単位で選択制 2023年1月以降は18歳以上が利用可能		2023年末で終了

〈2024年からのNISA〉

	つみたて投資枠	併用可　**成長投資枠**
年間投資枠	120万円	240万円
非課税保有期間（注1）	無期限化	無期限化
非課税保有限度額（総枠）（注2）	1,800万円 ※簿価残高方式で管理（枠の再利用が可能）	1,200万円（内数）
口座開設期間	恒久化	恒久化
投資対象商品	長期の積立・分散投資に適した一定の投資信託 〔現行のつみたてNISA対象商品と同様〕	上場株式・投資信託等（注3） 〔①整理・監理銘柄の信託期間20年未満、毎月分配型の投資信託及びデリバティブ取引を用いた一定の投資信託等を除外〕
対象年齢	18歳以上	18歳以上
現行制度との関係	2023年末までに現行の一般NISA及びつみたてNISA制度において投資した商品は、新しい制度の外枠で、現行制度における非課税措置を運用 ※現行制度から新しい制度へのロールオーバーは不可	

注1：非課税保有期間の無期限化に伴い、現行のつみたてNISAと同様、定期的に利用者の住所等を確認し、制度の適正な運用を担保

注2：利用者それぞれの非課税保有限度額については、金融機関から一定のクラウドを利用して提供された情報を国税庁において管理

注3：金融機関による「成長投資枠」を使った回転売買への勧誘行為に対し、金融庁が監督指針を改正し、法令に基づき監督及びモニタリングを実施

注4：2023年末までにジュニアNISAにおいて投資した商品は、5年間の非課税期間が終了しても、所定の手続きを経ることで、18歳になるまでは非課税措置が受けられることとなっているが、今回、その手続きを省略することとし、利用者の利便性向上を手当て

出典：金融庁https://www.fsa.go.jp/policy/nisa2/about/index.html

ともいえる。

「投資」に関する日本国民の一般的な認識は、投資はギャンブルだとの認識が一般的であり、日本の若者は年配の親戚や親から投資のアドバイスを求めることはほとんどできない。先ほど引用したフィデリティ・インターナショナルの調査でも、回答者1万人のうち約半数が、NISA制度は知っているが、投資方法や投資対象、仕組みについて不安があると答えた。これは投資に関する健全な認識と言える。

だが近年、インフレ物価高に直撃され、銀行預金などの金融資産が目減りし、価値を失う経済情勢に突入したため、自分の金融資産を守り、できれば増やそうとする若い世代が資金運用の矛先を株式投資にシフトさせている。[22]日本証券業協会によれば、証券会社のNISA総口座数は、2023年6月末、1290万口座（買付額24兆6609億円）に達し、20年末比で、口座数で1・4倍、買付額で1・6倍も増加した。NISAの急拡大を牽引したのは、インターネットを利用したネット証券会社での20～30代の若い世代による新規開設であった。年間投資額や非課税期間が拡大した新型NISAが24年1月からスタートすると、1～3月の新規口座開設数は証券会社10社で170万件と前年同期比で3・2倍に膨らんだ。[23]

日本経済新聞社の24年3月の個人投資家を対象にしたアンケート調査[24]は、従来のように投資はギャンブルだとの認識が後退し、「将来の生活資金の蓄え」のために「貯蓄から投資」にシフトする姿勢が強くなっている。給料・年金といった定期収入の何％を資産運用に回すかとの問いに、「10％以上」と回答する割合が50％に達した。とくにZ世代の20代は62％に達した。投資先も国内株だけでなく、米国株投資信託が高い割合を占めている。

経済のデジタル化が進展し、アプリを利用すればスマホで簡単な資産管理ができ、ネット証券の低廉な手数料で多種多様な金融商品へのアクセスができるようになった。その結果、ＮＩＳＡ総口座開設者のうち投資未経験者の割合は、一般ＮＩＳＡで51・９％、つみたてＮＩＳＡで90・４％に達している。[25]

政府の「資産所得倍増プラン」[26]では、今後5年間で、①ＮＩＳＡ総口座数（一般・つみたて）を２０２２年の１７００万から３４００万へと倍増させるための制度整備を図り、②投資の倍増をめざし、ＮＩＳＡ買付額を28兆円から56兆円へと倍増させ、③その後、家計による投資額（株式・投資信託・債券等の合計残高）の倍増をめざしている。

ＮＩＳＡに新規に加入してきている若い世代は、１９８０～90年代にかけての日本の歴史的な株式バブルの膨張と崩壊を経験せず、金融教育も主要国の中でも不十分な日本において、「１億総投資家」社会の先導役と担い手にされているようである。それは投資に伴うリスクを背負わされた世代と言えるかもしれない。アベノミクスのもと、日銀による株価吊り上げ策（日銀の株式ＥＴＦ買入）が強行されており、すでに日本株は人為的に吊り上げられた株式市場になっている。株価暴落のリスクを抱え込んでいるそのような株式市場への新型ＮＩＳＡを利用した株式投資は、ハイリスク投資そのものである。

増大するキャピタルフライト

アメリカの大手総合情報サービス会社のブルームバーグ社は、ＮＩＳＡが拡充されると、ジャパンマネーは国内でなく対外投資に向かってキャピタルフライト（資本逃避）するので、ますます円安が進展すると指摘する。すなわち、「貯蓄から投資へのシフトにより資産所得を倍増させるという岸田文雄首相の計画は、すでに今年の最弱主要通貨となっている円の下落をさらに長期化させる要因となりそうだ。個人投資家はこれまで高い利回りを求めて外国株や外国債券に貯蓄をつぎ込んできた。少額投資非課税制度（ＮＩＳＡ）が拡充される２０２４年にはこうした海外への投資がさらに加速し、その過程で円売りを促すと予想される。ＮＩＳＡでは日本国内、海外の商品のいずれへの投資が可能だが、国内の利回りの低さや為替の円安傾向により、外国資産への投資の魅力が増してきた。……ＮＩＳＡ口座の外国株式および外国資産に投資する投資信託への投資額は15年以降、年平均30％以上のペースで増えている。３月末時点の投資額は７兆５３００億円相当で、為替への影響はわずかだが、ＮＩＳＡ口座の増加傾向や税制優遇措置の拡充、１１０７兆円相当の家計貯蓄の活用を考えるとその影響は拡大していくだろう。」、と予測する。◆27

図 5-4　NISA 口座から外国株式にキャピタルフライトする個人マネー

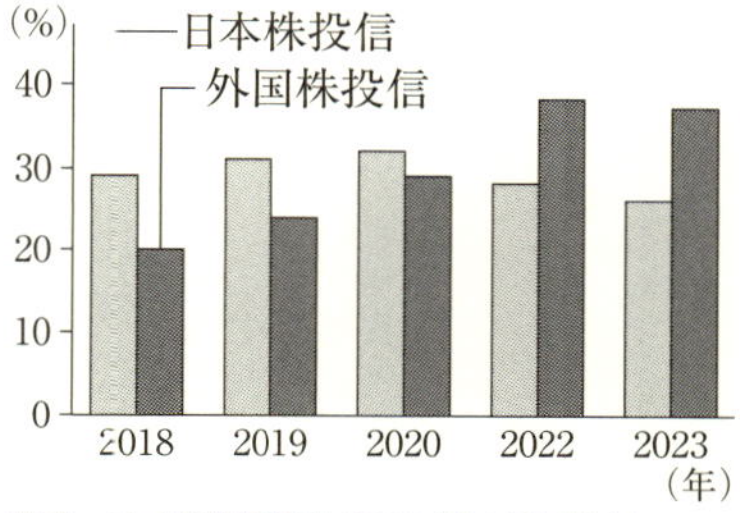

出典：日本経済新聞 2023年10月16日付

事実、ＮＩＳＡを利用して海外の株式や金融資産投資に向かう個人投資家のキャピタルフライトの動向は既に顕在化している（図５―４）。ＮＩＳＡ口座での資金運用は、円安・インフレ・物価高が進展した２０２２年以降、日本株を組み込んだ投資信託よりも米国株などの外国株を組み込んだ投資信託への投資額が上回っている。直近の２０２４年１～５月だけで、ＮＩＳＡを利用した投資信託経由の個人の対外証券投資はすでに前年度に匹敵する５・６兆円に達し、通年では13兆円に達すると予測され、ＮＩＳＡを利用した円売りドル買いが円安を加速させている。[28]

投資信託の購入による老後資金の積み立て指向が広がり始めた近年の日本では、若い働き手世代の間で成長期待の高い海外の株式を中軸に据えた商品が売れ筋になっている。このため、少額投資非課税制度（ＮＩＳＡ）の枠が広がった24年1月以降は、投信を通じた海外への純資金流出額が過去４年平均の約３倍に激増、毎月約1兆円を超え始めている。[29] 日本の個人が安定的な外貨購入の担い手としての存在感を強め、24年12月からは個人の確定拠出年金（ｉＤｅＣｏ）の拠出限度額も引き上げられる。ｉＤｅＣｏは個人マネーを投資に誘導する個人年金制度なので、経済官庁サイドでは、資産運用立国を目指す日本にとって、ｉＤｅＣｏは「ＮＩＳＡに次ぐ第2の柱[30]」と位置付けられている。

個人投資家を「貯蓄から投資」へ誘い、「資金運用立国」をめざす政府の骨太方針は、国内で稼いだジャパンマネーを海外へ流出させ、ますます日本経済の弱体化に拍車をかけている。国民はそのような事態を望んではいない。異次元金融緩和政策によって異次元の低金利水準に固執しているため、内外金利格差は日米の2年物国債の金利格差で見ると5％近くまで拡大してきた（図５―５）。為替

図 5-5　日米金利差と円ドル相場の推移

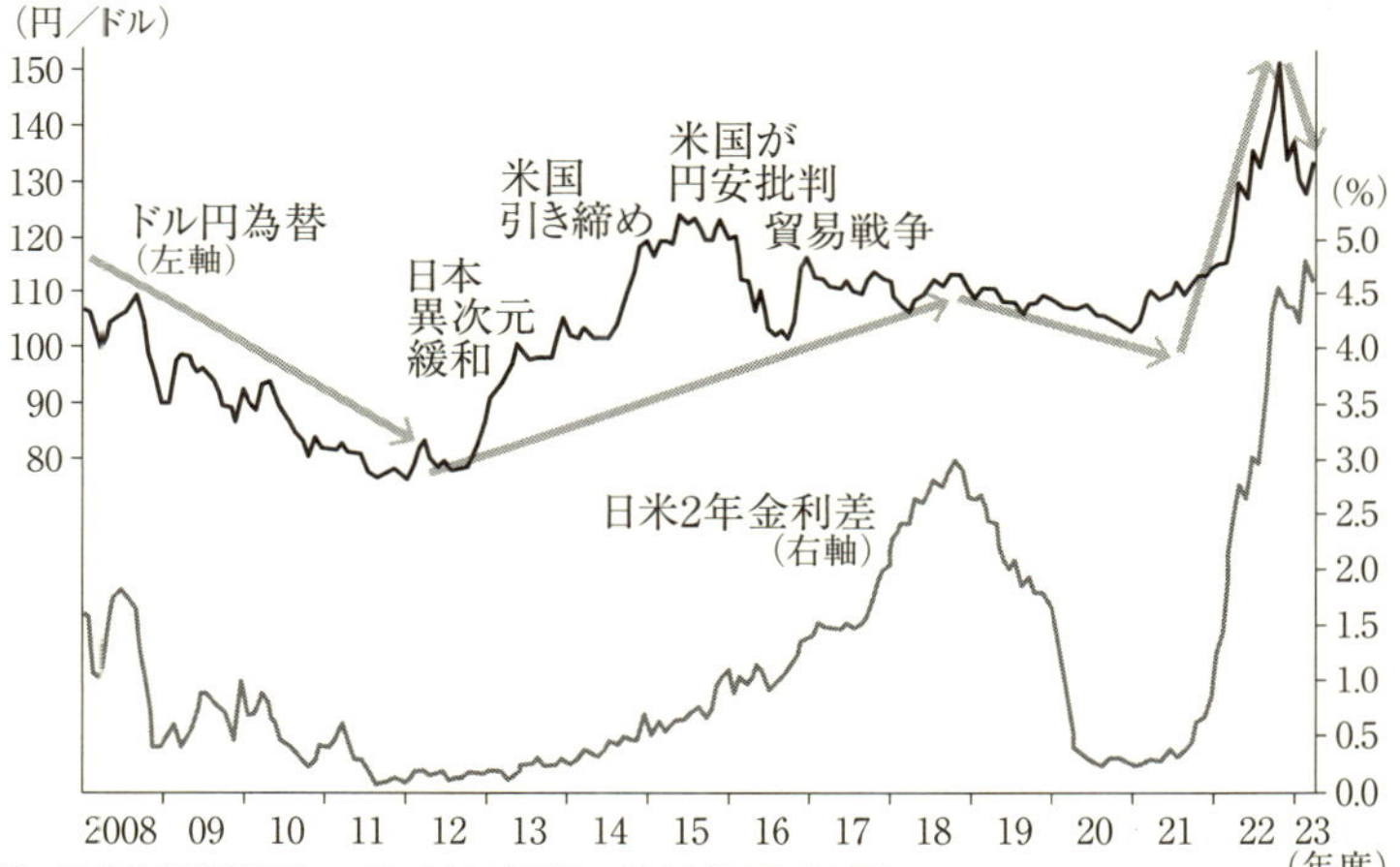

注：日米2年債利回りの差：2008年1月～2023年3月（13日）
出典：https://media.rakuten-sec.net/articles/print/40786

相場の変動を捨象すると、５％の金利差は日本からのキャピタルフライトを引き起こすに十分な金利差である。

キャピタルフライトはＮＩＳＡだけでなく、すでに世界最大の年金積立金管理運用独立行政法人（ＧＰＩＦ）の資金運用において発生している。ＧＰＩＦは超過収益の獲得をめざし外国株式へのアクティブ運用を強化している。ブルームバーグ社によれば[◆31]、ＧＰＩＦは２０２２年10月に北米株式アクティブを19本採用し、23年6月に14本の先進国株式（日本を除く）のアクティブファンドを公表したが、これらの運用会社に名を連ねているのは、グローバルな投資のノウハウと実績をもち、ニューヨーク・ロンドンなどに本社を置くブラックロック、フィデリティ、ステートストリート、ＪＰモルガン、ＢＮＰパリバ、ＵＢＳといった世界の金融・証券市場を支配する米欧の金融独占資本である。ＧＰＩＦから運用を委託された日興アセットマネジメントなどの国内大手の資産運用会社も、米欧の大手資産運用会社に再委託している。日本の年金積立金を運用するＧＰＩＦはこれらの巨大外国資本の餌食になっているといえよう。◆32

２２３兆円という世界最大の日本の年金マネーは、米欧の資産運用会社に主導され、国内経済から外国株投資に向かってキャピタルフライトしている。23年9月末現在、ＧＰＩＦの運用資産合計額２２３・８兆円の24・72％にあたる55・３兆円は外国株式への運用であり、これに外国債券への運用額54・１兆円を加えると、１０９・４兆円（全体の48・９％）の年金積立金が国内から海外へキャピタルフライトしている。

大規模なキャピタルフライトが起こると、本来日本の国内投資に用いられるべき貴重なマネーが外国に流出し、実体経済を営む企業も家計も資金のやりくりに必要なマネーを得ることができず貧血状態になってしまう。日本経済は弱体化する一方である。マネーが貧血状態になると、国内金利は上昇するので、高い金利負担を強いられる羽目になる。

たしかに国内金利が上昇すれば、海外に流出した一部のジャパンマネーは国内に回帰するであろうが、内外金利差が存在する限り、円資産が売られドルなどの外貨資産が買われるキャピタルフライトは継続し、円売り・ドル買いで円安が進展する。円安が進展すると、エネルギーや食料の多くを輸入に依存する日本経済は、物価高に直撃される。輸入物価の上昇は国内物価を押し上げ、国民生活破壊などの深刻な事態が日本の経済社会を襲う。

問われるべきは、「貯蓄から投資」・「資金運用立国」といったキャッキフレーズのリスクと無責任性であり、非伝統的な異次元金融緩和政策が引き起こしている株式・国債バブル、超低金利、円安といった異次元リスクを封じ込める処方箋であろう。

4 転落する国際金融都市・東京と外資の参入

21位へ転落した「国際金融都市・東京」

政府の「資産運用立国」に先行したのは、東京都がめざした「国際金融都市・東京」（2017年）の構想であった。だがその目標は実現しないで、4年ぶりにバージョン2・0が公表された。東京都「『国際金融都市・東京』構想2・0――サステナブル・リカバリーを実現し、世界をリードする国際金融都市へ」（2021年11月）である。

バージョン2・0で強調されたのは、「金融」の果たすべき役割の重要性であった。すなわち、「金融産業は、東京のGDPの1割近くを占める、いわば東京の『地場産業』である。また、『経済の血液』とも呼ばれる金融産業の活性化は、産業全体の成長の原動力となるほか、都市の魅力や競争力向上にも寄与するものである。……『国際金融都市・東京』の実現に向けた取組の推進は、金融資本市場の機能発揮を通じて国民の金融資産が成長分野に供給されることで新たな産業の創出や競争力強化につながるほか、金融プレーヤーの集積により新たな金融商品や革新的なサービスが提供され、国民の資産形成や生活の利便性向上が期待できるなど、東京のみならず、日本全体の発展に資するものである」[33]との認識を披露する。

名実ともに国際金融センターの実績をもつニューヨークやロンドンならいざ知らず、金融産業を東京の「地場産業」と見なすことは東京都の「希望的観測」といってよい。というのも、国際金融センターの世界ランキングで東京は転落を重ねているからである。2023年3月、世界の国際金融センターの実力を評価する「グローバル金融センターインデックス（GFCI）」の33回目の調査結果[34]が公表されたが、東京の世界ランキングは、2期連続で12ランクも下がり、近年急成長を遂げた香港・シンガポール・上海・ソウル・深圳《しんせん》・北京などのアジア勢に追い越され、トップ10から脱落しただけでなく、第21位にまで転落した。アジア勢の急成長の背景には、「過去30年間、ウォール街の金融機関が中国本土に進出するために香港などの拠点にリソースを注いだため、東京は主要な国際金融センターとしての地位を築く機会を逃してきた」[35]からである、と指摘するのはブルームバーグ社である。こんな状況下で「資産運用立国」をめざそうとすると、米欧の金融機関・資産運用会社の力を借りることになり、外資の日本参入と日本家計の金融資産をキャピタルフライトさせることになる。

東京都が国際金融都市になりきれないのは、それなりの理由があるのであって、金融庁は、日本の資金運用業を高度化するには金融機関をめぐる以下のような問題を克服しなければならない、と指摘する。

すなわち、「銀行や証券会社など、わが国における運用商品・サービスを提供する金融機関（以下、『販売会社』という）については、時として、販売手数料獲得を目的とした顧客本位ではない販売行動が見受けられる。また、資産運用会社については、大手金融機関グループに属している会社が市場で高いシェア（ETFを除く公募投資信託の受託資産残高に占めるシェアは、大手金融機関グループ系列の上位11社で約7割）を占め、経営陣の選任、商品の組成・販売・管理（プロダクトガバナンス）、議決権行使等の様々な場面でグループと顧客との間に利益相反の懸念が生じやすい状況にある。

加えて、わが国では、資産運用会社の『事務』と『運用』、販売会社の『商品提供』と『アドバイス』が、同じ組織内で一体的に運営されることが一般的であり、同一の機能間の競争が十分ではなく、各機能の専門化・効率化が、米国や英国等と比べて遅れているようである。

家計・個人への運用商品の情報開示も十分ではなく、中立的な第三者による運用商品の比較や評価も充実していないため、家計・個人と資産運用業界との情報の非対称性は大きく、牽制《けんせい》が働き難い状況にある[36]」。

金融庁の指摘するこのような金融インフラのさまざまの問題点を克服することなしに「国際金融都市・東京」は実現不可能である。それでもなお国際金融都市をめざそうとすると、ニューヨークやロンドンから大挙して押し寄せる外国資本（銀行・証券・資産運用会社・各種の投資ファンドなど）の草刈り場になり[37]、東京と日本国民の金融資産が海外に流出していくことになるであろう。

このバージョン2・0で新たな「構想」として強調しているのは、「金融をめぐる世界の環境変化や東京の直面する課題を踏まえ、1 グリーンファイナンスの推進、2 金融のデジタライゼーション、3 多様な金融関連プレーヤーの集積、を3つの柱として施策展開を図っていく」ことのようだが、現状は「日本国内で公募されたグリーンボンド発行額も2020年に7754億円と急激に伸びているが、世界全体の発行額約2900億ドル（約30兆円）と比較すると、なお低い水準にある」[38]。つまり、東京都は、国連で決定されたSDGs（持続可能な開発目標）やESG（環境・社会・企業統治）など、衆目を集める世界の潮流に乗って、「国際金融都市・東京」を売り出そうとしているようであるが、実績の伴わない構想倒れになり、むしろ「やってるフリ」の「SDGsウォッシュ」や「ESGウォッシュ」[39]の疑念を招き、金融庁が取り締まりを強化している。

実体経済の停滞と外資の支配

最近の「資金運用立国」に先立って、戦後日本の金融システムを「貯蓄から投資」のためのシステムに大転換する改革が行われた。それは、3番目の「黒船来航」と言われた日本版金融ビッグバン改革（1996～2001年に完了した「我が国金融システムの改革～2001年東京市場の再生に向けて・2001年にはNY、ロンドン並みの国際市場に」）であった。[40]

日本版金融ビッグバン改革を主導したのは、当時の米クリントン政権・ルービン財務長官（ゴールドマン・サックス元CEO）とウォール街であった。この金融ビッグバン改革によって、戦後の伝統的な日本型金融システム（公的金融制度、外国為替管理制度、間接金融体制、金融機関の護送船団方式、日本的経営など）が解体され、米国と米系金融独占資本に主導された新自由主義・市場原理主義のアメリカ型金融システムが導入された。

「外国為替管理法」が解体・再編（＝「外国為替法」へ変更）され、資本の内外交流が活発化した。日本の大企業や金融機関も海外進出を強化し、当時の円高基調と相まって日本の国内経済の空洞化が進展した。

米ウォール街の巨大金融機関に主導された外国資本の日本進出は加速し、主要な日本企業と金融機関の株式を大量に買い入れ、「株式会社ニッポン」の大株主になり、株主総会で「もの言う株主」として影響力を高め、終身雇用・年功序列型賃金体系などの「日本的経営」の解体と経営の効率化・合理化・「株主資本主義」を推進した。

日本の伝統的な企業活動であった安価・高品質のメイド・イン・ジャパン製品を生産し海外に輸出し、ドイツを上回る貿易黒字国として稼ぐ「モノづくり大国」日本は衰退の一途をたどる。それに代わってアメリカのように、株主への貢献が最優先され、設備投資や賃金を充実させるよりも、株主への配当金の支払いや一株当たり利益（EPS Earnings Per Share）を増大させる経営にシフトしていく。

大手製造業の経営も、自社製品の売上高が減っても副業の金融ビジネスなどの営業外収益を増やすことで純利益を大幅に伸ばす、といった経営にシフトする。史上最高を更新し続けた企業利益も、国内の実体経済を拡充する設備投資や賃金の支払いに向けられるよりも、内部留保金として積み上げ、国内外の株式・債券・投資信託などへの投資に向けられた。実体経済の停滞が放置され、金融経済を肥大化させるような経営が行われるようになった。「ジャパン・アズ・ナンバーワン」から「日沈む国」への転落である。

まとめ――今、求められる「骨太方針」とは

今、求められる「骨太方針」とは、過労死のうえに築かれた家計の金融資産を内外の投資家の収奪の網の目に入れるような「資産運用立国」ではないはずである。

インフレ・物価高に直撃されている生活を救済し、肥大化する金融経済に押しつぶされた実体経済を再興するために、消費税を減額し、最低賃金を引き上げ、社会保障を増やし、国民の可処分所得と将来への安心を保障するための方針であり、またキャピタルフライトを逆流させ、資産格差を解消し、エネルギーや食料自給率を高め、国際情勢や為替相場の変動に左右されにくい健全な国民経済のための方針である。そのための財源は十分存在する。「失われた30年」の期間に富を一極に集中した、627兆円の全産業の利益剰余金（内部留保金）・471兆円の対外純資産・364兆円を超える富裕層の純金融資産、などである。

だが、政府が掲げるのはウォール街に後押しされた「資産運用立国」であり、日本銀行も、円安と

株高を煽《あお》る異次元金融緩和政策を継続している。そのため、今後も円安とキャピタルフライトが進展し、日本の経済と社会はますます弱体化し、家計は物価高に直撃される一方で、円安で輸出大企業はますます円安差益の恩恵に浴すことになる。輸出大企業は1円の円安でも対外輸出が増大し数百億円の利益（トヨタで約４５０億円・２０２３年第2四半期）を獲得できるからである。

いま日本の財政金融当局に問われているのは、コロナ禍や物価高騰に苦しむ国民に資産運用やその体制整備を提案することではなく、現在進行中の生活破壊のインフレ物価高を抑え込む「骨太方針」である。インフレ物価高は、預貯金などの金融資産からのステルス金融収奪でもある。というのも、物価が10％上昇すると、企業は値上げし、それだけ利益が増え、株価も上がる一方で、国民の多くが利用している預貯金の価値はいつの間にか知らないうちに10％削減される。預貯金を引き出し買い物をしようとしても、今までよりも10％少ない物しか買えなくなるからである。

インフレ物価高の原因になっている半世紀ぶりの内外金利格差を諸外国との適正水準に戻すためには、安倍政権以来続けられてきた異次元金融緩和政策からの脱却であり、そのための「骨太方針」を提案し、国民生活を守ることである。日本国民は、円ドルや株価などの相場変動に一切振り回されずに過ごせる生活を望んでいる。そうした社会を実現するためには、安定した為替レートと安定した物価を実現することが必須である。

参考資料

内閣府「経済財政運営と改革の基本方針２０２３――加速する新しい資本主義」（23年6月16日、閣議決定）、「新しい資本主義のグランドデザイン及び実行計画２０２３改訂版案」（23年6月16日、内閣官房）、「資産所得倍増プラン」（第13回新しい資本主義実現会議22年11月28日、内閣官房）、「海外からの人材・資金を呼び込むためのアクションプラン」（23・4・26対日直接投資推進会議）

金融庁「高齢社会における資産形成・管理」２０１９年6月3日、「資産所得倍増プランについて」（２０２３年1月19日）、「資産運用業高度化プログレスレポート２０２３」（２０２３年4月）、「資産運用立国について」（２０２３年12月、24年6月改定）。ＮＩＳＡ特設ウエブサイト https://www.fsa.go.jp/policy/nisa2/index.html

東京都「『国際金融都市・東京』構想〜『東京版金融ビッグバンの実現』」（２０１７年11月）、「『国際金融都市・東京』構想２・０――サステナブル・リカバリーを実現し、世界をリードする国際金融都市へ」（２０２１年3月）

McKinsey & Company「日本の金融立国構想に向けて」（２０１７年6月）

China Development Institute"The Global Financial Centres Index 33", March 2023.

◆1 所得税法上、所得は10種類（給与・事業・利子・配当・譲渡・不動産・一時・退職・山林・雑）に

分類されているが、「資産運用立国」は利子所得・配当所得・不動産所得といった「資産所得倍増」を目的にしているので、多数の国民の給与所得を増やすことでなく、資産家の所得を倍増させる「金持ち立国」といった性格をもっている。

◆2　内閣府「経済財政運営と改革の基本方針２０２３加速する新しい資本主義――未来への投資の拡大と構造的賃上げの実現」（いわゆる「骨太方針」）23年６月16日。https://www5.cao.go.jp/keizai-shimon/kaigi/cabinet/honebuto/2023/2023_basicpolicies_ja.pdf

◆3　海外の資産運用会社の新規参入や業務拡大を促す目的で、政府の指定した「金融・資産運用特区」は、金融庁によれば、アジアのゲートウェイとしての金融機能を強化する福岡、海外投資を呼び込みスタートアップ等によるイノベーションを実現する大阪、国際金融センターとしての環境を一層整備する東京、ＧＸに関する資金・人材・情報を集積する札幌の４都市である。特区では公的年金積立金や企業の私的年金などの運用強化をめぐって年金積立金管理運用独立行政法人（ＧＰＩＦ）や共済組合などの公的なアセットオーナーに新しい運用方針の策定を検討している。浦中美穂、Anton Bridge「岸田首相、資産運用特区「創設に加速」モルガンＳ投資家イベントで」２０２４年５月22日。https://jp.reuters.com/markets/japan/funds/I3BKEP4UZVPZLGMNIXXZ4I27QQ-2024-05-22

◆4　「岸田文雄首相　ニューヨーク経済クラブでの講演　全文」日本経済新聞オンライン２０２３年９月22日。https://www.nikkei.com/article/DGXZQOUA212Z80R20C23A9000000/

◆5　金融庁・国際金融センター「Japan Weeks とは？」https://www.fsa.go.jp/internationalfinancialcenter/lp/japanweeks/

◆6　萩原ゆき「資産運用立国へ、日本経済は「驚異的に変貌」——ブラックロックCEO」2023年10月6日。https://www.bloomberg.co.jp/news/articles/2023-10-06/S238LNT0G1KW01

◆7　トマ・ピケティ『21世紀の資本』山形・守岡・森本訳、みすず書房、2014年、とくに「第12章　21世紀における世界的な富の格差」参照。

◆8　「WORLD INEQUALITY REPORT 2022」3ページ。https://wir2022.wid.world/

◆9　Ben Steverman「米金持ちトップ50人の資産2兆ドル、下位50％の1億6500万人分に匹敵」2020年10月9日。https://www.bloomberg.co.jp/news/articles/2020-10-09/QHVUFZDWRGG01

◆10　ライターズ・フォー・ザ・99％著、芦原省一訳『ウォール街を占拠せよ——はじまりの物語』大月書店、2012年。

◆11　高田太久吉『引き裂かれたアメリカ——富の集中、経済危機と金権政治』（大月書店、2017年）。とくに「第4章　格差で不安定化する経済」を参照されたい。

◆12　内閣官房「資産所得倍増プラン」、第13回新しい資本主義実現会議22年11月28日。

◆13　周知のように、マルクスは、株式や国債について、「これらの証券が表わしている資本の貨幣価値は、それらが確定的収益にたいする指図証券（国債証券の場合のように）もしくは現実資本の所有権証書（株式の場合のように）である場合でさえ、まったく架空なものであって……それらの証券が収益への単なる請求権を表わすだけ……」（『資本論』第3巻第5篇「利子生み資本　第29章　銀行資本の構成諸部分」、新日本出版社〔新版資本論⑩〕、830ページ）と指摘している。

◆14　https://www.jpx.co.jp/markets/statistics-equities/misc/02.html

◆15　斉藤洋二「コラム：日本経済『ミニバブル』崩壊リスク」２０１７年９月20日。http://jp.reuters.com/article/column-forexforum-yoji-saito-idjpkcn1bv06w
◆16　Chase Peterson-Withorn「フォーブス世界長者番付、ＡＩブームなどで『ビリオネア』は過去最多に」２０２４年４月３日。https://forbesjapan.com/articles/detail/70095
◆17　日本経済新聞２０２４年６月21日付。
◆18　金融庁・金融審議会市場ワーキング・グループ報告書「高齢社会における資産形成・管理」２０１９年６月３日、21ページ。
◆19　日本経済新聞２０１９年６月３日付。
◆20　金融庁「ＮＩＳＡ口座の利用状況に関する調査結果の公表について」２０２４年６月12日。https://www.fsa.go.jp/policy/nisa/20240612.html
◆21　浦田春河「フィデリティ・ビジネスパーソン１万人アンケート２０２２」。https://www.fidelity.co.jp/static/japan/pdf/survey-of-10000-business-persons-2022.pdf
◆22　我妻綾「日本の若い世代、インフレで株式投資に前向きに――新ＮＩＳＡに関心」２０２３年11月２日。https://www.bloomberg.co.jp/news/articles/2023-11-02/S3GSXLT1UM0W01
◆23　日本経済新聞２０２４年５月７日付。
◆24　日本経済新聞２０２４年５月１日付。
◆25　日本証券業協会「ＮＩＳＡ口座開設・利用状況調査結果（２０２３年６月30日現在）について」。

https://www.jsda.or.jp/houdou/kaiken/files/230920shiryou4.pdf

◆26 金融庁「資産所得倍増プランについて」２０２３年1月19日。

◆27 Masaki Kondo、テソ由美「１１００兆円の投資資金を抱える日本の貯蓄者、円安への長期的リスクに」２０２３年9月15日。https://www.bloomberg.co.jp/news/articles/2023-09-15/S0ZXU9T1UM0W01

◆28 日本経済新聞２０２４年６月18日付。

◆29 植野大作「コラム：為替介入騒動後のドル／円相場、『ドル買い基調』定着させる令和の需給構造」２０２４年６月15日。https://jp.reuters.com/opinion/forex-forum/643E7GHR2RJMVK67DSKPKLBB7I-2024-06-10/

◆30 日本経済新聞２０２４年６月８日。

◆31 鎮目悟志「ＧＰＩＦがデータ科学を駆使、『勝てる』外国株アクティブにＥＳＧ起用」２０２３年10月13日。https://www.bloomberg.co.jp/news/articles/2023-10-12/S1ZC1ST0AFB401

◆32 佐々木憲昭「年金積立金は、なぜ外資の餌食になったのか」（上）（下）、『経済』№３３９、２０２３年12月、№３４０、２０２４年1月、を参照されたい。

◆33 東京都「『国際金融都市・東京』構想 ２・０——サステナブル・リカバリーを実現し、世界をリードする国際金融都市へ」２０２１年11月。

◆34 英コンサルタントのZ/Yenが２００７年から１２０都市を年2回の頻度で実施し、調査には中国深圳のChina Development Institute（CDI）がパートナーとして支援。China Development Institute"The Global Financial Centres Index 33",March 2023, p.4.

◆35 Ambereen Choudhury、中道敬、Lisa Du「東京のバンカー報酬は香港やＮＹに及ばず、市場活況で仕事量増加でも」２０２４年3月26日。https://www.bloomberg.co.jp/news/articles/2024-03-25/SAODYIT0G1KW00

◆36 金融庁「資産運用業高度化プログレスレポート――『信頼』と『透明性』の向上に向けて ２０２３」２０２３年4月、1ページ。

◆37 東京都の「構想２・０」を牽引するのは外資である。梅川崇「英ＥＳＧ運用大手が日本参入、ＧＰＩＦ資金も受託――東京都の支援で」２０２３年3月17日。https://www.bloomberg.co.jp/news/articles/2023-03-16/RRALZMT1UM0W01

◆38 前掲、東京都『「国際金融都市・東京」構想２・０』２０２１年11月、11ページ。

◆39 ＥＳＧ（環境、社会、企業統治）関連の投資信託をめぐって、金融庁は取り締まりに乗り出している。梅川崇「ＥＳＧウォッシュ防止へ、投信情報の積極開示を――金融庁方針」２０２２年5月27日。https://www.bloomberg.co.jp/news/articles/2022-05-27/RCJ4UTDWX2Q101

◆40 詳しくは、山田博文『これならわかる金融経済（第3版）』大月書店、２０１３年、とくに「Chapter 7 金融のビッグバンとグローバル化」を参照されたい。

第6章　金融独占資本のグローバル市場支配と投資銀行業

――現代の金融資本と金融寡頭制の特徴

米ウォール街・財務省複合体の金融覇権のもとにある現代資本主義とは、そもそもどのような資本主義なのか、その基本的な特徴はどのようなものか、この章では経済学の古典に立ち返って現代資本主義の到達点とその特徴を検討する。

資本主義経済は20世紀初頭に構造的に転換され、多数の資本の自由競争の資本主義から少数の金融資本と独占体の支配する独占資本主義になった。さらに独占資本主義と言っても、現代の資本主義の到達点はカジノ型金融独占資本主義といった特徴を持つ。

現代資本主義分析の古典の1冊は、２０１７年に初版刊行から１００周年を迎えたレーニン『帝国主義論』◆[1]である。『帝国主義論』は、資本主義の一般理論を提供したマルクス『資本論』を創造的に発展させ、現代資本主義分析にとって不可欠の理論を提供したからである。その理論的業績を証明するフレーズは、①「二十世紀の初頭は、古い資本主義から新しい資本主義への、資本一般の支配から金融資本の支配への転換点である」◆[2]こと、②「金融資本の主要な業務の一つである有価証券発行の異常に高い収益性は、金融寡頭制の発展と強化のうえできわめて重要な役割を演じている」◆[3]こと、③「帝国主義は金融資本と独占体の時代である」◆[4]こと、④「帝国主義は、その経済的本質からすれば、独占資本主義である」◆[5]こと、などに示される。

これらの理論的業績を凝縮した「小冊子」は、以後１００年間、内外で膨大な数におよぶ研究書や解説書が刊行される古典になり、こんにちに至っている。本章では、『帝国主義論』をめぐる多様な理論の検討[6]に深入りせず、『帝国主義論』第３章「金融資本と金融寡頭制」に焦点を当て、１００年後の現在の地平に立って、現代資本主義経済を支配し、グローバル市場を創出し、新しい局面を切り拓いている経済主体である現代金融資本の動向と金融寡頭制の特徴について検討する。

1　現代の金融資本と投資銀行業

金融資本と証券発行業務

『帝国主義論』第３章「金融資本と金融寡頭制」（『レーニン全集』第22巻２６０〜２７６ページ。以下、同巻を㉒と表記）は、次の４つの表を示しながら、当時の金融資本の動向と金融寡頭制について解明している。

①「第７表　銀行の資産」では、当時のロシアの銀行グループが、フランス・イギリス・ドイツの大銀行の支配下にあり、金融資本は、企業や銀行の株式を所有し、経営に参与することで、内外の多数の企業や銀行を支配している、と指摘する。

②「第８表」では、「金融資本の主要な業務の一つである有価証券発行の異常に高い収益性」（㉒２

70ページ）を示しながら、1898年当時の利回りは、現代のヘッジファンドも瞠目《どうもく》する67・7％の高利回りであったことを紹介している。

③「第9表　各10年間の有価証券発行額」では、増大する有価証券の発行額を示し、その意味は、「他のすべての形態の資本にたいする金融資本の優越は、金利生活者と金融寡頭制の支配」（㉒275ページ）であることを検証している。

④「第10表　1910年における有価証券総額」では、「四つのもっとも富裕な資本主義国」が有価証券を独占的に保有することで、これらの国の「国際的銀行家、世界金融資本」が、世界中を自分たちの「債務者と貢納者」に仕立てている（㉒276ページ）、と指摘する。

このように、『帝国主義論』は、金融資本の増大する利益と金融寡頭制の支配強化を解明するために、「会社創立、有価証券の発行、国債等々」、「金融資本の主要な業務の一つである有価証券発行」に注目している。

周知のように、有価証券は、政府や企業が借入金調達のために発行する債券（公債や社債など）と、企業が資本金を調達するために発行する株式に大別される。金融資本が、有価証券発行に関係する業務（証券の発行・引受・売出業務）を主要業務として重視するのは、①確実な手数料収入などの利益が見込めるからであり、②政府と企業の資金調達に直結する債券や株式の発行を掌握することで、政府と企業に対して、金融資本の独占的な影響を駆使することができるからである。

もし国債や株式の発行ができなくなれば、政府も企業も、財政資金や資本金が枯渇し、財政破綻や経営破綻に追い込まれる。そのため、政府も、国債の発行では引受手数料などを支払って、財政資金を調達してきた。戦後日本の国債引受手数料は発行額の0・6％ほど、10兆円の国債発行なら、その国債を引き受けてくれる金融機関には600億円ほどの手数料が支払われた。アメリカでは普通株式の引受手数料は2011年平均で3・55％である。[7]

『帝国主義論』の刊行からほぼ100年後の現代の有価証券関連業務は、国債・社債など債券の発行・引受・売出業務、株式の発行・引受・売出業務、さらにM&A（企業の合併・買収）業務、債券・株式の売買（トレーディング）業務、資産管理業務、などへと多様化し、拡大してきた。これらの業務は、現代では投資銀行業務（日本では大手証券会社が営む証券業務）として展開され、引受手数料や売出手数料、M&Aに関連したアドバイザリー手数料、成功報酬、売買差益など、莫大な利益を生み出している。

このような投資銀行業務は、現代では、『帝国主義論』の時代とは比較できないほど巨大化し、多様化し、グローバル化してきた。それは、2023年現在、世界経済の規模（GDP＝104兆ドル）を上回るまでに増大した世界の株式時価総額（117兆ドル）や債務残高（313兆ドル）によって証明される。[8] このように巨大化し、多様化し、グローバル化した市場を創出し、それを支配する現代の金融資本も、当時のフランスやイギリスから、第二次世界大戦後、アメリカのウォール街を頂点とした少数の巨大投資銀行のグローバルな支配に取って代わった。

国際銀行業の特集を組んだイギリス『The Economist』誌によれば、リーマン・ショック後にいち早く復活したウォール街の面々であるが、世界で8大投資銀行が業務を主導し、「投資銀行業務は、勝者がすべてを独り占めするゲームになってきている」[9]と指摘する。

現代の金融独占資本・産業独占資本とその特徴

『帝国主義論』の時代では、「大企業、すなわち50人以上の賃金労働者をもつもの」（㉒225ページ）であったが、この100年間に生産の集積・銀行業務の集積は驚異的に進展した。その進展度を従業員数で表現するなら、2016年現在、トヨタ自動車の従業員数（連結）は、34万8877人である。世界60カ国・2000地域以上に営業拠点をもつ商業銀行のJPモルガン・チェース、投資銀行のJPモルガン、消費者金融を担うチェース銀行などを子会社として傘下にもつ巨大銀行持株会社のJPモルガン・チェース（米）の従業員数（連結）も、24万3355人に達している。

生産高・売買高など、経済や市場の規模になると、さらに巨大になり、トヨタ自動車は1日当たりで約3万台・年間1000万台の自動車を生産し、JPモルガン・チェースは、1日当たり1兆ドル（約108兆円）以上の有価証券の多様な売買取引を行っている。

『帝国主義論』の時代に概念として確立された金融資本や独占資本は、現代では、具体的に、どの経済分野でどの企業・銀行が独占的な地位を占めているか、それを内外の個別の企業名や銀行名で示すことができるほどに資本の集中・集積と独占的支配が進展した。今日では、抽象的な概念でなく、現実的・具体的な名前をもつ個別企業・銀行がグローバル経済を支配していることが目に見えるようにわかる時代となった。この点は、経済の民主主義的変革にとって、個別企業や銀行名に基づいた改革のプランを作成できる時代がやってきた、といってよい。

そこで、現代の代表的な産業独占資本や金融独占資本の動向について、アメリカ『フォーチュン』誌の例年の特集「フォーチュン・グローバル500」[10]を参考にし、「収益」(なお、『フォーチュン』誌の「収益」とは売上高に受取利息や受取配当金等を加えた金額)の規模を基準に紹介しておこう。

これら最大500社は、2016年現在、27・7兆ドル(2991兆6000億円)の収益を稼ぎ出している。この年の世界各国のGDP合計額は75・1兆ドル(8110兆8000億円)なので、世界中で無数にある企業の中で、この500社の収益は、その36・8%に該当し、グローバル経済に独占的な支配力を有している、と推測される。実際のところ、1民間企業なのに、その収益の規模は、1国のGDPをはるかに上回る時代がやってきている。収益トップの小売業ウォルマートの収益は、GDP世界24位のポーランドを上回る。上位100位までに入った企業を国別に見ると、アメリカ36社、中国19社、日本は7社である。

収益のランキングトップ10は、アメリカの小売業ウォルマートの4858億ドルを筆頭に、中国の国家電網・中国石油天然気集団・中国石油化工集団、トヨタ自動車、フォルクスワーゲン、ロイヤル・ダッチ・シェル、バークシャー・ハザウェイ(投資家ウォーレン・バフェットが会長を務める世界最大の持株会社)、アップル、エクソンモービルの順位で、石油産業、自動車産業、持株会社、IT企業などが名前を連ねている。

銀行など金融産業の収益ランキングでは、22位の中国工商銀行１４７６億ドルを筆頭に、28位中国建設銀行、33位日本郵政株式会社、34位アリアンツ（独）、38位中国農業銀行、39位中国平安保険、42位中国銀行、43位ＢＮＰパリバ（仏）、46位連邦住宅抵当公庫（米）、48位ＪＰモルガン・チェース（米）などが名前を連ねている。

グローバル市場と金融ビジネスに圧倒的な影響力と独占的な支配力をもつアメリカ・ウォール街の金融産業も、収益の規模のうえでは、成長著しい中国の金融産業の後塵《こうじん》を拝するようになったことが最近の特徴でもある。

多様化する金融業務と金融独占

現代の金融資本の利益追求は、実体経済からマネーの積極的な運用にシフトしてきたので、これに対応して、金融産業の営む金融業務も、伝統的な預金貸出業務の枠を超えて拡大し、多様化してきた。

イギリス『ザ・バンカー』誌の「ザ・トップ５００バンキングブランド」◆11は、『帝国主義論』の時代とは比較できないほど複雑化し、細分化した現代の金融産業が展開する金融業務について、以下の５大業務に大別し、各業務で独占的な支配力を持つ巨大銀行とそのランキングを紹介している。ここに登場する巨大銀行は、商業銀行業務も投資銀行業務も、その他の金融業務のほとんどすべてを営む巨大金融コングロマリットとしてビジネスを展開している。

①企業・個人・団体が保有する金融資産や不動産などの資産管理業務では、トップのＵＢＳ（スイ

ス）の64億ドルを筆頭に、以下6位までがアメリカ勢のウェルズ・ファーゴ、バンク・オブ・アメリカ・メリルリンチ、モルガン・スタンレー、シティ、JPモルガンとつづく。

②債券・株式の引受・売出、M&Aなどの投資銀行業務では、トップのJPモルガンの118億ドルを筆頭に、バンク・オブ・アメリカ・メリルリンチ、ゴールドマン・サックス、中国建設銀行、HSBC（英）等、アメリカ勢・中国勢・ヨーロッパ勢で3分している。

③伝統的な預金の受入と貸出を扱う商業銀行業務では、トップの中国工商銀行の204億ドルを筆頭に、中国建設銀行、中国農業銀行、中国銀行、興業銀行と、現代世界の経済成長を牽引する中国経済と銀行貸出の増大を反映し、中国勢がトップ5を独り占めしている。

④クレジット・カード業務では、トップのチェース銀行の154億ドルを筆頭に、シティ、バンク・オブ・アメリカ・メリルリンチ、キャピタル・ワン・フィナンシャルと、カードや消費者信用に依存したアメリカの生活スタイルを反映し、アメリカ勢がトップ4を独り占めしている。

⑤個人向けの小口金融を扱うリテールバンキング業務では、トップのウェルズ・ファーゴ（米）258億ドルを筆頭に、中国工商銀行、中国建設銀行、チェース銀行とつづき、銀行からの借り入れによって消費生活を営む傾向の強い国のアメリカ勢と旺盛な消費と「爆買」の中国勢で二分している。また、最近、自己破産問題で深刻な銀行のカード・ローンで稼ぐ三菱UFJフィナンシャルグループも93億ドルで8位にランキング入りしている。

アメリカに集中する金融資産

『帝国主義論』の時代と異なる現代経済の構造変化の一つは、経済の金融化◆12が極端に進展したこと、さらにアメリカ一国に金融資産が集中したことである。

金融資産の世界総額（２６８兆５８５０億ドル）は、２０１２年現在、実体経済の規模を示すＧＤＰの世界総額（72兆２１６０億ドル）を３・72倍も上回る（表６―１）。なかでも、『帝国主義論』において、「金融資本の主要な業務の一つである有価証券発行」と指摘された「債券発行残高」と「株式時価総額」とは、金融資産総額の56・４％を占める。「債券発行残高」の割合（36・９％）が大きいのは、２００８年のリーマン・ショック後、日・米・ＥＵ諸国の政府が大規模な景気対策の財政資金調達のため、国債を増発してきたことにも起因している。

国債は、政府にとっては資金調達のための借用証書であるが、投資家サイドにとっては政府が元利払いを保障する高い格付をもつ金融資産にほかならない。実体経済の規模を金融資産の規模が上回ることなど、『帝国主義論』の時代では見られなかった事態である。

『帝国主義論』の時代、１９１０年当時の債券や株式などを独占的に保有していた「四つのもっとも富裕な資本主義国」とは、イギリス、アメリカ、フランス、ドイツであり、これらの４つの国がそれぞれ20％前後を保有していたが、現代では、「債券発行残高」の35・６％、「株式時価総額」の32・１％が、アメリカ一国に集中し、他の３つの国の保有割合は３～６％台にすぎない。このことは、

表 6-1　世界の GDP・金融資産総額の国別保有割合

（2012年、単位:10億ドル、%）

	GDP	金融資産					金融資産のGDP比(%)
			株式時価総額	債券発行残高	銀行資産	外貨準備	
世界総額	72,216	268,585	52,495(100.0)	99,134(100.0)	116,956	11,404	372
欧州	15,515	82,218	9,732(18.5)	29,457(29.7)	43,029	498	530
フランス	2,614	15,619	1,663(3.2)	4,530(4.6)	9,427	54	598
ドイツ	3,430	10,890	1,567(3.0)	4,355(4.4)	4,968	67	318
イギリス	2,477	19,912	3,416(6.5)	5,778(5.8)	10,718	89	804
アメリカ	16,245	67,069	16,856(32.1)	35,155(35.6)	15,058	139	413
日　本	5,960	32,397	3,639(7.0)	14,592(14.7)	14,166	1,227	544
アジアNIEs	2,144	13,105	5,944(11.3)	2,318(2.3)	4,844	1,303	611
新興国	26,975	50,666	11,196(21.3)	10,871(10.9)	28,599	7,384	188
うちアジア	12,359	31,220	5,853(11.1)	5,530(5.6)	19,837	4,187	253

出典：内閣府「国際金融センター、金融に関する現状等について」2014年4月18日、11ページより作成

『帝国主義論』の指摘を敷衍《ふえん》するなら、アメリカの「国際的な銀行家、世界金融資本」が、世界中を自分たちの「債務者と献納者」（㉒276ページ）に仕立て上げている時代を意味する。

実際のところ、アメリカは、世界中を自分たちの「債務者と献納者」にするため、アメリカ内外の金融政策と財政政策に大きな影響力を持つ歴代の財務長官のポストには、世界最大の投資銀行業務を展開するゴールドマン・サックス社のCEO経験者が就任してきた。

民主党クリントン政権下のロバート・ルービンは日本に金融開国と金融ビッグバンを実現させ、共和党ブッシュ政権下でリーマン・ショック対策を断行したヘンリー・ポールソン、そしてトランプ政権下のスティーブン・ムニューチンも全員ゴールドマン・サックス社の役員経験者であり、ウォール街の金融ビジネスのトップランナーであった。

ブルームバーグ社は、アメリカの中央銀行であるFRBの役員の3分の1は、ゴールドマン・サックスの「卒業生」

たちによって占められ、「中央銀行幹部への出世街道にウォール街が再びつながり始めた」[13]と指摘し、さらに「米国ばかりではなく、イングランド銀行（英中銀）のカーニー総裁と欧州中央銀行（ECB）のドラギ総裁もゴールドマン出身者である」と指摘している。

こうした体制を構築することで、現代の代表的な金融独占資本であるアメリカのゴールドマン・サックス社は、世界中を自分たちの「債務者と献納者」に仕立て上げ、同社のCEOは、2006年の年間ボーナスでみると、約5300万ドル（約63億円）を受け取り、世界中の同社の社員も、年間報酬平均で約62万ドル（7300万円）を受け取っている。ニューヨーク州の調査によれば、市内の投資銀行に支払われたボーナスは、合計239億ドル（約2兆8200億円）に達した[14]。

他方で、人々の生存にとって不可欠の衣食住関連の仕事に従事していても、2010年現在、その平均年収が円換算で430万円のアメリカや412万円の日本の賃金水準とウォール街の高額報酬を比較したとき、そこに見えてくるのは、現代資本主義経済が陥っている深刻な病理現象とも言える格差であり、独占的な高利潤を際限なく追求する資本主義そのものの限界と持続不可能性であろう。

2　金融独占資本のグローバル市場支配

トップ10のグローバル市場支配

金融資本の運動原理は、「支配関係、またそれと関連する強制の関係」＝独占支配による独占利潤の追求にあるが、それは、さしあたって、各種経済分野における市場占拠率（シェア）の高さに示される。現代の金融資本のグローバル市場支配を検討するに当たって、ここでは、トムソン・ロイター社（Thomson Reuters）が毎年提供するデータと手数料収入のシェアを使用する。

トムソン・ロイター社の「グローバル・インベストメント・バンキング・レビュー」◆15によれば、企業の合併・買収に関係するM＆Aアドバイザリーや債券・株式の引受・売出にいたるグローバルな投資銀行業務によって、世界の銀行が獲得した手数料収入は、2016年、総額850億ドル（9兆1800億円）に達したが、この巨額の手数料収入は、ごく少数の巨大銀行によって独占的に享受されている。

なかでも世界の金融市場に占める割合ではトップ5に名前を連ねるアメリカの5大銀行（JPモルガン、ゴールドマン・サックス、バンク・オブ・アメリカ、モルガン・スタンレー、シティ）だけで、グローバル市場全体の28％を占める。これに、バークレイズ（英）、クレディ・スイス（スイス）、ドイツ銀行（独）、ウェルズ・ファーゴ（米）、RBCキャピタル・マーケット（カナダ）といった巨大銀行を加えた世界のトップ10大銀行の市場占拠率は43％に達する。シェアは小さいとはいえ、みずほ・FG、三井住友・FG、三菱UFJ・FG、野村證券といった日本の巨大金融機関を加えた上位25社の市場占拠率となると、60・9％を占める（表6―2）。

表 6-2　グローバル市場の投資銀行業務の手数料収入とシェア

（2016年 単位：億ドル、％）

順位	主幹事	手数料	シェア
1	JPモルガン（米）	57.9	6.8
2	ゴールドマン・サックス（米）	51.0	6.0
3	バンク・オブ・アメリカ・メリルリンチ（米）	45.4	5.3
4	モルガン・スタンレー（米）	44.9	5.3
5	シティ（米）	39.1	4.6
6	バークレイズ（英）	31.9	3.8
7	クレディ・スイス（スイス）	29.2	3.4
8	ドイツ銀行（独）	27.6	3.2
9	ウェルズ・ファーゴ（米）	21.1	2.5
10	RBCキャピタル・マーケット（カナダ）	17.9	2.1
11	UBS（スイス）	15.8	1.9
12	HSBC（英）	14.8	1.7
13	みずほ・FG（日）	14.0	1.7
14	BNPパリバ（仏）	13.5	1.6
15	ラザード（米）	10.8	1.3
16	三井住友・FG（日）	9.7	1.1
17	ロスチャイルド（英）	9.7	1.1
18	ジェフリーズ証券（米）	9.7	1.1
19	三菱UFJ・FG（日）	9.6	1.1
20	野村證券（日）	9.4	1.1
21	BMOキャピタル・マーケット（カナダ）	7.4	0.9
22	エバーコア・パートナーズ（米）	7.2	0.8
23	ソシエテ・ジェネラル（仏）	7.0	0.8
24	クレディ・アグリコル（仏）	7.0	0.8
25	中国工商銀行（中）	6.7	0.8
	上位25社	518.3	60.9
	総　計	850.4	100.0

出典：Thomson Reuters “GROBAL INVESTMENT BANKING REVIEW Full Year 2016”, http://dmi.thomsonreuters.com/Content/Files/4Q2016_Global_Investment_Banking_Review.pdf,P5より作成

地域別に手数料収入のシェアをみると、アメリカ52・7%、ヨーロッパ22・1%、アジア太平洋18・9%、日本4・2%、中東アフリカ1・9%であり、アメリカだけで、グローバル市場の過半のシェアを独占している。

世界の商業銀行・投資銀行（証券会社）数は、アメリカの商業銀行5304行と投資銀行（証券会社）4068社を筆頭に、大小数万行（社）の金融機関が存在する中で、投資銀行業務では、アメリカのウォール街を中心にしたわずか25行の上位行が60・9%のシェアを占め、ごく少数の巨大銀行の独占的な支配が確立している。これら25行はグローバル市場を独占的に支配する現代の代表的な金融独占資本にほかならない。

グローバルにビジネスを展開する巨大銀行にとって、手数料収入は、総資産を拡大することになる貸付による金利収入と異なり、総資産を拡大することなく収益を拡大できるので、国際決済銀行の課す自己資本比率規制（BIS規制）をクリアしたまま、より多くの収益を獲得できる有効な収益源泉にほかならない。そのため、巨大銀行のバランスシートは、従来の貸付による金利収入の割合を低下させ、債券・株式の引受・売出、M&Aのアドバイザリーといった伝統的な投資銀行業務に加えて、資産管理などによる手数料収入、債券・株式を高速に売買し、その売買差益を追求するトレーディングのようなカジノ型金融業務の割合を増大させてきた。

以下、代表的な手数料収入を実現する市場として、政府や企業の借入金調達のための債券発行・引受市場、企業の資本金調達のための株式発行・引受市場、企業の合併買収（M&A）のアドバイザリー市場、近年、金融独占資本の最大の収益源泉になり、一大投機市場を形成しているトレーディング業務に焦点を当て、そこにおける金融寡頭制の実態を検討しよう。

債券発行・引受市場

政府や企業の資金調達にあたり、巨大銀行は主幹事として公社債などの債券発行を準備し、発行の際には自行の資金で債券を引き受け、それを投資家に販売することで、円滑な資金調達が実現する。債券の引受業務は古典的な投資銀行業務である。

各国政府・企業が、2016年に発行した公社債の総額（グローバル債券発行市場）は、6兆9922億ドル（755兆1576億円）に達したが、トップ10銀行の引受シェアは43・1％、トップ25銀行のシェアなら67・5％を独占した。この引受業務によって獲得した引受手数料は、グローバル市場の総計で236億7000万ドルに達したが、トップ25銀行は、その66・3％に当たる156億6000万ドル（1兆6912億円）を独占した（表6―3）。

国債を発行する各国政府も、社債を発行する各国の企業も、グローバルに巨額の資金を調達するに当たっては、債券の発行・引受業務を独占する巨大銀行25行に依存せざるをえない。これらトップ25行が指図する発行金利や売出価格、どの国のどの市場にはめ込むか、などの指示に従うことになる。

少数巨大銀行による引受業務の独占は、しばしば不透明で不正な取引が行われる温床になる。最大手のJPモルガン・チェースは、リーマン・ショック前の住宅ローン担保証券の不正販売をめぐり、米

表 6-3　グローバル債券市場の引受額・手数料収入・シェア

（2016年　単位:億ドル、%）

順位	主幹事	引受額	シェア	幹事手数料	シェア
1	JPモルガン（米）	4,159	6.0	16.0	6.8
2	シティ（米）	3,823	5.5	14.3	6.1
3	バンク・オブ・アメリカ・メリルリンチ（米）	3,691	5.3	15.2	6.4
4	バークレイズ（英）	3,352	4.8	10.8	4.6
5	HSBC（英）	2,880	4.1	7.1	3.0
6	ゴールドマン・サックス（米）	2,810	4.0	11.6	4.9
7	モルガン・スタンレー（米）	2,748	3.9	11.5	4.9
8	ドイツ銀行（独）	2,621	3.8	9.7	4.1
9	ウェルズ・ファーゴ（米）	2,167	3.1	8.7	3.7
10	BNPパリバ（仏）	1,780	2.6	5.3	2.2
11	クレディ・スイス（スイス）	1,729	2.5	8.0	3.4
12	野村證券（日）	1,483	2.1	3.1	1.3
13	中国銀行（中）	1,326	1.9	1.9	0.8
14	みずほ・FG（日）	1,304	1.9	5.3	2.2
15	中国工商銀行（中）	1,268	1.8	1.5	0.7
16	中国建設銀行（中）	1,257	1.8	1.5	0.6
17	RBCキャピタル・マーケット（カナダ）	1,184	1.7	5.6	2.4
18	中国農業銀行（中）	1,084	1.6	1.2	0.5
19	TDセキュリテーズ（カナダ）	1,063	1.5	2.5	1.1
20	クレディ・アグリコル（仏）	1,053	1.5	2.5	1.1
21	交通銀行（中）	1,050	1.5	1.9	0.5
22	ソシエテ・ジェネラル（仏）	971	1.4	2.7	1.1
23	UBS（スイス）	955	1.4	4.4	1.9
24	ウニクレディト（伊）	672	1.0	1.7	0.7
25	三菱UFJ・FG（日）	591	0.8	3.0	1.3
	上位25社	47,025	67.5	156.6	66.3
	総　計	69,922	100.0	236.7	100.0

出典：Thomson Reuters "GLOBAL DEBT CAPITAL MARKETS REVIEW Full Year 2016",
http://share.thomsonreuters.com/general/PR/DCM_4Q_2016_E.pdf,P3より作成

当局に総額130億ドル（1兆3000億円）の和解金を支払うことになった。[16]

株式発行・引受市場

各国企業が資本金を調達するために2016年に発行した株式総額（グローバル株式・株式関連発行市場）は、6549億ドル（70兆7292億円）に達したが、トップ10の投資銀行の引受シェアは49・5%、トップ20の投資銀行のシェアなら61・7%を独占した。この株式発行・引受業務によって獲得した引受手数料は、グローバル市場の総計で139億3000万ドル（1兆5044億円）に達したが、トップ20の投資銀行は、その55・1%に当たる76億7000万ドル（8283億円）を独占した（表6―4）。

大口の株式発行・引受市場で、近年、無視できないのは、民営化株式である。新自由主義と市場原理主義に傾く各国は、国営企業の民営化に踏み出し、巨額の民営化株式が、グローバル市場で発行された。「地球的な経済革命」[17]といわれた民営化の嵐を取り仕切ったのは、アメリカの「ウォール街・財務省複合体」である。

アメリカの巨大投資銀行は、各国の民営化株式の組成とグローバルな売出というビジネスの「金鉱脈」[18]から莫大な手数料収入を獲得した。それだけでなく、「世界をまたにかける民間の機関投資家が影響力を強化し、各国政府の政策の優先順位を整理し直している」[19]、といった事態が到来した。各国の政策の決定権が、自国の政府でなく内外の大口投資家や金融独占資本の「資本の論理」によって制

表 6-4　グローバル株式・株式関連市場の引受額・手数料収入・シェア

（2016年　単位:億ドル、%）

順位	主幹事	引受額	シェア	幹事手数料	シェア
1	JPモルガン（米）	561	8.6	10.7	7.7
2	モルガン・スタンレー（米）	478	7.3	8.7	6.3
3	ゴールドマン・サックス（米）	473	7.2	7.6	5.5
4	バンク・オブ・アメリカ・メリルリンチ（米）	327	5.0	7	5.0
5	シティ（米）	298	4.6	5.8	4.2
6	クレディ・スイス（スイス）	277	4.2	5.3	3.9
7	ドイツ銀行（独）	269	4.1	3.7	2.7
8	UBS（スイス）	228	3.5	3.6	2.6
9	バークレイズ（英）	203	3.1	3.8	2.8
10	中信証券（中）	126	1.9	2.2	1.6
11	RBCキャピタル・マーケット（カナダ）	118	1.8	3.0	2.2
12	ウェルズ・ファーゴ（米）	104	1.6	2.4	1.7
13	野村證券（日）	91	1.4	2.9	2.1
14	TDセキュリテーズ（カナダ）	75	1.1	1.9	1.4
15	中国国際金融公司（中）	72	1.1	1.2	0.8
16	中信建投証券（中）	70	1.1	1.3	1.0
17	ジェフリーズ証券（米）	69	1.1	1.9	1.4
18	BNPパリバ（仏）	68	1.0	1.2	0.9
19	海通証券（中）	66	1.0	0.9	0.7
20	HSBC（英）	65	1.0	1.3	1.0
	上位20社	4,041	61.7	76.7	55.1
	総　計	6,549	100.0	139.3	100.0

出典：Thomson Reuters "GLOBAL EQUITY CAPITAL MARKETS REVIEW Full Year 2016",
http://share.thomsonreuters.com/general/PR/ECM_4Q_2016_E.pdf,P2より作成

約を受ける時代がやってきた。

『帝国主義論』は民間部門での会社支配のやり方について、株式所有と「参与制度」による会社支配を指摘したが[20]、現代では、民間部門に限らず、「天下り」と「天上がり」の人事交流を介して、政府の審議会に業界の代表が送り込まれ、大資本の利益を反映した各種の政策が作成され、族議員と与党の多数派によって議会で採決され、実施される[21]。

大資本は、恐慌やバブル崩壊に直面すると、政府から公的資金を引き出し、私物化することで経営破綻を回避する。これは、大資本による「会社支配」ならぬ「政府支配」であり、大資本が国家を支配下におく国家独占資本主義体制ともいえるであろう。

M&Aアドバイザリー市場

「20世紀の錬金術[22]」といわれるM&Aは、21世紀に入っても現代の投資銀行業務の中で大口の収入（アドバイザリー手数料、企業の買収・売却案件の金額に応じた成功報酬など）をもたらす市場にほかならない。M&Aのアドバイザリー業務は、企業の合併・買収に関係する社債や株式の引受業務をともなうので、M&Aが活発化すればするほど、巨大投資銀行にとって証券引受手数料も増大する。

イギリスフィナンシャル・タイムズ紙によれば、1世紀前にもブームとなった企業のM&Aや業界再編の目的は、国内経済圏における経済支配の実現にあったが、現代のM&Aは、その目的が地球規模での支配＝グローバル支配（global domination）にある[23]、と指摘する。

表 6-5　グローバル M&A 市場の取引額・手数料収入・シェア

（2016年　単位:億ドル、%）

順位	主幹事	取引額	シェア	手数料	シェア
1	ゴールドマン・サックス（米）	11,627	35.9	25.0	8.3
2	モルガン・スタンレー（米）	9,945	30.7	20.7	6.9
3	JPモルガン（米）	8,293	25.6	18.6	6.2
4	バンク・オブ・アメリカ・メリルリンチ（米）	8,128	25.1	9.6	3.2
5	バークレイズ（英）	6,359	19.7	9.1	3.0
6	シティ（米）	5,870	18.1	9.4	3.1
7	ラザード（米）	5,850	18.1	10.5	3.5
8	クレディ・スイス（スイス）	5,233	16.2	8.7	2.9
9	ドイツ銀行（独）	5,058	15.6	5.8	1.9
10	センタービュー・パートナーズ（米）	4,200	13.0	5.6	1.9
11	UBS（スイス）	2,938	9.1	5.5	1.8
12	ロスチャイルド（英）	2,931	9.1	9.1	3.1
13	エバーコア・パートナーズ（米）	2,690	8.3	6.8	2.3
14	Robey Warshaw（英）	2,220	6.9	1.0	0.3
15	LionTree Advisors（米）	1,705	5.3	1.1	0.4
16	BNPパリバ（仏）	1,697	5.3	2.5	0.9
17	Guggenheim Securities（米）	1,677	5.2	1.9	0.6
18	中国工商銀行（中）	1,584	4.9	1.5	0.5
19	RBCキャピタル・マーケット（カナダ）	1,554	4.8	4.4	1.5
20	モーリス・アンド・カンパニー（米）	1,364	4.2	4.4	1.5
21	アレン・アンド・カンパニー（米）	1,141	3.5	0.8	0.3
22	グリーンヒル（米）	905	2.8	2.5	0.9
23	ウェルズ・ファーゴ（米）	815	2.5	2.7	0.9
24	中信証券（中）	787	2.4	0.4	0.1
25	HSBC（英）	695	2.2	1.5	0.5
	上位25社			169.1	56.5
	総　計	32,353	100.0	299.7	100.0

注：取引額はランクバリュー＝取引金額から負債の引継額を差し引き、被買収側企業の純負債額を加算した金額

出典：Thomson Reuters "MERGERS & AQUISITIONS REVIEW Full Year 2016", http://share.thomsonreuters.com/general/PR/MA_4Q_2016_E.pdf, p5より作成

グローバルM&A市場の取引額は、２０１６年、３兆２３５３億ドル（３４９兆４１２４億円）に達し、この取引で獲得された手数料収入は総計２９９億７０００万ドル（３兆２３６７億円）であったが、その56・5％は、アメリカのゴールドマン・サックス、モルガン・スタンレー、JPモルガンといった巨大銀行25行が独占した（表６―５）。

企業のM&Aの本質は、マルクスによれば、株式の買い占めなどを通じて、既存の企業を支配する「資本家による資本家の収奪であり、群小の資本のより大きな少数の資本への転化」[24]である。しかも、M&Aにともなう事業の再編成・リストラクチャリングでは多くの労働者が大量に解雇され、資本の野蛮な本性が発揮される。

だが、M&Aは当初のもくろみどおりに成功するとは限らず、１９９８年のドイツのダイムラー・ベンツ社によるアメリカのクライスラー社の国境を越えた自動車産業の大型M&A（ダイムラー・クライスラー社の誕生）は、２００７年には解消された。２００６年の東芝によるアメリカの原発企業ウェスティングハウスのM&Aも、10年後には７１２５億円の巨額損失をもたらし、東芝の経営危機を誘発した。[25]

膨張するトレーディング業務

『帝国主義論』の時代は、「有価証券の発行業務」が金融資本の利益の主要な源泉であった。だが、近年の経済の金融化、金融の証券化、情報化の進展は、「発行業務」から「流通業務」へ、株式や債券の売買取引（トレーディング）業務へと、金融資本の利益の主要源泉はシフトしてきた。

それは、古くからあった有価証券の引受という狭義の投資銀行業務から、有価証券の売買による投機的な売買差益を追求する、より広義の投資銀行業務への変容を意味している。このような投機的な金融ビジネスを主導するアメリカ・ウォール街の金融資本がグローバル市場を支配する現代資本主義は、したがって、カジノ型金融独占資本主義としての特徴をもつことになる。

コンピュータプログラムを駆使し、1万分の1秒のスピードで株式や債券を超高速で売買し[26]、瞬時に巨万の儲けを獲得するトレーディング業務こそ、レーニンの時代とは比較できないほどの発展と膨張を遂げた現代のカジノ型金融独占資本主義を象徴する業務と言えるであろう。それはまた、『帝国主義論』が指摘する「金融的術策」の現代版であり、「資本主義の寄生性と腐朽」[27]を象徴する業務でもある。

そこで、２０１６年の各社のアニュアルレポートを参考に、グローバル市場のトップ2のゴールドマン・サックスとＪＰモルガン・チェースを例にとって、トレーディング業務からの収入金とその割合を見てみよう。周知のように、「カジノ型金融」を象徴するトレーディングは、自己勘定によるトレーディングを原則禁止したボルカールールなど、社会と金融当局の厳しい目線を気にしてか、内実はトレーディング業務なのに、アニュアルレポートでは別の用語で表記される場合が多い。

投資銀行業務で世界最大のゴールドマン・サックスの場合（表6―6）、本来の伝統的な投資銀行業務からの収入（62・7億ドル）は、純収入合計（３０６億ドル）の20・5％にすぎず、最大の稼ぎ頭はトレーディング業務（レポートでは「インスティチューショナル・クライアント・サービス」と表記）からの収入（１４４億ドル）であり、全体の47・2％を占めている[28]。

表 6-6　ゴールドマン・サックスの業務別収入構成

（2016年、単位：百万ドル、％）

投資銀行業務	6,273（20.5）
トレーディング業務	14,467（47.2）
投資と貸付	4,080（13.3）
資産管理業務	5,788（18.9）
純収入合計	30,608（100.0）

出典：Goldman Sachs Group, Inc. ANNUAL REPORT 2016、p.1より作成
注：表中「トレーディング業務」は、元表では「Institutional Client Services」

表 6-7　ＪＰモルガン・チェースの業務別収入構成

（2016年、単位：百万ドル、％）

非金利収入	49,585（51.8）
投資銀行業務関連収入	6,448（6.7）
トレーディング業務収入	11,566（12.1）
貸出・預金手数料収入	5,774（6.0）
資産運用・管理手数料収入	14,591（15.2）
有価証券利益	141（0.1）
モーゲージ報酬と関連収入	2,491（2.6）
クレジットカード収入	4,779（5.0）
その他収入	3,795（4.0）
純金利収入	46,083（48.1）
受取利息	55,901
支払利息	9,818
純収入合計	95,668（100.0）

出典：JPMORGAN CHASE & CO. ANNUAL REPORT 2016, P.141より作成
注：表中「トレーディング業務」は、元表では「Principal transactions」

商業銀行として世界最大のＪＰモルガン・チェースの場合（表６―７）も、預金受入と貸出といった本来の伝統的な商業銀行業務を源泉とする純金利収入（４６０億ドル）は割合を低下させ、純収入合計（９５６億ドル）の48・１％にすぎない。他方で、投資銀行業務、とくにトレーディング業務（レポートでは「プリンシパル・トランザクション」と表記）、資産運用管理業務などを源泉とする多様な非金利収入（４９５億ドル）は、純収入合計の51・８％に達している。◆[29]

　このような傾向は、商業銀行の投資銀行化を意味し、「銀行さようなら、証券こんにちは」といった事態、つまりハイリスク・ハイリターン取引に傾注する現代の金融独占資本のビジネススタイル＝

カジノ型金融独占資本主義を表現している。

3　現代日本の金融独占資本とドル依存

3メガFGと2大証券の金融独占

戦後日本の6大企業集団[30]（三井・三菱・住友・芙蓉・三和・第一勧銀）に所属する中核的大企業・銀行は、日本の代表的な産業独占資本・金融独占資本であるが、バブル崩壊・経済のグローバル化・金融ビッグバンの大波[31]は、この6大企業集団の再編成を迫るものとなった。とりわけ、企業集団の中核であった6大メインバンク体制は解体され、銀行業務・証券業務・保険業務、その他の金融業務を多角的に兼業する巨大金融コングロマリットに再編成され、3メガフィナンシャル・グループ（三菱UFJ・FG、三井住友・FG、みずほ・FG）に集中された。

この再編成にともない、わが国の投資銀行業務も、これらの3メガ・FGと従来からの大手証券会社の野村證券および大和証券の独占的な支配のもとにおかれる。その実態は、トムソン・ロイター社の『グローバル・インベストメント・バンキング・レビュー』の「ジャパン・インベストメント・バンキング[32]」によって検証される。

わが国企業の合併・買収に関係するＭ＆Ａアドバイザリー業務や債券・株式の引受・売出にいたる投資銀行業務から発生する各種の手数料収入は、２０１６年、総額35億８６００万ドル（３８７３億円）に達したが、この手数料収入のシェアを見ると、みずほ・ＦＧ（7億２１００万ドル、20・１％）、野村證券（5億３４００万ドル、14・９％）、三井住友・ＦＧ（4億９３００万ドル、13・８％）、モルガン・スタンレー（4億２０００万ドル、11・７％）、大和証券（2億５０００万ドル、７・０％）のトップ5によって、67・５％のシェアが独占されている。日本に進出した欧米の銀行を加えた上位20社のシェアは、88・５％に達する（表6―8）。

シェア4位のモルガン・スタンレーはアメリカの投資銀行であるが、いまでは三菱ＵＦＪ・ＦＧの共同出資会社であり、ブルームバーグ社によれば、[33] 対日進出した外国証券会社（投資銀行）10社のトップであり、２０１７年3月期決算で、債券関連業務からの受入手数料は前期比22％増の４３７億円を獲得している。株式関連では九州旅客鉄道やＬＩＮＥのＩＰＯ（新規公開株）の主幹事を務めた。

日本には、全国銀行１１６行・証券会社２５２社（２０１５年）が営業しているが、投資銀行業務では少数のトップ5が67・５％のシェアを独占している。銀行業務の集積に目を向けると、最大の金融独占資本である三菱東京ＵＦＪ銀行（現三菱ＵＦＪ銀行）の口座数は、国内の個人でほぼ４０００万口座（日本の世帯数は約５３００万）、法人で40万社、世界48ヵ国、約１２００拠点のグローバルネットワークを構築し、持株会社の従業員数（連結）は、10万８１５３人（ＭＵＦＧで14万７０００人）に達している。

表 6-8　日本の投資銀行業務の手数料収入とシェア

（2016年　単位:百万ドル、%）

順位	金融機関名	手数料	シェア
1	みずほ·FG（日）	721	20.1
2	野村證券（日）	534	14.9
3	三井住友·FG（日）	493	13.8
4	モルガン·スタンレー（米）	420	11.7
5	大和証券（日）	250	7.0
6	三菱UFJ ·FG（日）	168	4.7
7	ゴールドマン·サックス（米）	100	2.8
8	シティ（米）	98	2.7
9	バンク·オブ·アメリカ·メリルリンチ（米）	75	2.1
10	JPモルガン（米）	69	1.9
11	ロスチャイルド（英）	41	1.1
12	バークレイズ（英）	34	1.0
13	三井住友信託銀行（日）	27	0.7
14	GCA株式会社（日）	26	0.7
15	Raineグループ（米）	23	0.6
16	Robey Warshaw（英）	23	0.6
17	BNPパリバ（仏）	20	0.6
18	SBIホールディングス（日）	18	0.5
19	日本政策投資銀行（日）	18	0.5
20	東海東京フィナンシャル·ホールディングス（日）	17	0.5
	上位20社	3,176	88.5
	総　計	3,586	100.0

出典：Thomson Reuters “GLOBAL INVESTMENT BANKING REVIEW Full Year 2016”, http://dmi.thomsonreuters.com/Content/Files/4Q2016_Global_Investment_Banking_Review.pdf,P.10より作成

ドル建て貿易と外貨準備

戦後日本の金融資本の運動原理は、いうまでもなく市場の独占的支配と独占利潤の追求にあるが、国内市場はともかく、グローバル市場を舞台にすると、アメリカとドルの強い影響下にある。それは、輸出入などの貿易取引が自国通貨の円建てで行われるのではなく、その多くはアメリカのドル建てに依存しているからである。また、わが国の外貨準備高の通貨別構成も、極端にドルに依存し、その割合は9割ほどに達している。

円建てで行われる日本貿易の割合は、輸出で36・2％、輸入となると24・5％にすぎない。国内通貨は円なのに、貿易ではアメリカドルに依存し、輸出で51・3％、輸入となると69・0％に達する（図6―1）。2010年以来の日本の最大貿易相手国はアメリカではなく、中国であることを考慮すると、日本貿易の現状を無視したゆがんだドル依存である。貿易黒字で受け取る通貨は円でなく、ドルである。しかもそのドルの多くは日本に還流することなく、再びアメリカで投資されるので、日本の国内経済は衰退する一方である。

1・26兆ドル＝141兆円に達する世界第2位の外貨準備高も、その内訳で85％を占める証券とは、日本政府が購入したアメリカ国債（財務省証券）であり、また10％を占める預金もドル建てであり、ドルに偏倚した構成になっている（図6―2）。このようなドルに命運を握られる日本の外貨準備のポートフォリオの組み方は異常であり、ドルが暴落したら日本の外貨準備は枯渇する。

民間資金も、公的資金も、アメリカの国債投資、株式投資、直接投資など多様なチャンネルで日本からアメリカに資金が流入していき、ドルの傘のもとでドル建て資産として積み上がる。
世界最大の対外純資産大国の日本は、ドル建て資産大国であり、円とドルとの為替相場の変動に振り回される。円高＝ドル安に振れた場合、ドル建て資産には莫大な為替差損が発生する。１％の円高になれば、外貨準備高では１兆４１００億円の為替差損が発生する。民間資金を含む対外純資産は３４９兆円なので、１％の円高になれば、対外純資産大国は、３兆４９００億円の為替差損が発生する。また円安の場合は逆の事態が発生することになる。

　ドルに依存した現状では、自国の対外資産価値を維

図 6-1　日本貿易の通貨別比率（%）

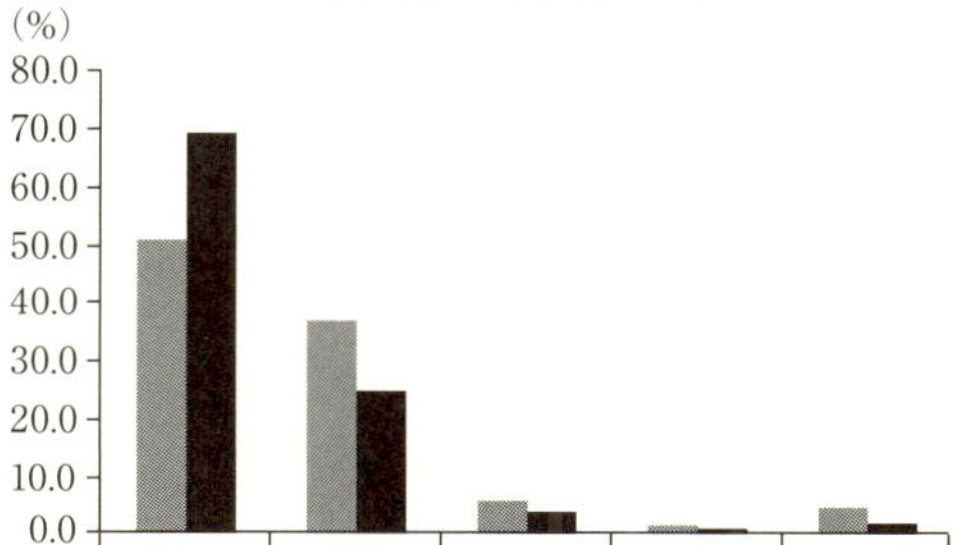

	米ドル	円	ユーロ	元	その他
■輸出	51.3	36.2	6.1	1.4	5.0
■輸入	69.0	24.5	3.9	0.9	1.7

出典：財務省HP、2017年上半期より作成

図 6-2　外貨準備高の内訳

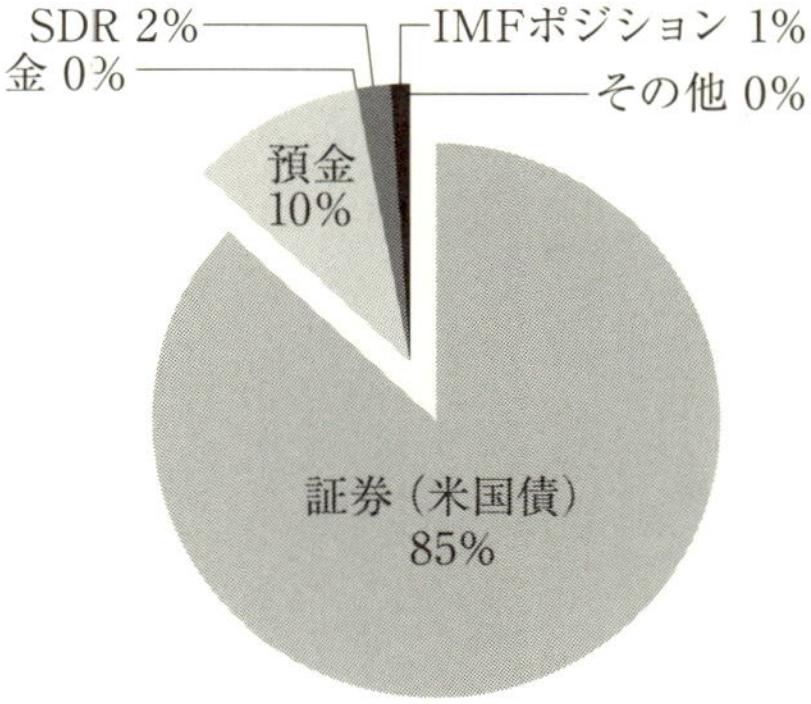

出典：財務省HP、2017年7月末現在1.26兆ドル＝141兆円「外貨準備等の状況」より作成

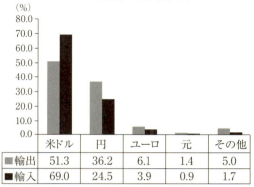

持するためには、自国通貨の円でなく、他国通貨アメリカドルの価値を擁護しなければならないという、ゆがんだ対米従属的な関係のもとにある。高度に発達し、世界第3位の経済大国日本は、アメリカドルと「ウォール街・財務省複合体」の強い影響下におかれている。

まとめ――金融的術策の「天才」たちと「悪魔の金融辞典」

有価証券の発行業務から流通業務へシフトし、コンピュータプログラムを駆使した高頻度取引（HFT）で世界中の株式や債券を売買し、瞬時に巨万の金融収奪を実現するカジノ型金融独占資本主義は、金融資本による金融収奪の現代の到達点ともいえる。だが、この到達点とは、人類にとって何らかの有用な使用価値をもつ商品を生産するのでなく、このプログラムを作成し、それを稼働させるシステムと、そこに投入される莫大な資金を運用できるものだけの私的な利益を飛躍的に拡大するにすぎない。

その対極には、超えることのできない経済格差と貧困が加速的にひろがり、拡大再生産される。2016年1月の世界経済フォーラムで注目されたのは、世界の資産保有額上位62人の総資産額が、下位50％、つまり世界人口の半分の人々の総資産に匹敵するまで格差と貧困が深刻化した事態であった。

すでに100年前、レーニンは『帝国主義論』で以下のように指摘していた。すなわち、「たとえ商品生産が従来どおり『支配して』いて、経済全体の基礎と考えられるにしても、しかし実際には、それはすでにまったく破壊され、主要な利潤は金融的術策の『天才』たちの手に帰するようになるほど、資本主義の発展はすすんだ、……これらの術策と詐欺との基礎には生産の社会化があるが、ようやくこの社会化までこぎつけた人類の巨大な進歩が、なんと、投機者を利するようになっているのである」[34]。

この指摘は100年後の今日のカジノ型金融独占資本主義をすでに洞察している。「小冊子」の『帝国主義論』は紛れもなく経済学の古典であり、今後も、繰り返し読み継がれていくであろうことを実証している、と言ってよい。

「金融的術策」の天才たちが跋扈《ばっこ》する米ウォール街関係者の間で密かに読み継がれている書物が存在する。その名は、「悪魔の金融辞典」[35]である。この「金融辞典」は、カジノ型金融独占資本主義の担い手とその取引手法について、次のように解説している。

例えば、Analyst：アナリスト＝株を大いに宣伝する人、その目的は委託手数料を稼ぐこと。Bank：銀行＝レバレッジの積み上げや、資産と負債のミスマッチで短期的利益と長期的損失を生む機関。Business school：ビジネススクール＝若者が大枚をはたいて罪の意識を取り除くネットワーク作りの場。Chief Executive Officer：最高経営責任者（CEO）＝自分の利益のために自身が運営する会社によって生み出される、いかなる剰余価値も搾り取る経営者。Dollar：ドル＝FRBのバランスシート上で変身を遂げた価値のない代用貨幣、世界中に大混乱を引き起こしている低い米金利をもたらした国際金融制度の基軸。Financial innovation：金融革新＝ウォール街が考え付いた、手数料を取ったり、リスクを隠したり、規制を逃れたりする新たな方法。Forecast：予測＝取引を増やそうとするブローカーや破綻を隠そうとする年金運用機関によってつくり出される、常に楽観的で、不正確な予想。Global financial crisis：世界金融危機＝ＦＲＢが救済の手を差し伸べるまで、ウォール街の円滑な手数料集金マシンを停止の脅威にさらしたイベント。Goldman Sachs：ゴールドマン・サックス＝「人間の顔をした巨大な吸血イカ」（米ジャーナリストのマット・タイビ）、利害の対立を「扱う」ことを専門とするウォール街の企業。Mergers and Acquisitions：Ｍ＆Ａ（合併・買収）＝報酬が自社の売り上げと時価総額に関係するＣＥＯが行う。借り入れでまかなうＭ＆Ａは、一株当たり利益（ＥＰＳ）を高めるための常套手段となっている。ＱＥ：量的緩和＝米国のデフレ対策と経済成長促進のため、ＦＲＢが新たに発行した紙幣で債券を購入したのが一例、実際には、資産価格バブルやコモディティーへの過剰投資、そして新興国市場の信用バブルを生み出す結果となっており、新興国バブル崩壊は世界的なデフレと世界経済成長の低下をもたらしている。Revolving door：回転ドア＝元政府当局者がウォール街からもうかる仕事を提供され、「くら替え」すること（ルービン元米財務長官はシティグループ、グリーンスパン元ＦＲＢ議長は米ヘッジファンドのポールソン＆カンパニー、バーナンキ前ＦＲＢ議長はシタデル）、日本では「天下り」として知られる。Too big to fail：大き過ぎてつぶせない＝国家に救済されると分かっている巨大銀行は無責任に行動するという概念。などなど。

この「悪魔の金融辞典」の皮肉に満ちた金融用語には、米ウォール街・財務省複合体が主導する現代金融ビジネスの真相が見え隠れしているようである。最近、「悪魔の金融辞典」の信憑性を裏付けるような出来事があった。現代の金融ビジネスを主導する米ビジネス・金融界は、金（money）のためなら、重罪の有罪評決を受けた者でも大統領候補として支持する道徳観の持ち主であった。

ブルームバーグ社の報道によれば、◆[36] ２０２４年5月31日、米ニューヨーク・マンハッタンの裁判所でトランプ前米大統領に有罪評決が下された。米大統領経験者に刑事裁判で有罪の評決が下されたのは初めてである。ところが、この評決の16日前、５番街の豪華ホテル「ピエール」に集まった米ビジネス・金融界の著名人たちは、法廷の陪審が有罪評決を下しても大統領候補としてトランプ氏を支持する意志を固めていた。

米ビジネス・金融界は、重罪の有罪評決とは無関係に、トランプ氏返り咲きを願っているからである。その大きな理由は一言で言えば金（money）である。トランプ氏は富裕層向け減税（cut taxes for the wealthy）や規制の撤廃（roll back regulations）を約束している。バイデン大統領が目指している政治とは正反対である。

トランプ前大統領を支持し、選挙資金をカンパし、その後ろ盾になっている世界最大手の投資ファンドのブラックストーン共同創業者のシュワルツマン氏は、世界で最も裕福な40人の１人であり、その資産は４１０億ドル（約6兆４３００億円）に上る。また、議会襲撃事件でトランプ氏を非難していたウォール街のマネーセンターバンク・米銀最大手のＪＰモルガン・チェースのジェイミー・ダイモン最高経営責任者（ＣＥＯ）も、トランプ大統領の復活を期待するような意志を仄《ほの》めかしている。

◆1　本章で参考にしたレーニン『帝国主義論』は、レーニン全集刊行委員会『レーニン全集』第22巻（大月書店、１９７２年）収録の「資本主義の最高の段階としての帝国主義――平易な概説」である。断り書きがない場合、文中の引用は全集第22巻（㉒）のページを示している。

◆2　㉒、２５９ページ。

◆3　㉒、２７０ページ。

◆4　㉒、３４４ページ。

◆5　㉒、３４５ページ。

◆6　戦後の学説の整理は、小松善雄『国家独占資本主義の基礎構造』（合同出版、１９８２年）、金融資本概念の展開は、谷田庄三編『現代資本主義と金融経済』（大月書店、１９８９年）、金谷義弘『管理通貨と金融資本の蓄積』（文理閣、１９９６年）、概念規定は、鈴木健『独占資本主義の研究』（文眞堂、１９９２年）、などを参照されたい。

◆7　日本証券経済研究所『アメリカの証券市場２０１３年版』２０１３年、75ページ。

◆8　IMF : World Economic Outlook Databases, IIF : Global Debt Monitor: Navigating the New Normal.　https://www.imf.org/en/Publications/WEO/weo-database/2024/April

◆9　The Economist, Special Report: International Banking, "Twilight of the gods", May 11th 2013, p.13.

◆10　Fortune Global 500 List 2017: See Who Made It. http://fortune.com/global500/

◆11　The Banker, Cover Story : Top 500 Banking Brands, Feb. 2017.　なお、『ザ・バンカー』のいう「ブ

ランド価値」とは、「資産の健全性、非公式なつながりの強さ、各種金融商品の占有率、収益性等を考慮し、２０１７年までの商標権、知的財産権に関連する各銀行の期待収入の割引現在価値を計測したもの」である。http://www.thebanker.com/Banker-Data/Top-500-Banking-Brands-2017?ct=true

◆12 詳しくは、大槻久志『金融化の災い』新日本出版社、２００８年、高田太久吉『マルクス経済学と金融化論』新日本出版社、２０１５年を参照されたい。

◆13 "Goldman Sachs Alums Run Third of Fed Banks" http://www.pressreader.com/malaysia/the-star-malaysia-starbiz/20151118/281689728710354

◆14 『日経ビジネス』online ２００６年12月27日。http://business.nikkeibp.co.jp/article/manage/20061225/116215/

◆15 Thomson Reuters"GLOBAL INVESTMENT BANKING REVIEW Full Year 2016" http://dmi.thomsonreuters.com/Content/Files/4Q2016 Global Investment Banking Review.pdf

◆16 日本経済新聞２０１３年11月21日。

◆17 "The greatest assets ever sold", The Economist, 21 August, 1993, p.9.

◆18 Stewart Toy, John Rossant, Julia Flynn,"Europe for sale-A privatization drive could raise $150 billion", Business Week, July 19, 1993, p.15.

◆19 Michael Hirsh, "Capital Wars", Newsweek, October 3,1994, pp.43-44.

◆20 ㉒２６１～２６５ページ。

◆21 詳しくは、佐々木憲昭『日本の支配者』新日本出版社、２０１９年、とくに「第２章 支配勢力が国家機構を動かす仕掛けとは」を参照されたい。

◆22　松井和夫『M&A』講談社現代新書、1991年。
◆23　Financial Times, London, 27 December, 1998.
◆24　マルクス『資本論』第1巻・第7篇「資本の蓄積過程　第23章　資本主義的蓄積の一般的法則」（新日本出版社〔新版資本論〕④、1093ページ）
◆25　日本経済新聞2017年8月25日。
◆26　価格変動を利用し、「落ちるナイフをつかむ」取引といわれるHFT（High Frequency Trading）・高頻度取引は、すでにアメリカや日本の株式市場の売買高で6割のシェアを占めている。Bradley Hope, "Histric profits for Virtu as HFTs 'catch falling knives'", Wall Street Journal, 25 August 2015.
◆27　レーニン『帝国主義論』「第8章　資本主義の寄生性と腐朽」（㉒318〜329ページ）。
◆28　Goldman Sachs Group, Inc. ANNUAL REPORT 2016, p.1.
◆29　JPMORGAN CHASE & CO. ANNUAL REPORT 2016, p.141.
◆30　6大企業集団の最近の動向については、「三井・三菱・住友・芙蓉・三和・一勧――6大企業閥の因縁」『週刊ダイヤモンド』2017年7月29日号、『会社四季報　業界地図2017年版』（東洋経済新報社、2017年2月）、などを参照されたい。
◆31　拙著『これならわかる金融経済（第3版）』、とくに「Chapter 7 金融のビッグバンとグローバル化」（大月書店、2016年）、を参照されたい。
◆32　Thomson Reuters, "GLOBAL INVESTMENT BANKING REVIEW Full Year 2016", p.10.
◆33　日向貴彦「米モルガンS：日本での営業収益が外資トップに、ゴールドマン続く」2017年8月

9日。https://www.bloomberg.co.jp/news/articles/2017-08-09/OUCPC86TTDS001

◆34 ㉒、２３７ページ。

◆35 Edward Chancellor「コラム：現代版『悪魔の金融辞典』」２０１５年11月2日［16日 ロイターBREAKINGVIEWS］——米国の作家アンブローズ・ビアスは、著書「悪魔の辞典」（１９１１年）の中で、政府から商業、人生全般に至るまで辛口な定義を示した。ビアスは金融に関する知見も深く、例えば、「富」は「１人の手に握られる多くの人の蓄え」と定義してみせた。ロイター Breakingviews は、世界金融危機が発生する以前の２００７年、ビアスの「悪魔の辞典」に倣《なら》いその金融版を発表したが、その改訂版、金融危機後の「悪魔の金融辞典」を発表した。パート１は http://jp.reuters.com/article/World/1-id USKCN0SR07I/ パート2は https://jp.reuters.com/article/opinion/-idUSKCN0SR088/

◆36 Amanda L Gordon、Sridhar Natarajan「トランプ氏支持に集まるウォール街富豪、有罪評決でも心変わりなし」２０２４年5月31日。https://www.bloomberg.co.jp/news/articles/2024-05-31/SEBYHAT0G1KW00

あとがき

現代日本経済は、戦後80年を経て、世紀単位の大転換期に入ったようである。１９９０年代のバブル経済の崩壊とその後の長い低成長期を経て、21世紀の入り口で、アメリカとウォール街主導の「対日年次改革要望書」に沿った一連の日本改造が実施された。

日本版金融ビッグバン改革で戦後の日本の金融経済システムは抜本的に改造され、株価と証券ビジネス、高利回りと市場原理を最優先させるアメリカ型の金融経済システムに転換された。現在の「株式会社ニッポン」の大株主は、日本の企業・金融機関、まして個人ではなく、外資である。小泉構造改革・アベノミクスと続く、新自由主義・市場原理主義の日本改造は、日本の実体経済を脆弱《ぜいじゃく》化させる一方、金融経済を膨張させた。この大きな変化は、アメリカのウォール街・財務省複合体に主導された経済のグローバル化・情報化・金融化であり、それは現代資本主義の「カジノ型金融独占資本主義」とも言える変容を意味している。

異次元金融緩和政策は、日本銀行に支えられた国債の無制限の増発を招き、マイナス金利などの超低金利政策は内外の金利格差を拡大することで、ジャパンマネーの国外逃避と円安を促進し、日銀の株式ＥＴＦの大量買い入れは株式バブルを誘発した。この非伝統的な異次元金融緩和政策は、日本の経済社会に異次元のリスクとなって襲いかかっている。そのリスクは、現在、国民生活や中小零細企業の経営を破壊する物価高騰となって顕在化した。
「貯蓄から投資」への政策転換、「資産運用立国」の骨太方針は、ドイツと並ぶモノづくり大国であった日本を転換した。ジャパンマネーは国内の設備投資や賃金の支払いでなく、もっと効率的な利益追求のため、内外の金融証券市場で運用されるようになった。その結果、日本の実体経済は脆弱化した。かつてアメリカに次ぐ世界第2位の経済大国は、衰退の一途をたどり、ランキングも第4位に転落した。他方で、資産とマネーを保有し、運用する内外の投資家（大資本・富裕層など）は、内外から巨額の株式配当金や利子を受け取るようになり、金融資産を短期間に増大させた。それは、金融資産を「持つもの」と「持たざるもの」との資産格差を拡大し、日本は主要国でアメリカに次ぐ格差大国に転落した。

格差大国日本に異次元のリスクが襲いかかっている。異次元リスクの性格や特徴を明らかにし、その解決の方向や財源を検討することは、現代日本が直面している喫緊の課題である。本書は、そのような課題に少しでも応えるために、公文書だけでなく、時々刻々変動する内外の経済情報を新聞・雑誌・インターネットなどから手探りで収集し、分析する作業を続けてきた末の一応の結論である。

経済学の古典を振り返ったり、あれやこれやと試行錯誤し、行きつ戻りつの作業であったが、そのような拙稿を最初に掲載していただいた刊行物をここで紹介しておく。第1章から2章にかけては、「しんぶん赤旗」に掲載していただいた「アベノミクス異次元緩和の罪」上・中・下（2020年9月1日～3日）、「検証　金融政策①～⑤」（2021年6月15日～19日）、「もろい日本経済」上・中・下

（２０２２年４月21日～23日）、「検証　アベノミクス」上・下（２０２２年７月27日～28日）、「ＩＭＦ季刊誌を読む」上・下（２０２３年４月12日～13日）、「金融と新自由主義①～⑤」（２０２２年２月１日～５日）、などである。第３章は「経済のグローバル化と世界の金融再編成」群馬大学教育学部紀要、人文・社会科学編、第52巻、２００３年３月、「世界金融危機と金融改革」群馬大学教育学部紀要、人文・社会科学編、第60巻、２０１１年３月、第４章は「円安・物価高・株高と外資の金融侵略」『前衛』２０２４年７月、第５章は「『資産運用立国』と格差拡大・キャピタルフライト」『経済』２０２４年３月、第６章は「現代の金融資本と金融寡頭制」『経済』２０１７年11月、である。

本書執筆中に加筆したが、初稿を掲載していただいた雑誌や新聞、そして丁寧に校正をしていただいた編集者の皆さまに、あらためて感謝したい。研究会などで、貴重なアドバイスをいただいた方々に、御礼申し上げる。また、私事で恐縮だが、昨年金婚式を迎えた妻ひろ子には、皿洗い以外の家事を怠る夫の健康管理と家事全般を引き受けてくれ、感謝する。

２０２３年２月、わたくしの学部学生以来の恩師であり、マルクス経済学研究の第一人者として多くの研究業績を残されただけでなく、経済理論学会代表幹事・日本キューバ友好協会理事長などの要職を担って来られた鶴田満彦中央大学名誉教授がご逝去されたことに、不肖な弟子であったことをお詫びし、衷心よりお悔やみ申し上げたい。

今年４月、後期高齢者の仲間入りした在野の老エコノミストにとって、本書は、つたない作品ではあるが、ほぼ半世紀、さまざまな経済問題に直面してきた学徒の手になる一つの「現代日本資本主義分析試論」と言える。

光陰を行きつ戻りつ揚羽蝶　越風

本書が、前著『国債ビジネスと債務大国日本の危機』ともども、日本の現在と未来に関心を寄せる皆さんに、いかばかりかの貢献ができるのであれば、望外の喜びである。

2024年盛夏　利根川河畔・越風山房よりご挨拶

著者

山田博文（やまだ ひろふみ）
1949年新潟県生まれ。群馬大学名誉教授・商学博士。中央大学大学院商学研究科博士課程、（財）日本証券経済研究所研究員、群馬大学教育学部教授、などを経て現在に至る。
主な著書に、『国債ビジネスと債務大国日本の危機』（新日本出版社、2023年）、『くらす、はたらく経済のはなし（全5巻）』（大月書店、2019～20年）、『99％のための経済学入門（第2版）』（大月書店、2016年）、『国債がわかる本』（大月書店、2013年）、『これならわかる金融経済（第3版）』（大月書店、2013年）、『経済学の知識から将来を読む』（共編著・ヴェリタス書房、2008年）、『現代日本の経済論』（共編著・日本経済評論社、1997年）、『金融自由化の経済学』（大月書店、1993年）、『金融大国日本の構造』（みずち書房、1991年）、『国債管理の構造分析』（日本経済評論社、1990年、学位請求論文）、他。

「資産運用立国《しさんうんようりっこく》」の深層《しんそう》――アメリカの金融《きんゆう》覇権《はけん》とくらしの危機《きき》

2024年9月30日　初　版

著　者　山　田　博　文
発行者　角　田　真　己

郵便番号　151-0051　東京都渋谷区千駄ヶ谷4-25-6
発行所　株式会社　新日本出版社
電話　03（3423）8402（営業）
03（3423）9323（編集）
info@shinnihon-net.co.jp
www.shinnihon-net.co.jp
振替番号　00130-0-13681
印刷・製本　光陽メディア

落丁・乱丁がありましたらおとりかえいたします。

ISBN978-4-406-06815-4 C0033　Printed in Japan